中等职业教育“十三五”规划教材

中职中专会计专业“营改增”系列教材

企业经营沙盘实战教程

王俊耀　主编

黄冬英　李利勤　副主编

科学出版社

北京

内 容 简 介

本书根据中等职业学校学生的特点，突出以技能培养为核心的指导思想。全书共分为五章，第一至三章结合当前的就业形势及相关岗位对人才的实际要求，将企业经营的关键要素通过亲身体验的方式逐一进行剖析，使学生直观地了解企业经营的各个环节，调动学生的学习兴趣，提高学生的认知水平与动手能力。第四至五章针对中职学生技能竞赛试题分析和参赛队伍备赛等方面，分享一些经验与做法。

本书是新道新创业者沙盘模拟教具的配套用书，既可以作为中等职业学校财经类、商贸类、金融类等专业的沙盘教学用书，又可以作为学生参加各级技能竞赛企业经营（沙盘模拟）项目的辅导教材，还可作为企业财务人员在岗培训和自学的参考用书。

图书在版编目（CIP）数据

企业经营沙盘实战教程/王俊耀主编. —北京：科学出版社，2017
（中等职业教育“十三五”规划教材·中职中专会计专业“营改增”系列教材）
ISBN 978-7-03-052354-9

Ⅰ.①企… Ⅱ.①王… Ⅲ. ①企业管理－计算机管理系统－中等专业学校－教材 Ⅳ.①F270.7

中国版本图书馆 CIP 数据核字（2017）第 054690 号

责任编辑：贾家琛 李 娜 / 责任校对：陶丽荣
责任印制：吕春珉 / 封面设计：东方人华平面设计部

科学出版社 出版
北京东黄城根北街 16 号
邮政编码：100717
http://www.sciencep.com

北京中科印刷有限公司 印刷
科学出版社发行 各地新华书店经销
*
2017 年 3 月第 一 版 开本：787×1092 1/16
2020 年 8 月第三次印刷 印张：15
字数：356 000

定价：45.00 元

（如有印装质量问题，我社负责调换〈中科〉）
销售部电话 010-62136230 编辑部电话 010-62135763-2041

前　言

职业教育的目的之一就是为社会经济的发展输送具有一定专业知识与技能水平的技术人才，然而目前的状况是很多职业学校的毕业生的专业知识与技能水平不对等；学生缺乏实践经验，不能将学校所教授的专业理论知识尽快地运用于企业实际工作；教与学环节与工作岗位相脱节的情况比比皆是。

为了解决上述问题，本书专门按照企业经营的六个关键要素逐一展开，将理论与实践结合起来，集角色扮演与岗位体验于一身。本书编写思路新颖，内容丰富，使学生在参与、体验中，完成从知识到技能的一次转化；以真实案例推进理论学习，以任务驱动的方式展开每一个专业理论的知识点，通过经营沙盘模拟实战对抗加案例研讨、总结交流，完成从实践到理论的再次升华。另外，编者把对企业经营竞争的一些思考和想法总结出来，希望能对学生有一定的帮助。

本书由王俊耀（汕头市鮀滨职业技术学校）担任主编，黄冬英（广西南宁技师学院）、李利勤（惠州工程职业学院）担任副主编。具体编写分工如下：第一章由黄冬英编写；第二章由王俊耀编写；第三章由赖健勋（汕头市鮀滨职业技术学校）编写；第四章和附录二由刘颖（东莞市商业学校）编写；第五章由李利勤编写；附录一由牟锐（深圳市沙井职业高级中学）编写。用友新道科技有限公司作为广东省企业经营（沙盘模拟）技能竞赛项目的大赛组织者，为本书的编写提供了宝贵的资料。另外，编者在编写本书的过程中参阅、借鉴了大量的国内外专业资料与文献，在此向这些文献的作者表示由衷的感谢！

由于编者的水平所限，书中难免有不足之处，恳请各位读者批评指正，以期使之更加完美。如果有关于课程改进的思路和建议，可直接发送邮件至 junyao_king@163.com 进行交流。

目　　录

第一章　ERP 沙盘规则

学习目标

- 理解 ERP 沙盘规则的含义，认知企业经营的流程。
- 能够在规则允许范围内开展经营活动。
- 理解各个角色岗位的职责。
- 能够与他人协同工作。
- 掌握各项经营活动的发生与数据记录。

情景导入

大众创业

小林、小张和小陈分别是金融、财会及营销专业的学生，平时关系很好，经常在一起谈论未来的就业趋势。再过一年他们也将毕业离开校园，成为繁杂社会中的一员，在这个竞争日益激烈的时代，他们希望可以利用自己所学的专业知识去创造属于自己的财富。

小林找到老师，想进一步获取毕业之后与创业相关的建议。老师听取他们这个美好的理想之后，先是肯定了他们的想法，接着给他们浇了一盆冷水，“创业需谨慎，入行有风险”。因为创业作为普通就业之外的一条道路，前景是美好的，但是风险往往与收益成正比。例如，大张旗鼓地开了一家店面，无论是服务类行业，还是加工类行业，往往开张还没几个月，就关门大吉了，同时大门上贴着醒目的告示——“旺铺转租”或“旺铺出租”等。

对于一般人而言，创业存在着巨大风险。市场经济是自由竞争的经济，有竞争就意味着有风险。虽然每个人创业的初衷都是希望能够大展宏图，取得成功，但现实和理想往往存在差距，并不是每个创业者都能美梦成真。因此需要每位创业者都能够理性认识创业过程的风险，准确评估和预判风险，将风险控制在自己可以承受的范围之内。老师的一席话，让小林等人觉得创业不是自己想象的那样简单。

情景分析：

近年来，国家在毕业生就业方面开展了大量的工作。2015 年 6 月 11 日，国务院印发了《关于大力推进大众创业万众创新若干政策措施的意见》；2016 年 4 月 27 日，国务院印发《关于进一步做好新形势下就业创业工作的意见》，“创业”二字首次被国家列为促进就业的重要手段。其中，政府将小额担保贷款调整为创业担保贷款，并且把贷款最高额度统一调整为 10 万元，同时对个人发放的创业担保贷款在贷款基础利率基础上上浮 3 个百分点以内的由财政给予贴息，即上浮利率3%以内的部分由中央财政统一贴息。

每位创业者在创业初始都是信心满满，理想美好。然而在短短的几个月后，却有相当一部分创业者面临着经营困难，甚至关门大吉，这是为什么呢？假如你是经营管理者，你能否寻找到造成如此巨大经营风险的因素？

第一节　企业经营沙盘的运营原理与规则

像小林这样学习了专业知识的毕业生想要创业，必须做到事先计划，事前演练，发现自身的不足之处，增强个人的商业智慧。

一、初识ERP沙盘

企业经营的关键环节包括市场营销、资金筹集、产品研发、市场开拓、生产组织、设备改造、物资采购、财务核算等，而企业的生产经营实质就是充分利用企业资源，合理组织企业经营过程，力求实现企业利润最大化、股东收益最大化。

ERP（enterprise resources planning）是“企业资源计划”的简称，包括资金、人力、物流、企业供应商和客户等信息。而ERP沙盘就是将企业经营的关键环节设计为可视的实体模型，用于模拟企业经营，让受训者能更简单、更直观明了地参与和体验企业经营的过程。沙盘盘面如图1-1和图1-2所示。由于企业经营中抽象的经营数据、繁杂的经营流程，不易被大多数人接受，即使是在企业中摸爬滚打多年的管理者，也不一定能全盘了解整个企业的经营管理流程。企业经营沙盘就是将企业经营过程中繁杂的流程，特别是一些关键环节通过简单化、具体化处理，用游戏的方式表现出来，真实、形象地再现企业经营的成败，从大局出发，帮助参与者发掘成功与不足之处，让经营更加运筹帷幄，胸有成竹。

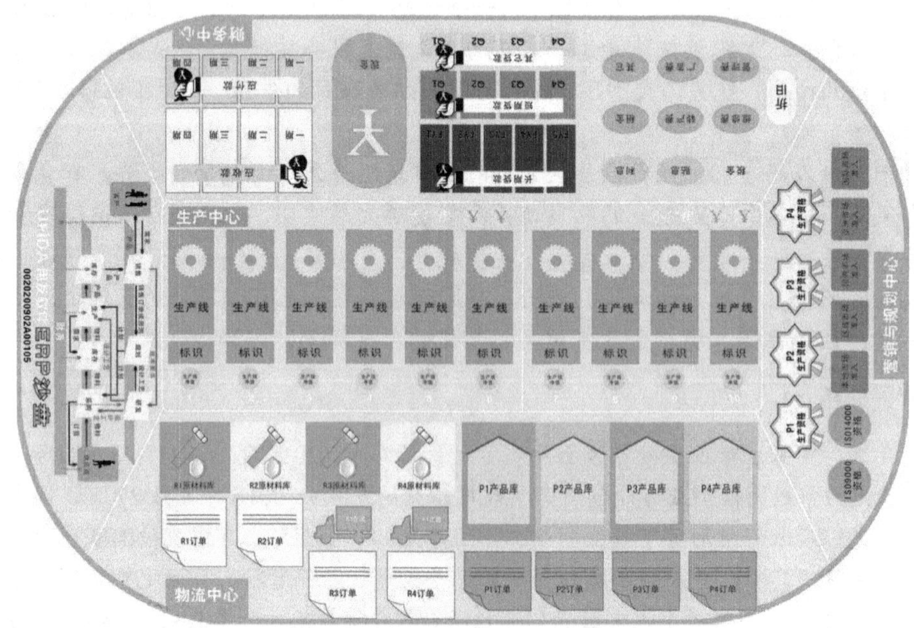

图1-1　用友ERP沙盘盘面

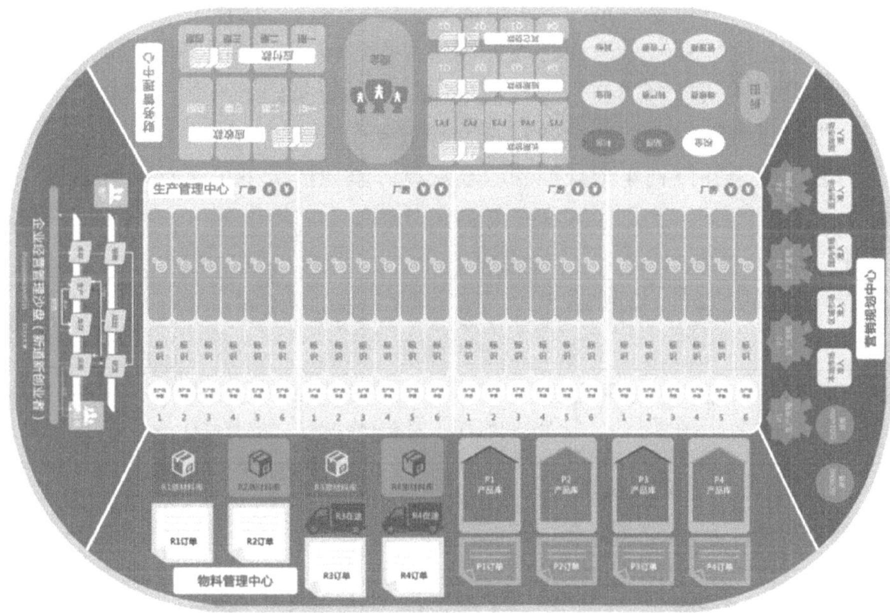

图 1-2　新道新创业者沙盘盘面

无论是用友 ERP 沙盘，还是新道新创业者沙盘，或是其他版本的企业经营模拟沙盘，其设计原理都是一致的，均是以最简单、最直观的方式将企业经营状况的成败展示给活动的参与者，使受训者能得到最强烈的体验。本节将介绍新道新创业者沙盘的运营规则，以便受训者可以根据规则进行模拟经营体验。

二、新道新创业者沙盘运营规则

在模拟企业运营中，最小货币单位为万，用符号 W 表示，即一个灰色或彩色筹码均表示 1W。货币单位百万用符号 M 表示，其中，灰色筹码代表货币资金或资产的价值，红色筹码代表原材料 R1，橙色筹码代表原材料 R2，蓝色筹码代表原材料 R3，绿色筹码代表原材料 R4。最小的时间单位为季度，用符号 Q 表示，每一个经营年按 4 个季度进行运营。根据制造业企业的特点，我们在企业沙盘运营过程中一般将其分为生产中心、物流中心、财务中心及营销与规划中心 4 个模块，每个模块的具体规则如下。

1. 生产中心

(1) 厂房购置与租赁

厂房购置与租赁的规则如表 1-1 所示。

表 1-1　厂房购置与租赁的规则

项目	买价/W	租金/（W/年）	售价/W	生产线容量/条
大厂房	40	4	40	4
中厂房	30	3	30	3
小厂房	20	2	20	2

厂房可以购买，也可以租赁，学生根据具体经营情况，在每个季度均可选择购买或租赁。若是租赁厂房，那么厂房在租入一年后可作租转买、退租、续租等处理。若是购买厂房，则必须将购买资金放在厂房价值处，厂房不提折旧。

厂房类型可以任意组合，但总数量不能超过 4 个。

厂房可以出售，并得到 4 个账期的应收账款，紧急情况下可进行厂房贴现，直接得到现金。

（2）生产线设计

生产线设计规则如表 1-2 所示。

表 1-2 生产线设计规则

生产线	购买价格/W	安装周期/Q	生产周期/Q	总转产费/W	转产周期/Q	维修费 /（W/年）	残值/W
超级手工线	4	无	2	0	无	1	1
自动线	15	3	1	2	1	2	3
柔性线	20	4	1	0	无	2	4

所有生产线都能够生产所有产品，而所需支付的加工费用相同，均为 1W/个。

投资新生产线时，领取生产线卡片，反扣放置在厂房生产线机位，并按安装周期平均支付，投资完最后一个周期的下一季度将生产线卡片正放在生产线机位上，并将生产线购买资金移至生产线净值处，可开始生产；新生产线投资过程中，可以中途停止投资，但不能收回已投资金；无安装周期表示该生产线即买即用。

只有空置并且已经建成的生产线才可以出售，无论何时出售生产线，都是从生产线净值中取出相当于残值的部分计入现金，净值与残值之差计入损失。

只有空置的并且已经建成的生产线方可转产其他产品，根据规定的转产周期，并支付相应的转产费用，只有在最后一笔转产费支付后的下一个季度方可更换产品标识。

当年建成的生产线、转产中生产线都要交维修费；如果第 4 季度是安装周期的最后 1 个季度，则本年结束时该生产线仍为在建工程，下一年才是建成第 1 年。

生产线一经确定安装位置，则不允许再进行移动，更不允许在不同厂房中移动。

（3）生产线折旧

生产线折旧采用平均年限法，规则如表 1-3 所示。

表 1-3 生产线折旧规则

生产线	购买价格/W	残值/W	建成第 1 年/W	建成第 2 年/W	建成第 3 年/W	建成第 4 年/W	建成第 5 年/W
超级手工线	4	1	0	1	1	1	0
自动线	15	3	0	3	3	3	3
柔性线	20	4	0	4	4	4	4

生产线每年按平均年限法进行计提折旧，当年建成的生产线不提折旧，当生产线净值等于残值时生产线不再计提折旧，但可以继续使用。

2. 物流中心

原材料购买规则如表 1-4 所示。

表 1-4　原材料购买规则

原材料名称	购买价格/（W/个）	提前期/Q
R1	1	1
R2	1	1
R3	1	2
R4	1	2

生产过程中，为了确保生产持续进行，必须按规定提前订购产品所需原材料，并将相应数量的空桶摆放在原材料订单处，以表示订购原材料的类别与数量。所有预订的原材料到期必须全额现金购买。

3. 财务中心

（1）融资

融资的规则如表 1-5 所示。

表 1-5　融资的规则

贷款类型	贷款时间	贷款额度	年利率	还款方式
长期贷款	每年年初	所有长期贷款和短期贷款之和不能超过上年权益的 3 倍	10%	每年年初付息，到期还本付息
短期贷款	每季度初		5%	到期一次性还本付息
资金贴现	任何时间	视应收账款额	10%（1 季，2 季） 12.5%（3 季，4 季）	变现时贴息，各账期应收账款独立核算，不同账期分开计息
库存拍卖	原材料八折，成品按成本价			

1）长、短期贷款的总额度为上一年所有者权益的 3 倍；长期贷款、短期贷款必须为大于等于 10W 的整数申请。例如：第 1 年所有者权益为 44W，第 1 年已借 5 年期长贷 57W（且未申请短期贷款），则第 2 年可贷款总额度为：44×3－57=75W。

2）长期贷款贷款期限可为 1～5 年（整数），每年年初支付利息，到期还本付息。短期贷款期限为 1 年，到期连本带利一起归还。如果当季有贷款需要归还，同时还拥有贷款额度时，必须先归还到期的贷款，才能申请新贷款，不能以新贷款偿还旧贷款。

3）所有贷款不允许提前还款。结束年时，不要求归还没有到期的各类贷款。

4）企业间不允许私自融资，只允许企业向银行贷款。

5）贷款利息采用四舍五入。例如，短期贷款 21W，则利息为 1.05W（21×5%），四舍五入，实际支付利息为 1W。长期贷款利息是当前所有长期贷款总额进行计算。例如，第 1 年申请 54W 长期贷款，第 2 年申请 24W 长期贷款，则第 3 年所需要支付的长期贷款利息=（54＋24）×10%=7.8W，四舍五入，实际支付利息为 8W。

6）资金贴现根据应收账款不同季度分开计算贴息，向上取整。如表 1-6 所示，1 账期应收账款贴现 26W，2 账期应收账款贴现 424W；那么，1 账期应收账款贴息是 26W×

10%=2.6W≈3W，2 账期应收账款贴息是 424W×10%=42.4W≈43W；所以，本次贴息总额为 3W＋43W=46W。

表 1-6 应收账款贴现

剩余账期/季	应收账款/W	贴现额/W
1	1115	26
2	424	424

7）出售库存规则。

① 原材料打八折（向下取整）出售。例如，出售 2 个原材料得到的现金为

2W×0.8=1.6W≈1W

② 出售产成品按产品的成本价计算。例如，出售 1 个 P2 得到的现金为

3W×1=3W

（2）管理费与税金

管理费与税金规则如表 1-7 所示。

表 1-7 管理费与税金规则

管理费	所得税
每季度支付 1W	弥补以前年度亏损后计税，一般税率为 25%

（3）特殊费用项目与取整规则

违约金扣除——四舍五入；

库存拍卖所得现金——向下取整；

贴现费用——向上取整；

扣税——四舍五入；

长短贷利息——四舍五入；

库存折价拍卖、生产线变卖、订单违约等操作产生的费用计入其他损失。

4. 营销与规划中心

（1）产品研发投资

产品研发投资规则如表 1-8 所示。

表 1-8 产品研发投资规则

产品名称	研发投资/（W/Q）	研发时间/Q	研发费用/W
P1	1	2	2
P2	1	4	4
P3	1	5	5
P4	2	6	12

新产品研发投资可以同时进行，按季度平均支付研发费用，资金短缺时可以中断，但必须完成研发投资费用全部支付后的下一季度方可换取产品生产资格证，并开始生产。

（2）产品的物料清单（BOM 结构）

产品的物料清单规则如表 1-9 所示。

表 1-9　产品的物料清单规则

产品名称	产品组成/个	加工费/W	直接成本/W
P1	R1	1	2
P2	R2＋R3	1	3
P3	R1＋R3＋R4	1	4
P4	R2＋R3＋2×R4	1	5

（3）ISO 资格认证投资

ISO 资格认证投资规则如表 1-10 所示。

表 1-10　ISO 资格认证投资规则

认证	ISO9000	ISO14000
所需费用/（W/年）	1	1
持续时间/年	2	3

当某些订单要求需要 ISO 资格，而没有拥有该订单相应的 ISO 资格时，则不能选取此订单。两项认证投资可同时进行或延期，相应的投资费用全部支付后方可领取相应 ISO 资格证。ISO 资格认证，在年末（即第 4 季度）进行操作。

（4）市场准入

市场准入规则如表 1-11 所示。

表 1-11　市场准入规则

市场	开发费用/（W/年）	时间/年
本地	1	1
区域	1	1
国内	1	2
亚洲	1	3
国际	1	4

市场可根据经营策略，随意选择开发，没有先后顺序；开发费用按开发时间在年末平均支付，不允许加速投资；市场开发费用全部支付完成后，领取相应的市场准入证。

市场开拓，在年末（即第 4 季度）进行操作。

（5）选单规则

1）广告费投放规则：广告费最低为 1W，投放 1W 广告费理论上将获得一次选单机会。如果想进入第二轮选单，必须增加 2W，但是能否获得 2 次选单机会，取决于市场需求及竞争态势。例如，本地市场 P1 产品投入 3W 表示最多有 2 次选单机会。

2）选单顺序规则：首先以该市场细分产品广告费投放多少排序；如果该市场细分产品广告费相同，则根据该市场总广告费投放多少排序；如果该市场总广告费相同，则根据企业上年销售排名排序；如果仍无法确定排序，则按企业投放广告费的先后顺序选单，即先投广告费者选单。第 1 年无订单。

若规则规定有市场老大（即上一年市场销售额最高者），则市场老大在该市场所有产品拥有优先选单权。

想一想

1）根据运营规则，最小的货币单位是多少？最小的时间单位是多久？

2）大厂房、中厂房以及小厂房三者之间有什么区别？

3）简述超级手工生产线、全自动生产线和柔性生产线三种生产线的优势与劣势。

4）企业常见的融资渠道有哪些？各有什么利弊？

5）产品 P1、P2、P3、P4 的研发成本分别是多少？它们的直接成本分别又是多少？是由哪些原材料构成的？

6）市场开拓周期与产品研发周期分别有多长？说一说这两者对企业未来的发展有怎样的影响。

第二节　模拟企业市场预测

P1 产品是目前市场上的主流产品，其性能得到了各方面的好评，但因为各个市场上的技术更新很快，随着技术的发展，P1 产品将面临逐步被新一代产品替代，或被边缘化。P2、P3、P4 产品是新技术发展的成果，然而不同市场人们消费水平不同，不同产品在各个市场的需求量与价格有着较大的差异。

图 1-3～图 1-7 中的数据是某权威的市场调研机构对未来八年各个市场的需求进行预测的结果，我们可以该预测进行企业的经营运作，但经营风险将由各企业自行承担。

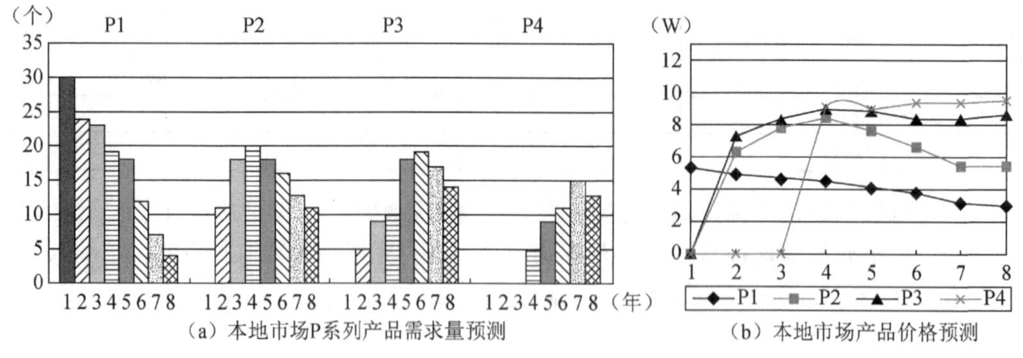

（a）本地市场P系列产品需求量预测　（b）本地市场产品价格预测

图 1-3　本地市场需求量与价格预测

简析：本地市场随着技术的持续发展，对低端产品的需求可能要下滑，伴随着需求的减少，低端产品的价格很有可能走低。后几年，随着高端产品的成熟，市场对 P3、P4 产品的需求将会逐渐增大。由于客户对质量意识的不断提高，后几年可能对产品的 ISO9000 和 ISO14000 认证有更多的需求。

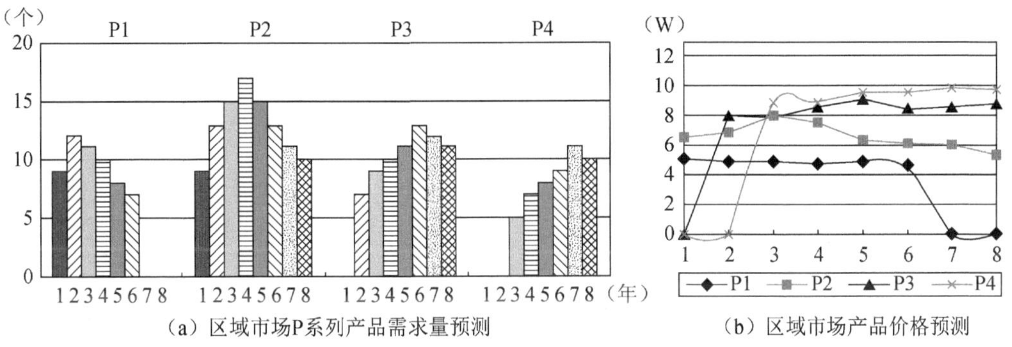

图 1-4　区域市场需求量与价格预测

简析： 区域市场的客户相对稳定，对 P 系列产品需求的变化很有可能比较平稳。因其邻近本地市场，所以产品需求量的走势可能与本地市场相似，价格趋势也应大致相同。该市场容量有限，对高端产品的需求也可能相对较小，但客户对产品的 ISO9000 和 ISO14000 认证有较高的要求。

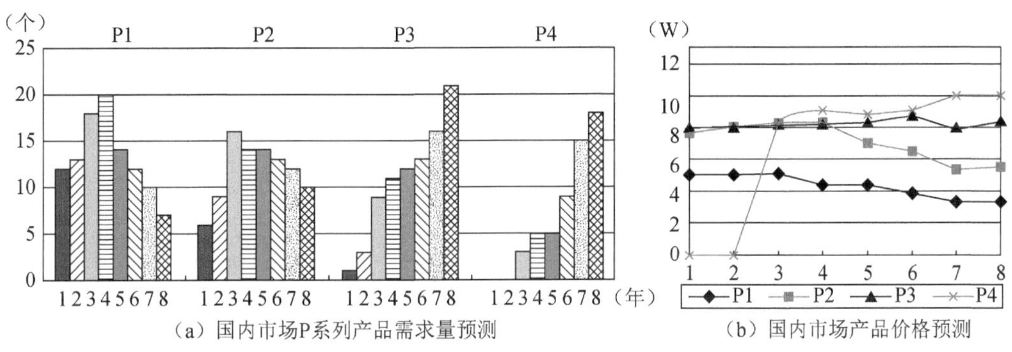

图 1-5　国内市场需求量与价格预测

简析： 因 P1 产品带有较浓的地域色彩，所以国内市场对 P1 产品不会有持久的需求。但因 P2 产品更适合于国内市场，需求一直比较平稳。随着对 P 系列产品的逐渐认同，估计对 P3 产品的需求会发展较快。但对 P4 产品的需求就不一定像 P3 产品那样旺盛了。当然，对高价值的产品来说，客户一定会更注重产品的质量认证。

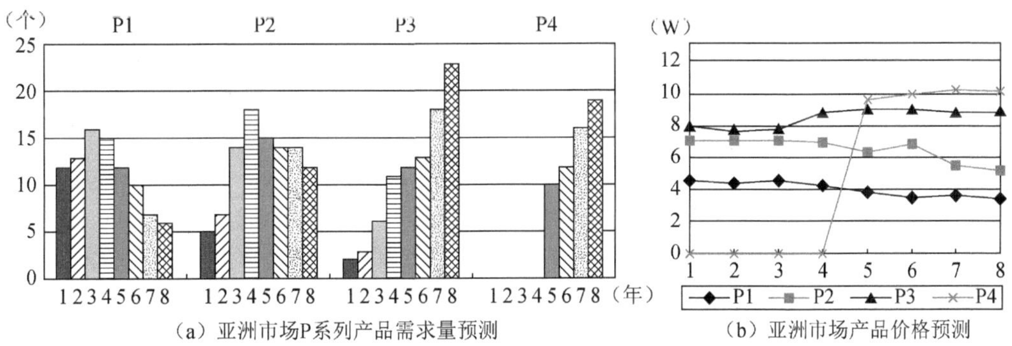

图 1-6　亚洲市场需求量与价格预测

简析：这个市场一向波动较大，所以对 P1 产品的需求可能起伏较大，估计对 P2 产品的需求走势与 P1 相似。但该市场对新产品很敏感，因此对 P3、P4 产品的需求量会发展较快，价格也可能不菲。另外，这个市场的消费者很注重产品的质量，所以没有 ISO9000 和 ISO14000 认证的产品可能很难销售出去。

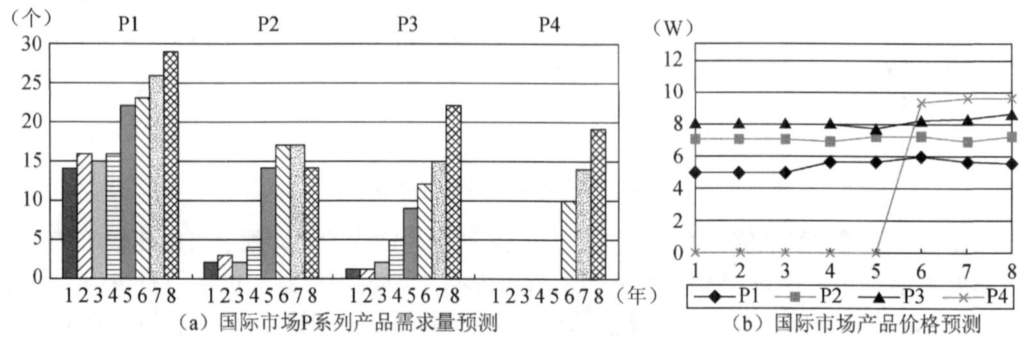

图 1-7 国际市场需求量与价格预测

简析：P 系列产品进入国际市场可能需要一个较长的时期。有迹象表明，对 P1 产品已经有所认同，需求比较旺盛。而对 P2、P3 和 P4 产品会比较谨慎地接受，还需要一段时间才能被市场接受，需求发展较慢。当然，国际市场的客户也会关注具有 ISO 认证的产品。

想一想

1）分析市场预测数据，哪个市场对本企业未来发展有利？为什么？

2）分析市场预测数据，哪个产品对本企业来说更具有竞争优势？为什么？

3）对于最终的市场发展目标，必须做好至少 3 年的市场发展规划，例如，第 1 年准备开拓哪些细分市场？第 2 年准备主攻哪个细分市场？第 3 年呢？

第三节 企业经营流程操作讲解

对于制造型企业经营的一般流程，我们利用表格的方式将其固定下来，即固化流程，如表 1-12 所示。在经营过程中，我们严格按照流程顺序来执行各项目操作，即必须按照自上而下、自左而右的顺序严格执行，并认真记录各项数据。

根据企业经营流程步骤，按顺序分为年初 7 项工作、每季度执行的 22 项工作和年末需要做的 6 项工作。同时，执行企业运营流程时由总经理主持，团队成员各司其职，每执行完一项任务，总经理在方格中打钩为完成标志，其他角色成员在相应的表格中记录。角色分配在第五节介绍。为了让所有活动参与者都能清楚地掌握相应岗位的工作职责与操作内容，在活动中能了解、体会其他角色的工作内容，更加团结协作，无论在以后活动中担任何种岗位，都应该一起学习，了解所有岗位的操作项目及内容。

表 1-12　经营流程记录表

操作顺序	严格按顺序执行各项操作，不允许跳跃执行，每执行完一项操作，在相应的方格内进行认真记录：①该项操作有执行，同时有现金收支，请填写收支金额；②该项操作有执行，但无现金收支，请填写符号“√”或填写相关的操作数据；③该项操作无执行，请填写符号“×”				
年初	新年度规划会议				
	支付广告费用				
	参加订货会选订单/登记订单				
	支付应交税金				
	支付长贷利息				
	更新长期贷款/长期贷款还款				
	申请长期贷款				
1	季初盘点（请填余额）				
2	更新短期贷款/短期贷款还本付息				
3	申请短期贷款				
4	更新原材料订单/原材料入库				
5	下原材料订单				
6	购买/租用厂房				
7	更新生产/完工入库				
8	新建/在建/转产/变卖生产线				
9	紧急采购（随时进行）（物理沙盘训练暂不操作该项）				
10	开始下一批生产				
11	更新应收账款/应收账款收现				
12	按订单交货				
13	产品研发投资				
14	厂房出售（买转租）/退租/租转买				
15	新市场开拓/ISO 资格投资				
16	支付管理费/更新厂房租金				
17	出售库存				
18	厂房贴现				
19	应收账款贴现				
20	季末收入合计				
21	季末支出合计				
22	季末数额对账（1＋20－21）				
年末	缴纳违约订单罚款				
	支付设备维护费				
	计提折旧				（　）
	新市场换证/ISO 资格换证				
	结账				

一、年初 7 项工作

1. 新年度规划会议

在每一年开始之际，企业经营团队要分析自身经营状况，研究竞争对手经营情况，制订企业经营战略，制定企业新一年的经营方案，以及未来 2～3 年的发展计划，并进行相应各项目标的预算。常言道“预则立，不预则废”。预算是经营过程中非常重要的一个环节，精确的预算可以实现企业资源的充分利用，降低成本，提高企业竞争力。

所以，每年的年度规划会议，不但要谈方案，讲策略，更重要的是将战略数据化、目标具体化，并能系统地反映出来。

2. 支付广告费用

根据规划会议制定营销战略，投放相应广告费用。

本项目为财务总监将广告费放置在沙盘上的“广告费”位置，并在表格中记录支出的广告费金额。

3. 参加订货会选订单/登记订单

企业销售总监参加订货会，并按规则条件选取有利于本企业的客户订单。

1）选取订单：争取客户订单前，应以企业的产能、设备投资计划等为依据，避免接单不足，设备闲置造成浪费；或盲目接单，无法按时交货，导致违约单出现，造成不必要的损失。

2）登记订单：销售总监在获取订单后，负责将订单登记在如表 1-13 所示的订单登记表中，记录每张订单的订单号、所属市场、所订产品、产品数量、订单销售额、应收账期等。

表 1-13　订单登记表

订单号							合计
市场							
产品							
数量/个							
账期/Q							
销售额/W							
成本/W							
毛利/W							
交货日期/Q							

4. 支付应交税金

上一年利润弥补以前年度亏损后的余额才开始计算所得税，并计入应付税金。财务总监根据上一年度利润表的“所得税”数额，从现金库中取出相应现金放置在沙盘上的

“税金”处，并做好现金支出记录。

5. 支付长期贷款利息

长期贷款的还款规则是每年付息，将所有长期贷款总额乘以 10%，并四舍五入计算利息。财务总监从现金库中取出计算得到的利息金额，放置在“沙盘”上的“利息”处，并做好现金支出记录。

6. 更新长期贷款/长期贷款还款

1）更新长期贷款。如果企业有长期贷款，那么账务总监应将长期贷款区域的空桶向现金库方向移动一格。

2）长期贷款还款。当代表长期贷款的空桶移至现金库时，即长期贷款到期，那么应该还清到期贷款的本金。财务总监从现金库中取出与到期长期贷款金额相等的现金，还给银行，并做好现金支出记录。

7. 申请长期贷款

申请长期贷款每年只有在年初的这一流程节点进行操作，每次申请贷款必须为大于等于 10W 的整数，且新贷款金额＋已贷短期贷款金额＋已贷长期贷款金额不能超过上年权益的 3 倍。

财务总监将银行获取的贷款放入现金库，并将等额数量的空桶放置在长期贷款指定长期贷款的年限处（当贷款数额非 20W 的整数倍时，可用纸条标明并放进空桶之中），同时做好现金收入记录。

二、每季度 22 项工作

1. 季初盘点（请填余额）

财务总监盘点当前现金库中的现金，并在企业经营记录表中记录现金余额。而其他主管应各自盘点所管理的实物数量，并做好相应的记录。

2. 更新短期贷款/短期贷款还本付息

1）更新短期贷款。如果企业有短期贷款，那么账务总监应将短期贷款区域的空桶向现金库方向移动一格。

2）短期贷款还本付息。当代表短期贷款当移至现金库时，即短期贷款到期，那么应该还清到期贷款的本金与利息。支付利息为到期贷款乘以 5%的利息，并四舍五入计算利息。财务总监从现金库中取出与本金相等的现金和计算得到的利息金额，其中本金还给银行，利息放置于沙盘上的“利息”处，并做好现金支出记录。

3. 申请短期贷款

短期贷款每年共有 4 次申请机会，即在每一季度的这一流程节点进行操作，短期贷款必须为大于等于 10W 的整数申请，且新贷款金额+已贷短期贷款金额+已贷长期贷款金额不能超过上年权益的 3 倍。财务总监将银行获取的贷款放入现金库，并将等额数量的空桶放置在短期贷款第 4 季度处，并做好现金收入记录。

4. 更新原材料订单/原材料入库

供应商发出的订货已运抵企业时，企业必须无条件接受货款并支付相应的原材料款。

采购总监将原材料订单中的空桶向原材料库方向每一季度推进一格，即更新原材料订单；到达原材料库时，向财务总监领取原材料款，支付给供应商，以换取相应的原材料，并记录入库原材料的品种与数量，而财务总监必须做好现金支出记录。

5. 下原材料订单

采购总监根据年初制订的采购计划，决定采购的原材料的品种及数量，每个空桶代表价值 1W 的原材料，将相应数量的空桶放置于对应品种的原料订单处。

6. 购买/租用厂房

生产总监根据经营方案在每季度本操作节点处应该决定厂房的处理方式，有购买与租赁两种方式。如果选择购买，那么财务总监将从现金库中取出与厂房价值相等的资金放置于沙盘上的厂房价值处，并做好现金支出记录；如果选择租赁，财务总监将从现金库中取出与厂房租金相等的现金放置于沙盘上的“租金”处，并做好现金支出记录。

7. 更新生产/完工入库

生产总监将各生产线上的在制品向生产周期的下一季度推进一格，即更新在制品在生产线上的状态；当在制品移动完生产线上代表生产周期方格后，表示产品完工，生产总监将产品放置于相应的产成品库中，并在记录入库产品的品种与数量。

8. 新建/在建/转产/变卖生产线

1）新建/在建生产线：生产总监根据投资计划领取新生产线标识，反扣置于指定安装的厂房机位中，并在生产线标识上放置空桶，同时领取该生产线准备生产的产品标识；根据该生产线安装周期每季度向财务总监领取相应的投资资金，放入空桶之中，财务总监做好每个安装周期的现金支出记录。

在生产线总价值投资完成后的下一季度，将生产线标识翻转过来，才可以开始投入使用。

注意：生产线一旦确定安装在某个机位后，就不得移动生产线的安装位置。

2）转产生产线：转产生产线是指某生产线转而生产其他产品。不同生产线类型转产所需的停工时间及资金投入是不同的。

如果需要转产且该生产线需要一定的转产周期及转产费用，生产总监翻转生产线标识，领取新的产品标识，根据转产周期，按季度向财务总监领取并支付转产费用，财务总监必须做好现金的支出记录；按转产周期支付全部转产费用后，翻转生产标识，才可开始新的生产。

3）变卖生产线：当生产线上的在制品完工后，可以决定是否变卖生产线。生产线按净值出售，财务总监直接将生产线净值转为现金，并做好现金收入记录。

9. 紧急采购（随时进行）（物理沙盘训练暂不操作该项）

由于产能与销售额计算有误，或是产品生产所需的原材料采购不及时，导致不能按时向客户交付产品，或不能正常生产导致生产停工甚至不能按时向客户交付产品，我们可以采用紧急采购成品交付订单，避免违约，也可以紧急采购原材料用于持续生产。然而，无论是紧急采购成品还是紧急采购原材料，都将付出巨大额外费用。所以，一般情况下，只有经过全面衡量之后，当利大于弊时，我们才会使用紧急采购。

10. 开始下一批生产

当更新生产/完工入库后，某些生产线的在制品已经完工，可以考虑开始生产新产品。由生产主管按照产品物料清单从原材料库中取出原材料，并向财务主管申请产品加工费，将上线产品放到生产线上的第一个生产周期处，并做好现金支出记录，而生产总监登记在制产品品种和数量，采购总监登记原材料出库品种和数量。

11. 更新应收账款/应收账款收现

财务总监将应收账款向现金库方向推进一格，为更新应收账款的账期；当应收账款到达现金库时，即该笔应收账款收现，并做好现金收入记录。

12. 按订单交货

销售总监检查各成品库中的成品数量是否满足客户订单要求，满足则按照客户订单交付约定数量的产品给客户，并在订单登记表中登记该批产品的成本和出库的产品品种与数量。同时，从客户获取订单约定的货款，按照约定账期将货款放置在对应的应收账款处，如果是货款账期为 0，则直接将货款放入现金库中，并做好现金收入记录。

13. 产品研发投资

按照年初制订的产品研发计划，生产总监申请研发资金，将研发资金放置在对应的产品生产资格位置，并做好现金支出记录。

14. 厂房出售（买转租）/退租/租转买

1）出售（买转租）：在经营过程中根据方案可以将已经拥有的厂房进行出售，并获得与出售厂房等价的 4 个账期应收账款，放置在应收账款第 4 账期处；同时，如果出售厂房中有生产线，那么按照规则必须租用该厂房，以维持生产线的正常使用，将出售厂房租金放置在租金处，财务总监做好现金支出记录。

2）退租：当租赁厂房到期时，并且厂房中没有任何生产线时，可以选择不续租该厂房，即厂房退租。

3）租转买：当租赁厂房到期时，可以选择将租赁厂房买下，以节省厂房租金，因为，厂房租金会增加企业运营的综合费用，从而降低企业的净利润。

15. 新市场开拓/ISO资格投资

1）新市场开拓：营销总监向财务总监申请市场开发费用，并放置在要开拓的市场区域，财务总监做好现金支出记录。待市场开拓总费用投放完成，领取相应的市场准入标识。

2）ISO 资格投资：营销总监向财务总监申请 ISO 认证费用，并放置在要认证的项目上，财务总监做好现金支出记录。待认证总费用投放完成，领取相应的 ISO 资格证。

16. 支付管理费/更新厂房租金

1）支付管理费：管理费用是企业为了维持正常运营发放给员工的工资、差旅费、招待费等。根据规则，企业每季度必须支付 1W 管理费用，财务总监取出 1W 放置在“管理费”处，并做好现金支出记录。

2）更新厂房租金：租赁厂房按 1 年 4 个季度为一个租用周期，当租赁厂房到期时，可以选择继续租用该厂房，必须支付相应的租金。

17. 出售库存

经营过程中，出现现金短缺情况下，出售库存是获取现金的一种途径。成品按成本价出售，而原材料按 80%的价值出售，无论是出售成品还是原材料所得现金，全部放入现金库，并做好现金收入记录。

18. 厂房贴现

厂房一般可以出售，同时得到 4 个账期的应收账款，然而在紧急情况下，急需资金维持企业经营时，可将厂房进行直接贴现，得到现金。实际上，厂房贴现应分为厂房出售、厂房租赁，以及所得 4 个账期的应收账款贴现 3 项内容。财务总监根据出售厂房的价值按照 12.5%的利率进行贴现处理，将贴现所得现金放入现金库，贴息放置在“沙盘”上的“贴息”处，并从现金库中取出厂房相应的租金放置在“沙盘”上的“租金”处，最后，做好现金收支记录，登记好贴息与租金数据。

19. 应收账款贴现

急需资金维持企业经营时，可将未到期的应收账款进行变现，以增加资金的流动性。财务总监在进行贴现之前，应该计算好所需的资金缺口大小，不宜过多地进行贴现，增加额外的经营费用，影响企业的良性经营；此外，还应该明确贴现的应收账款账期，因为 1、2 账期的应收账款与 3、4 账期的应收账款贴息是不一样的。财务总监将贴现所得现金放入现金库，贴息放置在“沙盘”上的“贴息”处，做好现金收入记录，以及贴息数据的登记。

20. 季末收入合计

财务总监统计本季度现金收入总额，生产总监、采购总监分别登记本季度入库的产品、在制品、原材料的品种及数量。

21. 季末支出合计

财务总监统计本季度现金支出总额，生产总监、采购总监分别登记本季度出库的产品、在制品、原材料的品种及数量。

22. 季末数额对账（1＋20－21）

财务总监盘点现金余额，做好登记。其他业务总监盘点所管理的要素的数量并登记。

以上 22 项工作每个季度都要执行。

三、年末 6 项工作

1. 缴纳违约订单罚款

由于各种因素导致本年度有订单不能按照约定产品品种和数量交付给客户，我们称之为违约订单，根据规则要求，当违约订单出现时，必须接受罚款，一般按照违约订单总额的 25%支付违约金。财务总监从现金库中取出违约金放置在“沙盘”上的“其他”处，并做好违约金支出记录，在综合费用表中的其他损失中也相应地进行登记。

2. 支付设备维护费

建成的每条生产线（不管有无在制品）都需支付规定的维修费用，生产总监向财务总监申请设备维修费用，并放置在“沙盘”上的“维修费”处，同时做好现金支出记录。

3. 计提折旧

根据规则要求，厂房虽为固定资产，但不计提折旧，我们只对已经建成的生产线从第 2 年开始按照平均年限法进行计提折旧，对于在建工程及当年新建完成的生产线不计提折旧。生产总监从生产线净值中取出折旧费用放置于“沙盘”上的“折旧”处，当生产线净值与规定残值相等时，不再进行计提折旧。

由于计提折旧只涉及企业生产线净值和其他费用两个项目，不影响企业现金的增减，与现金流无关，只做好计提费用的登记即可，故在经营流程表中用括号标注。

4. 新市场换证/ISO 资格换证

1）新市场换证：如果市场开拓费投放已经达到规定的开拓总费用，那么可以领取相应市场准入证。

2）ISO 资格换证：如果认证费用投放已经达到规定的认证总费用，那么可以领取相应 ISO 认证资格证。

5. 结账

财务总监必须在每个经营年年末编制综合费用明细表、利润表和资产负债表，甚至有时候还需要编制产品核算统计表等表格。各类表格数据必须准确填写，成为每个经营年最终成果，也为来年做好准备。

想一想

1）在经营流程表中，能为企业带来现金流入的项目有哪些？

2）根据经营规则，如果企业经营过程中资金出现短缺，你会优先考虑何种融资方式？理由是什么？

第四节　企业经营操作演示

以下是一家制造型企业从创办伊始的一系列日常经营流程数据，演示经营企业的创业初始拥有 65W 的流动资金，依据市场调研机构的预测结果，并做出的企业经营总体规划如下：①依次研发、经营 P1 和 P3 产品，并且在企业发展成型后，主攻 P3 产品；②购买一间大厂房，只选择全自动生产线作为生产设备；③开拓所有市场，投资 ISO9000 和 ISO14000 认证。

演示企业经营为我们提供了解和学习企业经营沙盘操作的方法与流程，所以演示经营操作只做 2 年，你准备好了吗？根据上述的企业发展计划，跟随导师的操作演示与流程讲解，让我们一起体验经营的乐趣吧！

一、第 1 年经营操作演示

（一）第 1 年企业经营的策略

根据规则要求，每一年的经营必须严格按流程表自上到下、从左到右的顺序完成年初 7 项、每季度 22 项及年末 6 项工作，并认真填写相应的表格数据。

1）召开新年度规划会议，讨论第 1 年的经营方案与未来企业的发展策略。根据最初的设想，本企业经营 P1 和 P3 产品，开建 4 条全自动生产线用于生产 P1 产品；由于 P3 产品研发周期较长，在第 2 年通过转产生产线的方式来配合 P3 产品的生产。

2）进行简单的资金预算。由于第 1 年经营的资金缺口不算太大，只需借入 60W 左右的贷款就可以顺利运营。考虑到借入的资金额不多，且第 2 年还有贷款额度，故第 1

年暂不借入长期贷款，只借入 58W 的短期贷款。

3）投资 4 条全自动生产线用于 P1 产品的生产。从第 2 季度开始投资，连续投资 3 个季度，与此同时买入大厂房；第 3 季度开始研发 P1 产品，第 4 季度开始研发 P3 产品。

4）为了使未来的市场更加广阔，年末开拓所有市场并进行 ISO9000 与 ISO140000 资格认证。

（二）第 1 年的经营数据

1. 年初 7 项工作

（1）新年度规划会议

经营团队召开新年度规划会议，按照原制定的规划进行 P1、P3 产品的研发经营，并研究讨论如何展开企业的经营策略。会后，在流程表格中的相应表格内填入“√”符号。

（2）支付广告费用

根据规定，第 1 年企业经营没有客户订单，因此，此项操作不执行，在流程表格中的相应表格内填入“×”符号。

（3）参加订货会选订单/登记订单

根据规定，第 1 年企业经营没有客户订单，因此，此项操作不执行，在流程表格中的相应表格内填入“×”符号。

（4）支付应交税金

今年是企业的第 1 年经营，不需要应付税金，此项操作不执行，在流程表格中的相应表格内填入“×”符号。

（5）支付长贷利息

第 1 年没有长期贷款，此项操作不执行，在流程表格中的相应表格内填入“×”符号。

（6）更新长期贷款/长期贷款还款

第 1 年没有长期贷款，此项操作不执行，在流程表格中的相应表格内填入“×”符号。

（7）申请长期贷款

第 1 年不申请长期贷款，此项操作不执行，在流程表格中的相应表格内填入“×”符号。

2. 第 1 季度 22 项工作

（1）季初盘点

盘点当前现金库中的现金数为 65W，在流程表格中的相应表格内填入“65”。

（2）更新短期贷款/短期贷款还本付息

当前没有短期贷款，此项操作不执行，在流程表格中的相应表格内填入“×”符号。

（3）申请短期贷款

本季度不申请短期贷款，此项操作不执行，在流程表格中的相应表格内填入“×”符号。

（4）更新原材料订单/原材料入库

本季度没有原材料订单，此项操作不执行，在流程表格中的相应表格内填入“×”符号。

（5）下原材料订单

本季度不进行原材料采购，此项操作不执行，在流程表格中的相应表格内填入“×”符号。

（6）购买/租用厂房

本季度此项操作不执行，在流程表格中的相应表格内填入“×”符号。

（7）更新生产/完工入库

本季度此项操作不执行，在流程表格中的相应表格内填入“×”符号。

（8）新建/在建/转产/变卖生产线

本季度此项操作不执行，在流程表格中的相应表格内填入“×”符号。

（9）紧急采购（随时进行）（物理沙盘训练暂不操作该项）

本季度此项操作不执行，在流程表格中的相应表格内填入“×”符号。

（10）开始下一批生产

本季度此项操作不执行，在流程表格中的相应表格内填入“×”符号。

（11）更新应收账款/应收账款收现

本季度此项操作不执行，在流程表格中的相应表格内填入“×”符号。

（12）按订单交货

本季度此项操作不执行，在流程表格中的相应表格内填入“×”符号。

（13）产品研发投资

本季度此项操作不执行，在流程表格中的相应表格内填入“×”符号。

（14）厂房出售（买转租）/退租/租转买

本季度此项操作不执行，在流程表格中的相应表格内填入“×”符号。

（15）新市场开拓/ISO 资格投资

第 1、2、3 季度均无此项目，此项目为每年第 4 季度或年末才可执行。

（16）支付管理费/更新厂房租金

按规定每一季度必须支付 1W 行政管理。从现金库中取 1W 放置于沙盘财务中心的管理费位置上，并在流程表格中的相应表格内填入“－1”。

厂房租金此项操作不执行。

（17）出售库存

本季度此项操作不执行，在流程表格中的相应表格内填入“×”符号。

（18）厂房贴现

本季度此项操作不执行，在流程表格中的相应表格内填入“×”符号。

（19）应收账款贴现

本季度此项操作不执行，在流程表格中的相应表格内填入“×”符号。

（20）季末收入合计

本季度没有现金收入，在流程表格中的相应表格内填入“0”。

（21）季末支出合计

本季度共支出现金1W，在流程表格中的相应表格内填入“1”。

（22）季末数额对账（1＋20－21）

季初现金数为65W，加本季度现金收入0W，减本季度现金支出1W，所以本季末现金数为64W，在流程表格中的相应表格内填入“64”。

3. 第2季度22项工作

（1）季初盘点

盘点当前现金库中的现金数为64W，在流程表格中的相应表格内填入“64”。

（2）更新短期贷款/短期贷款还本付息

当前没有短期贷款，此项操作不执行，在流程表格中的相应表格内填入“×”符号。

（3）申请短期贷款

本季度不申请短期贷款，此项操作不执行，在流程表格中的相应表格内填入“×”符号。

（4）更新原材料订单/原材料入库

本季度没有原材料订单，此项操作不执行，在流程表格中的相应表格内填入“×”符号。

（5）下原材料订单

本季度不进行原材料采购，此项操作不执行，在流程表格中的相应表格内填入“×”符号。

（6）购买/租用厂房

本季度购买一间大厂房。从现金库中取40W放置于生产中心其中一个厂房价值位置上，同时摆放大厂房标识卡片，并在流程表格中的相应表格内填入“－40”。

（7）更新生产/完工入库

本季度此项操作不执行，在流程表格中的相应表格内填入“×”符号。

（8）新建/在建/转产/变卖生产线

新建4条全自动生产线用于生产P1产品。领取4张全自动生产线卡片，分别反扣置于大厂房机位中，并在生产线卡片上各放置1个空桶，同时领取4张P1产品标识放置在对应的全自动生产线产品标识处；从现金库中取20W平均放在生产线卡片上的空桶之中，即每1个空桶放置5W，在流程表格中的相应表格内填入“－20”。

（9）紧急采购（随时进行）（物理沙盘训练暂不操作该项）

本季度此项操作不执行，在流程表格中的相应表格内填入“×”符号。

（10）开始下一批生产

本季度此项操作不执行，在流程表格中的相应表格内填入“×”符号。

（11）更新应收账款/应收账款收现

本季度此项操作不执行，在流程表格中的相应表格内填入“×”符号。

（12）按订单交货

本季度此项操作不执行，在流程表格中的相应表格内填入“×”符号。

（13）产品研发投资

本季度此项操作不执行，在流程表格中的相应表格内填入“×”符号。

（14）厂房出售（买转租）/退租/租转买

本季度此项操作不执行，在流程表格中的相应表格内填入“×”符号。

（15）新市场开拓/ISO 资格投资

第 1、2、3 季度均无此项目，此项目为每年第 4 季度或年末才可执行。

（16）支付管理费/更新厂房租金

按规定每一季度必须支付 1W 行政管理。从现金库中取 1W 放置于沙盘财务中心的管理费位置上，并在流程表格中的相应表格内填入“－1”。

厂房租金此项操作不执行。

（17）出售库存

本季度此项操作不执行，在流程表格中的相应表格内填入“×”符号。

（18）厂房贴现

本季度此项操作不执行，在流程表格中的相应表格内填入“×”符号。

（19）应收账款贴现

本季度此项操作不执行，在流程表格中的相应表格内填入“×”符号。

（20）季末收入合计

本季度没有现金收入，在流程表格中的相应表格内填入“0”。

（21）季末支出合计

本季度总共支出现金 61W，在流程表格中的相应表格内填入“61”。

（22）季末数额对账（1＋20－21）

季初现金数为 64W，加本季度现金收入 0W，减本季度现金支出 61W，所以本季末现金数为 3W，在流程表格中的相应表格内填入“3”。

4. 第 3 季度 22 项工作

（1）季初盘点

盘点当前现金库中的现金数为 3W，在流程表格中的相应表格内填入“3”。

（2）更新短期贷款/短期贷款还本付息

当前没有短期贷款，此项操作不执行，在流程表格中的相应表格内填入“×”符号。

（3）申请短期贷款

本季度申请短期贷款 29W，从银行（沙盘之外）取 29 个灰币放入现金库，并将 2 个空桶放置在短期贷款第 4 季度（Q4）处，可用纸片写上 9W 并装入其中一空桶，表示此 2 个空桶短期贷款总共为 29W，在流程表格中的相应表格内填入“29”。

（4）更新原材料订单/原材料入库

本季度没有原材料订单，此项操作不执行，在流程表格中的相应表格内填入“×”符号。

（5）下原材料订单

本季度不进行原材料采购，此项操作不执行，在流程表格中的相应表格内填入“×”符号。

（6）购买/租用厂房

本季度此项操作不执行，在流程表格中的相应表格内填入“×”符号。

（7）更新生产/完工入库

本季度此项操作不执行，在流程表格中的相应表格内填入“×”符号。

（8）新建/在建/转产/变卖生产线

在建 4 条全自动生产线。从现金库中取 20W 平均放进在生产线卡片上的空桶之中，即每 1 空桶放置 5W，在流程表格中的相应表格内填入“－20”。

（9）紧急采购（随时进行）（物理沙盘训练暂不操作该项）

本季度此项操作不执行，在流程表格中的相应表格内填入“×”符号。

（10）开始下一批生产

本季度此项操作不执行，在流程表格中的相应表格内填入“×”符号。

（11）更新应收账款/应收账款收现

本季度此项操作不执行，在流程表格中的相应表格内填入“×”符号。

（12）按订单交货

本季度此项操作不执行，在流程表格中的相应表格内填入“×”符号。

（13）产品研发投资

本季度进行 P1 产品的研发，从现金库中取出 1W，装进一空桶并置于 P1 生产资格的位置，在流程表格中的相应表格内填入“－1”。

（14）厂房出售（买转租）/退租/租转买

本季度此项操作不执行，在流程表格中的相应表格内填入“×”符号。

（15）新市场开拓/ISO 资格投资

第 1、2、3 季度均无此项目，此项目为每年第 4 季度或年末才可执行。

（16）支付管理费/更新厂房租金

按规定每一季度必须支付 1W 行政管理。从现金库中取 1W 放置于沙盘财务中心的管理费位置上，并在流程表格中的相应表格内填入“－1”。

厂房租金此项操作不执行。

（17）出售库存

本季度此项操作不执行，在流程表格中的相应表格内填入“×”符号。

（18）厂房贴现

本季度此项操作不执行，在流程表格中的相应表格内填入“×”符号。

（19）应收账款贴现

本季度此项操作不执行，在流程表格中的相应表格内填入“×”符号。

（20）季末收入合计

本季度总共收入现金为短期贷款的 29W，在流程表格中的相应表格内填入“29”。

（21）季末支出合计

本季度总共支出现金 22W，在流程表格中的相应表格内填入“22”。

（22）季末数额对账（1＋20－21）

季初现金数为 3W，加本季度现金收入 29W，减本季度现金支出 22W，所以本季末现金数为 10W，在流程表格中的相应表格内填入“10”。

5. 第 4 季度 22 项工作

（1）季初盘点

盘点当前现金库中的现金数为 10W，在流程表格中的相应表格内填入“10”。

（2）更新短期贷款/短期贷款还本付息

将第 4 季度（Q4）短期贷款 29W 的空桶向现金库方向移动一格，至第 3 季度（Q3），在流程表格中的相应表格内填入“√”符号。

（3）申请短期贷款

本季度申请短期贷款 29W，从银行（沙盘之外）取 29 个灰币放入现金库，并将 2 个空桶放置在短期贷款第 4 季度（Q4）处，可用纸片写上 9W 并装入其中一空桶，表示此 2 个空桶短期贷款总共为 29W，在流程表格中的相应表格内填入“29”。

（4）更新原材料订单/原材料入库

本季度没有原材料订单，此项操作不执行，在流程表格中的相应表格内填入“×”符号。

（5）下原材料订单

本季度采购价值 4W 的 R1 原材料。取 4 个空桶置于 R1 订单处，在流程表格中的相应表格内填入“4R1”或“√”符号。

（6）购买/租用厂房

本季度此项操作不执行，在流程表格中的相应表格内填入“×”符号。

（7）更新生产/完工入库

本季度此项操作不执行，在流程表格中的相应表格内填入“×”符号。

（8）新建/在建/转产/变卖生产线

在建 4 条全自动生产线。从现金库中取 20W 平均放进在生产线卡片上的空桶之中，即每 1 个空桶放置 5W，在流程表格中的相应表格内填入“－20”。

（9）紧急采购（随时进行）（物理沙盘训练暂不操作该项）

本季度此项操作不执行，在流程表格中的相应表格内填入“×”符号。

（10）开始下一批生产

本季度此项操作不执行，在流程表格中的相应表格内填入“×”符号。

（11）更新应收账款/应收账款收现

本季度此项操作不执行，在流程表格中的相应表格内填入“×”符号。

（12）按订单交货

本季度此项操作不执行，在流程表格中的相应表格内填入“×”符号。

（13）产品研发投资

本季度同时进行 P1 和 P3 两种产品的研发，从现金库中取出 2W，分别置于 P1 生产资格和 P3 生产资格位置的桶中，在流程表格中的相应表格内填入“－2”。

（14）厂房出售（买转租）/退租/租转买

本季度此项操作不执行，在流程表格中的相应表格内填入“×”符号。

（15）新市场开拓/ISO 资格投资

根据年初制定的规划，本年度开拓所有市场和 ISO 认证资格。从现金库中取出 5W，分别置于本地市场、区域市场、国内市场、亚洲市场和国际市场位置，再从现金库中取出 2W，分别置于 ISO9000 和 ISO140000 位置，在流程表格中的相应表格内填入“－7”。

（16）支付管理费/更新厂房租金

按规定每一季度必须支付 1W 行政管理。从现金库中取 1W 放置于沙盘财务中心的管理费位置上，并在流程表格中的相应表格内填入“－1”。

厂房租金此项操作不执行。

（17）出售库存

本季度此项操作不执行，在流程表格中的相应表格内填入“×”符号。

（18）厂房贴现

本季度此项操作不执行，在流程表格中的相应表格内填入“×”符号。

（19）应收账款贴现

本季度此项操作不执行，在流程表格中的相应表格内填入“×”符号。

（20）季末收入合计

本季度总共收入现金为短期贷款的 29W，在流程表格中的相应表格内填入“29”。

（21）季末支出合计

本季度总共支出现金 30W，在流程表格中的相应表格内填入“30”。

（22）季末数额对账（1＋20－21）

季初现金数为 10W，加本季度现金收入 29W，减本季度现金支出 30W，所以本季末现金数为 9W，在流程表格中的相应表格内填入“9”。

6. 年末 6 项工作

（1）缴纳违约订单罚款

本年度没有销售订单违约，此项操作不执行，在流程表格中的相应表格内填入“×”符号。

（2）支付设备维护费

本年度没有建成生产线，此项操作不执行，在流程表格中的相应表格内填入“×”符号。

（3）计提折旧

本年度没有生产线需要折旧，此项操作不执行，在流程表格中的相应表格内填入“×”符号。

（4）新市场换证/ISO 资格换证

1）新市场换证：由于本地市场和区域市场的开拓费用已经达到规定开拓总费用，营销总监将放置在沙盘上本地市场和区域市场的灰币拿走，把领取到的本地市场和区域市场两准入证放置在沙盘上相应位置。

2）ISO 资格换证：ISO9000 和 ISO140000 认证费用均未达到规定的认证总费用，故不能换取相应资格证。

（5）结账

编制综合费用明细表、利润表和资产负债表，在流程表格中的相应表格内填入年末现金数“9”或“√”符号。

（三）第 1 年经营的操作演示数据

将第 1 年各项操作项目的经营数据，逐一对应地登记在如表 1-14 所示的经营流程记录表中。请尽快掌握流程表的填写，熟悉各种记录符号的含义与使用，并根据表 1-14 的经营数据，分别编制第 1 年的综合费用表（表 1-15）、利润表（表 1-16）、资产负债表（表 1-17）。第 1 年经营结束之后，企业经营的沙盘盘面状况可以使用表 1-18 所示的形式记录下来。

表 1-14　第 1 年经营流程记录表

操作顺序	严格按顺序执行各项操作，不允许跳跃执行，每执行完一项操作，在相应的方格内进行记录：①该项操作有执行，同时有现金收支，请填写收支金额；②该项操作有执行，但无现金收支，请填写符号“√”或填写相关的操作数据；③该项操作无执行，请填写符号“×”				
年初	新年度规划会议	√			
	支付广告费用	×			
	参加订货会选订单/登记订单	×			
	支付应交税金	×			
	支付长贷利息	×			
	更新长期贷款/长期贷款还款	×			
	申请长期贷款	×			
1	季初盘点（请填余额）	65	64	3	10
2	更新短期贷款/短期贷款还本付息	×	×	×	√
3	申请短期贷款	×	×	29	29
4	更新原材料订单/原材料入库	×	×	×	×
5	下原材料订单	×	×	×	4R1
6	购买/租用厂房	×	−40	×	×
7	更新生产/完工入库	×	×	×	×
8	新建/在建/转产/变卖生产线	×	−20	−20	−20
9	紧急采购（随时进行）	×	×	×	×
10	开始下一批生产	×	×	×	×
11	更新应收账款/应收账款收现	×	×	×	×
12	按订单交货	×	×	×	×
13	产品研发投资	×	×	−1	−2
14	厂房出售（买转租）/退租/租转买	×	×	×	×
15	新市场开拓/ISO 资格投资				−7

续表

16	支付管理费/更新厂房租金	－1	－1	－1	－1
17	出售库存	×	×	×	×
18	厂房贴现	×	×	×	×
19	应收账款贴现	×	×	×	×
20	季末收入合计	×	×	29	29
21	季末支出合计	1	61	22	30
22	季末数额对账（1＋20－21）	64	3	10	9
年末	缴纳违约订单罚款				×
	支付设备维护费				×
	计提折旧				（×）
	新市场换证/ISO 资格换证				√
	结账				√

表 1-15　综合费用表

项目	金额/W
管理费	4
广告费	0
设备维护费	0
其他损失	0
转产费	0
厂房租金	0
新市场开拓	5
ISO 资格认证	2
产品研发	3
信息费	0
其他	0
合计	14

表 1-16　利润表

项目	增、减项	金额/W
销售收入	＋	0
直接成本	－	0
毛利润	＝	0
综合费用	－	14
折旧前利润	＝	－14
折旧	－	0
支付利息前利润	＝	－14
利息（长贷＋短贷）	－	0
贴息	－	0
税前利润	＝	－14
所得税	－	0
年度净利润	＝	－14

表 1-17　资产负债表

项目	上年/W	期末/W	项目	上年/W	期末/W
现金		9	长期负债		0
应收账款		0	短期负债		58
在制品		0	应交所得税		0
产成品		0	—		
原材料		0	—		
流动资产合计		9	负债合计		58
厂房		40	股东资本		65
生产线		0	利润留存		0
在建工程		60	年度净利		−14
固定资产合计		100	所有者权益合计		51
总资产		109	负债＋所有者权益		109

想一想

跟随导师讲解和演示第 1 年的经营过程，你是否已经充分理解和掌握经营规则？认真思考并回答以下几个问题：

1）P1 和 P3 产品为什么不在第 1 季度就开始研发？所开建的 4 条全自动生产线为什么也不在第 1 季度就开始投资？你认为需要开建多少条全自动生产线用于生产 P1 和 P3 产品比较合适？

2）权益下降对企业第 2 年的融资将带来极其不利的影响，我们是否需要在第 1 年就大量借入长期贷款和短期贷款，以应对第 2 年权益下降造成融资困难的局面？第 1 年的演示经营中，并没有大量地借入长期贷款，而且只有在年末才借入少量的短期贷款，这是基于什么样的考虑？

二、第 2 年经营操作演示

（一）第 2 年企业经营的策略

1）召开新年度规划会议，讨论第 2 年的经营方案与未来企业的发展策略。本年有 4 条全自动生产线可以在第 1 季度开始生产 P1 产品，每条生产线可以生产 3 个 P1 产品，第 2 年总共可以生产出 12 个 P1 产品。所以，投放 9W 的广告费用，以获取较大销售额的订单。

2）继续 P3 产品的研发，第 4 季度将原生产 P1 产品的 2 条全自动生产线转产 P3 产品。

3）第 2 年的资金压力较大，P1 产品不间断生产，P3 产品研发继续，年末支付生产线维修费、市场开拓和 ISO 投资费等。对于第 2 年经营来说，感觉资金压力比较大，但是，究竟资金的缺口有多大，在什么时候会出现资金短缺，我们并不能非常准确地知道。为此，我们可以使用如表 1-18 所示的预算表，进行每一个经营年资金的预算，测算企业经营的资金缺口有多大，在何时会出现资金短缺，采取何种融资方式进行融资。现金预算表的使用，可以保证企业经营更加顺畅，有效地帮助我们控制企业经营成本。

表 1-18 年末/季末沙盘运营数据记录表

演示经营 公司 1 年____季度

应付账款	4 期	3 期	2 期	1 期	现金
应收账款	4 期	3 期	2 期	1 期	37
			40	15	

短期贷款	Q1	Q2	Q3	Q4
	29	29	29	29

长期贷款	FY1	FY2	FY3	FY4	FY5
					30

高利贷	Q1	Q2	Q3	Q4

其他	广告	管理	折旧
	9	4	
维修	转产	租金	
8	4		
利息	贴息	税金	
2			

本地	区域	国内	亚洲	国际
√	√	√	2	2

ISO9000	ISO14000
√	2

P1	P2	P3	P4
√		√	

厂房	大厂房															
类型	全自动	全自动	全自动	全自动												
阶段	1Q	1Q														
产品	P1	P1	P1	P1												
净值	15	15	15	15												

原料	R1	R2	R3	R4
订单	4		2	2
在途			2	2
库存				

成品	P1	P2	P3	P4
库存	1			
成本	2			

（二）第 2 年企业经营的资金预算

根据第 2 年的现金预算，了解企业资金预算的重要性，学习并掌握企业资金的预算方法。

由表 1-19 可知，第 2 年的资金缺口达到 113W。在第 1 季度初，已经没有任何现金了，为此，我们将如何采用合理的融资方式？

表 1-19　现金预算表　　单位：W

年初	期初现金盘点	9			
	支付广告费用	−9			
	支付应交税金				
	支付长贷利息				
	更新长期贷款/长期贷款还款				
	申请长期贷款				
1	季初盘点	0	−10	−20	−60
2	短期贷款还本付息			−30	−30
3	申请短期贷款				
4	原材料入库	−4	−4	−4	−2
5	购买/租用厂房				
6	新建/在建/转产/变卖生产线				−4
7	开始下一批生产	−4	−4	−4	−2
8	应收账款收现				
9	产品研发投资	−1	−1	−1	−1
10	厂房出售（买转租）/退租/租转买				
11	新市场开拓/ISO 资格投资				−5
12	支付管理费/更新厂房租金	−1	−1	−1	−1
13	出售库存				
14	厂房贴现				
15	应收账款贴现				
16	季末收入合计	0	0	0	0
17	季末支出合计	10	10	40	45
18	季末对账	−10	−20	−60	−105
年末	缴纳违约订单罚款				
	支付设备维护费				−8
	结账				−113

（三）第 2 年的经营数据

1. 年初 7 项工作

（1）新年度规划会议

经营团队召开新年度规划会议，按照原制定的规划进行 P1、P3 产品的研发经营，并研究讨论如何展开企业的经营战略、策略。会后，在流程表格中的相应表格内填入“√”符号。

（2）支付广告费用

根据本年的经营计划，营销总监在市场上投放9W的广告费用，以期待获取满意的客户订单。从现金库中取9W放置于沙盘财务中心的广告费位置上，并在流程表格中的相应表格内填入“－9”。

（3）参加订货会选订单/登记订单

将市场上获得的3张客户订单依次填入订单登记表中，登记完毕后，在流程表格中的相应表格内填入“√”符号。

（4）支付应交税金

根据上一年经营情况，企业不需要交纳所得税，此项操作不执行，在流程表格中的相应表格内填入“×”符号。

（5）支付长贷利息

企业当前没有长期贷款，此项操作不执行，在流程表格中的相应表格内填入“×”符号。

（6）更新长期贷款/长期贷款还款

企业当前没有长期贷款，此项操作不执行，在流程表格中的相应表格内填入“×”符号。

（7）申请长期贷款

本年申请长期贷款30W，从银行（沙盘之外）取30个灰币放入现金库，并将2个空桶放置在长期贷款第5年（FY5）处，可用纸片写上10W并装入其中一空桶，表示此2个空桶短期贷款总共为30W，在流程表格中的相应表格内填入“30”。

2. 第1季度22项工作

（1）季初盘点

盘点当前现金库中的现金数为30W，在流程表格中的相应表格内填入“30”。

（2）更新短期贷款/短期贷款还本付息

将第3季度（Q3）短期贷款29W的空桶和第4季度（Q4）短期贷款29W的空桶分别向现金库方向移动一格，至第2季度（Q2）和第3季度（Q3），在流程表格中的相应表格内填入“√”符号。

（3）申请短期贷款

本季度申请短期贷款29W，从银行（沙盘之外）取29个灰币放入现金库，并将2个空桶放置在短期贷款第4季度（Q4）处，可用纸片写上9W并装入其中一个空桶，表示此2个空桶短期贷款总共为29W，在流程表格中的相应表格内填入“29”。

（4）更新原材料订单/原材料入库

本季度有4批R1原材料运抵原材料库。从现金库中取出4W，支付给供应商，以换取4批R1原材料（即4个红色币），放进原来4个R1订单空桶中，一并移入R1原料仓库；登记R1原材料增加4个，在流程表格中的相应表格内填入“－4”。

（5）下原材料订单

本季度采购价值 4W 的 R1 原材料。取 4 个空桶置于 R1 订单处，在流程表格中的相应表格内填入“4R1”或“√”符号。

（6）购买/租用厂房

本季度此项操作不执行，在流程表格中的相应表格内填入“×”符号。

（7）更新生产/完工入库

本季度此项操作不执行，在流程表格中的相应表格内填入“×”符号。

（8）新建/在建/转产/变卖生产线

本季度此项操作不执行，在流程表格中的相应表格内填入“×”符号。

（9）紧急采购（随时进行）（物理沙盘训练暂不操作该项）

本季度此项操作不执行，在流程表格中的相应表格内填入“×”符号。

（10）开始下一批生产

本季度有 4 条全自动生产线同时生产加工 P1 产品。从 R1 原材料库中取出 4 个 R1 原材料，同时从现金库中取出 4W，组成 4 个 P1 产品，将 4 个 P1 产品分别放在 4 条全自动生产线上的生产周期处；登记 4 个 P1 在制产品，在流程表格中的相应表格内填入“−4”。

（11）更新应收账款/应收账款收现

本季度此项操作不执行，在流程表格中的相应表格内填入“×”符号。

（12）按订单交货

本季度此项操作不执行，在流程表格中的相应表格内填入“×”符号。

（13）产品研发投资

本季度继续进行 P3 产品的研发，从现金库中取出 1W，置于 P3 生产资格位置的桶中，在流程表格中的相应表格内填入“−1”。

（14）厂房出售（买转租）/退租/租转买

本季度此项操作不执行，在流程表格中的相应表格内填入“×”符号。

（15）新市场开拓/ISO 资格投资

第 1、2、3 季度均无此项目，此项目为每年第 4 季度或年末才可执行。

（16）支付管理费/更新厂房租金

按规定每一季度必须支付 1W 行政管理。从现金库中取 1W 放置于沙盘财务中心的管理费位置上，并在流程表格中的相应表格内填入“−1”。

厂房租金此项操作不执行。

（17）出售库存

本季度此项操作不执行，在流程表格中的相应表格内填入“×”符号。

（18）厂房贴现

本季度此项操作不执行，在流程表格中的相应表格内填入“×”符号。

（19）应收账款贴现

本季度此项操作不执行，在流程表格中的相应表格内填入“×”符号。

（20）季末收入合计

本季度总共收入现金为短期贷款的 29W，在流程表格中的相应表格内填入“29”。

（21）季末支出合计

本季度总共支出现金 10W，在流程表格中的相应表格内填入“10”。

（22）季末数额对账（1＋20－21）

季初现金数为 30W，加本季度现金收入 29W，减本季度现金支出 10W，所以本季末现金数为 49W，在流程表格中的相应表格内填入“49”。

3. 第 2 季度 22 项工作

（1）季初盘点

盘点当前现金库中的现金数为 49W，在流程表格中的相应表格内填入“49”。

（2）更新短期贷款/短期贷款还本付息

将第 2 季度（Q2）短期贷款 29W 的空桶、第 3 季度（Q3）短期贷款 29W 的空桶以及第 4 季度（Q4）短期贷款 29W 的空桶，分别向现金库方向移动一格，至第 1 季度（Q1）、第 2 季度（Q2）和第 3 季度（Q3），在流程表格中的相应表格内填入“ √ ”符号。

（3）申请短期贷款

本季度申请短期贷款 29W，从银行（沙盘之外）取 29 个灰币放入现金库，并将 2 个空桶放置在短期贷款第 4 季度（Q4）处，可用纸片写上 9W 并装入其中一空桶，表示此 2 个空桶短期贷款总共为 29W，在流程表格中的相应表格内填入“29”。

（4）更新原材料订单/原材料入库

本季度有 4 批 R1 原材料运抵原材料库。从现金库中取出 4W，支付给供应商，以换取 4 批 R1 原材料（即 4 个红色币），放进原来 4 个 R1 订单空桶中，一并移入 R1 原料仓库；登记 R1 原材料增加 4 个，在流程表格中的相应表格内填入“－4”。

（5）下原材料订单

本季度采购价值 4W 的 R1 原材料。取 4 个空桶置于 R1 订单处，在流程表格中的相应表格内填入“4R1”或“ √ ”符号。

（6）购买/租用厂房

本季度此项操作不执行，在流程表格中的相应表格内填入“×”符号。

（7）更新生产/完工入库

本季度有 4 个 P1 在制品移动完生产线上代表生产周期方格，将产品放置于 P1 产成品库中，并登记入库 4 个 P1，在流程表格中的相应表格内填入“4P1”或“ √ ”符号。

（8）新建/在建/转产/变卖生产线

本季度此项操作不执行，在流程表格中的相应表格内填入“×”符号。

（9）紧急采购（随时进行）（物理沙盘训练暂不操作该项）

本季度此项操作不执行，在流程表格中的相应表格内填入“×”符号。

（10）开始下一批生产

本季度有 4 条全自动生产线同时生产加工 P1 产品。从 R1 原材料库中取出 4 个 R1 原材料，同时从现金库中取出 4W，组成 4 个 P1 产品，将 4 个 P1 产品分别放在 4 条全自动生产线上的生产周期处；登记 4 个 P1 在制产品，在流程表格中的相应表格内填入“－4”。

（11）更新应收账款/应收账款收现

本季度此项操作不执行，在流程表格中的相应表格内填入“×”符号。

（12）按订单交货

本季度根据客户订单，从产成品库中取出 3 个 P1 产品交付给客户，并从客户处获得 3 账期货款 15W，从沙盘外取 15W 置于财务中心应收账款的 3 账期处，在流程表格中的相应表格内填入“－3P1”或“√”符号。

（13）产品研发投资

本季度继续进行 P3 产品的研发，从现金库中取出 1W，置于 P3 生产资格位置的桶中，在流程表格中的相应表格内填入“－1”。

（14）厂房出售（买转租）/退租/租转买

本季度此项操作不执行，在流程表格中的相应表格内填入“×”符号。

（15）新市场开拓/ISO 资格投资

第 1、2、3 季度均无此项目，此项目为每年第 4 季度或年末才可执行。

（16）支付管理费/更新厂房租金

按规定每一季度必须支付 1W 行政管理。从现金库中取 1W 放置于沙盘财务中心的管理费位置上，并在流程表格中的相应表格内填入“－1”。

厂房租金此项操作不执行。

（17）出售库存

本季度此项操作不执行，在流程表格中的相应表格内填入“×”符号。

（18）厂房贴现

本季度此项操作不执行，在流程表格中的相应表格内填入“×”符号。

（19）应收账款贴现

本季度此项操作不执行，在流程表格中的相应表格内填入“×”符号。

（20）季末收入合计

本季度总共收入现金为短期贷款的 29W，在流程表格中的相应表格内填入“29”。

（21）季末支出合计

本季度总共支出现金 10W，在流程表格中的相应表格内填入“10”。

（22）季末数额对账（1＋20－21）

季初现金数为 49W，加本季度现金收入 29W，减本季度现金支出 10W，所以本季末现金数为 68W，在流程表格中的相应表格内填入“68”。

4. 第 3 季度 22 项工作

（1）季初盘点

盘点当前现金库中的现金数为 68W，在流程表格中的相应表格内填入“68”。

（2）更新短期贷款/短期贷款还本付息

将第 1 季度（Q1）短期贷款 29W 的空桶、第 2 季度（Q2）短期贷款 29W 的空桶、第 3 季度（Q3）短期贷款 29W 的空桶及第 4 季度（Q4）短期贷款 29W 的空桶，分别向现金库方向移动一格，至现金库、第 1 季度（Q1）、第 2 季度（Q2）和第 3 季度（Q3），其中原在第 1 季度（Q1）的短期贷款 29W 到期，必须还本付息，从现金库中取出 29W 的本金和 1W 的利息，29W 本金移出沙盘，而 1W 利息置于沙盘财务中心的利息处，在流程表格中的相应表格内填入“－30”。

（3）申请短期贷款

本季度申请短期贷款 29W，从银行（沙盘之外）取 29 个灰币放入现金库，并将 2 个空桶放置在短期贷款第 4 季度（Q4）处，可用纸片写上 9W 并装入其中一空桶，表示此 2 个空桶短期贷款总共为 29W，在流程表格中的相应表格内填入“29”。

（4）更新原材料订单/原材料入库

本季度有 4 批 R1 原材料运抵原材料库。从现金库中取出 4W，支付给供应商，以换取 4 批 R1 原材料（即 4 个红色币），放进原来 4 个 R1 订单空桶中，一并移入 R1 原料仓库；登记 R1 原材料增加 4 个，在流程表格中的相应表格内填入“－4”。

（5）下原材料订单

根据年初制定的计划，第 4 季度有两条原生产 P1 产品的生产线做转产 P3 产品的操作，故第 4 季度只有 2P1 产品上线生产，而第 3 年第 1 季度有 2P3 产品上线生产。

本季度分别采购价值 2W 的 R1、2W 的 R3 和 2W 的 R4 原材料。取 2 个空桶置于 R1 订单处，2 个空桶置于 R3 订单处，2 个空桶置于 R4 订单处，在流程表格中的相应表格内填入“2R1＋2R3＋2R4”或“√”符号。

（6）购买/租用厂房

本季度此项操作不执行，在流程表格中的相应表格内填入“×”符号。

（7）更新生产/完工入库

本季度有 4 个 P1 在制品移动完生产线上代表生产周期方格，将产品放置于 P1 产成品库中，并登记入库 4 个 P1，在流程表格中的相应表格内填入“4P1”或“√”符号。

（8）新建/在建/转产/变卖生产线

本季度此项操作不执行，在流程表格中的相应表格内填入“×”符号。

（9）紧急采购（随时进行）（物理沙盘训练暂不操作该项）

本季度此项操作不执行，在流程表格中的相应表格内填入“×”符号。

（10）开始下一批生产

本季度有 4 条全自动生产线同时生产加工 P1 产品。从 R1 原材料库中取出 4 个 R1 原材料，同时从现金库中取出 4W，组成 4 个 P1 产品，将 4 个 P1 产品分别放在 4 条全自动生产线上的生产周期处；登记 4 个 P1 在制产品，在流程表格中的相应表格内填入“－4”。

（11）更新应收账款/应收账款收现

将处于 3 账期的 15W 应收账款往现金库方向移动一格，即到 2 账期，在流程表格中的相应表格内填入“√”符号。

（12）按订单交货

本季度根据客户订单，从产成品库中取出 2 个 P1 产品交付给客户，并从客户处获得 3 账期货款 11W，从沙盘外取 11W 置于财务中心应收账款的 3 账期处，在流程表格中的相应表格内填入“－2P1”或“√”符号。

（13）产品研发投资

本季度继续进行 P3 产品的研发，从现金库中取出 1W，置于 P3 生产资格位置的桶中，在流程表格中的相应表格内填入“－1”。

（14）厂房出售（买转租）/退租/租转买

本季度此项操作不执行，在流程表格中的相应表格内填入“×”符号。

（15）新市场开拓/ISO 资格投资

第 1、2、3 季度均无此项目，此项目为每年第 4 季度或年末才可执行。

（16）支付管理费/更新厂房租金

按规定每一季度必须支付 1W 行政管理。从现金库中取 1W 放置于沙盘财务中心的管理费位置上，并在流程表格中的相应表格内填入“－1”。

厂房租金此项操作不执行。

（17）出售库存

本季度此项操作不执行，在流程表格中的相应表格内填入“×”符号。

（18）厂房贴现

本季度此项操作不执行，在流程表格中的相应表格内填入“×”符号。

（19）应收账款贴现

本季度此项操作不执行，在流程表格中的相应表格内填入“×”符号。

（20）季末收入合计

本季度总共收入现金为短期贷款的 29W，在流程表格中的相应表格内填入“29”。

（21）季末支出合计

本季度总共支出现金 40W，在流程表格中的相应表格内填入“40”。

（22）季末数额对账（1＋20－21）

季初现金数为 68W，加本季度现金收入 29W，减本季度现金支出 40W，所以本季末现金数为 57W，在流程表格中的相应表格内填入“57”。

5. 第 4 季度 22 项工作

（1）季初盘点

盘点当前现金库中的现金数为 57W，在流程表格中的相应表格内填入“57”。

（2）更新短期贷款/短期贷款还本付息

将第 1 季度（Q1）短期贷款 29W 的空桶、第 2 季度（Q2）短期贷款 29W 的空桶、第 3 季度（Q3）短期贷款 29W 的空桶以及第 4 季度（Q4）短期贷款 29W 的空桶，分别向现金库方向移动一格，至现金库、第 1 季度（Q1）、第 2 季度（Q2）和第 3 季度（Q3），其中原在第 1 季度（Q1）的短期贷款 29W 到期，必须还本付息，从现金库中取出 29W 的本金和 1W 的利息，29W 本金移出沙盘，而 1W 利息置于沙盘财务中心的利息处，在流程表格中的相应表格内填入“－30”。

（3）申请短期贷款

本季度申请短期贷款 29W，从银行（沙盘之外）取 29 个灰币放入现金库，并将 2 个空桶放置在短期贷款第 4 季度（Q4）处，可用纸片写上 9W 并装入其中一空桶，表示此 2 个空桶短期贷款总共为 29W，在流程表格中的相应表格内填入“29”。

（4）更新原材料订单/原材料入库

本季度有 2 批 R1 原材料运抵原材料库。从现金库中取出 2W，支付给供应商，以换取 2 批 R1 原材料（即 2 个红色币），放进原来 2 个 R1 订单空桶中，一并移入 R1 原料仓库；登记 R1 原材料增加 2 个，在流程表格中的相应表格内填入“－2”。

（5）下原材料订单

本季度分别采购价值 4W 的 R1、2W 的 R3 和 2W 的 R4 原材料。取 4 个空桶置于 R1 订单处，2 个空桶置于 R3 订单处，2 个空桶置于 R4 订单处，在流程表格中的相应表格内填入“4R1＋2R3＋2R4”或“ √ ”符号。

（6）购买/租用厂房

本季度此项操作不执行，在流程表格中的相应表格内填入“×”符号。

（7）更新生产/完工入库

本季度有 4 个 P1 在制品移动完生产线上代表生产周期方格，将产品放置于 P1 产成品库中，并登记入库 4 个 P1，在流程表格中的相应表格内填入“4P1”或“ √ ”符号。

（8）新建/在建/转产/变卖生产线

原来 2 条生产 P1 产品的全自动生产线转产 P3 产品。将转产的全自动生产线卡片反扣在沙盘上，并将原 P1 产品标识换为 P3 产品标识，从现金库中取出 4W 放置于财务中心的转产费处，在流程表格中的相应表格内填入“－4”。

（9）紧急采购（随时进行）（物理沙盘训练暂不操作该项）

本季度此项操作不执行，在流程表格中的相应表格内填入“×”符号。

（10）开始下一批生产

本季度只有 2 条全自动生产线生产加工 P1 产品。从 R1 原材料库中取出 2 个 R1 原材料，同时从现金库中取出 2W，组成 2 个 P1 产品，将 2 个 P1 产品分别放在 2 条全自动生产线上的生产周期处；登记 2 个 P1 在制产品，在流程表格中的相应表格内填入“－2”。

（11）更新应收账款/应收账款收现

分别将处于 3 账期的 11W 和 2 账期的 15W 应收账款往现金库方向移动一格，即到 2 账期和 1 账期，在流程表格中的相应表格内填入“ √ ”符号。

（12）按订单交货

本季度根据客户订单，从产成品库中取出 6 个 P1 产品交付给客户，并从客户处获得 2 账期货款 29W，从沙盘外取 29W 置于财务中心应收账款的 2 账期处，在流程表格中的相应表格内填入“－6P1”或“ √ ”符号。

（13）产品研发投资

本季度继续进行 P3 产品的研发，从现金库中取出 1W，置于 P3 生产资格位置的桶中，在流程表格中的相应表格内填入“－1”。

（14）厂房出售（买转租）/退租/租转买

本季度此项操作不执行，在流程表格中的相应表格内填入“×”符号。

（15）新市场开拓/ISO 资格投资

本年度继续开拓国内市场、亚洲市场和国际市场，以及 ISO9000 和 ISO14000 认证资格。从现金库中取出 3W，分别置于国内市场、亚洲市场和国际市场位置，再从现金库中取出 2W，分别置于 ISO9000 和 ISO140000 位置，在流程表格中的相应表格内填入“－5”。

（16）支付管理费/更新厂房租金

按规定每一季度必须支付 1W 行政管理。从现金库中取 1W 放置于沙盘财务中心的管理费位置上，并在流程表格中的相应表格内填入“－1”。

厂房租金此项操作不执行。

（17）出售库存

本季度此项操作不执行，在流程表格中的相应表格内填入“×”符号。

（18）厂房贴现

本季度此项操作不执行，在流程表格中的相应表格内填入“×”符号。

（19）应收账款贴现

本季度此项操作不执行，在流程表格中的相应表格内填入“×”符号。

（20）季末收入合计

本季度总共收入现金为短期贷款的 29W，在流程表格中的相应表格内填入“29”。

（21）季末支出合计

本季度总共支出现金 45W，在流程表格中的相应表格内填入“45”。

（22）季末数额对账（1＋20－21）

季初现金数为 57W，加本季度现金收入 29W，减本季度现金支出 45W，所以本季末现金数为 41W，在流程表格中的相应表格内填入“41”。

6. 年末 6 项工作

（1）缴纳违约订单罚款

本年度没有销售订单违约，此项操作不执行，在流程表格中的相应表格内填入“×”符号。

（2）支付设备维护费

本年度有 4 条全自动生产线投入生产，故支付设备维修费用 8W，从现金库中取出 8W 置于财务中心的维修费处，在流程表格中的相应表格内填入“－8”。

（3）计提折旧

本年度 4 条全自动生产线均为当年建成，无须计提折旧，在流程表格中的相应表格内填入“×”符号。

（4）新市场换证/ISO 资格换证

1）新市场换证：由于国内市场开拓费用已经达到规定开拓总费用，将放置在沙盘上国内市场的灰币拿走，把领取到的国内市场准入证放置在沙盘上相应位置。

2）ISO 资格换证：ISO9000 和 ISO140000 认证费用均已达到规定的认证总费用，将放置在沙盘上 ISO9000 和 ISO140000 认证的灰币拿走，把领取到的 ISO9000 和 ISO140000 认证资格证放置在沙盘上相应位置。

（5）结账

编制综合费用明细表、利润表和资产负债表，在流程表格中的相应表格内填入期末现金数“37”或“√”符号。

（四）第 2 年演示经营的操作数据

第 2 年的经营是第 1 年经营的延续，本年的经营中需要注意长期贷款与短期贷款操作，根据表 1-19 演示第 2 年的资金情况，另外第 1 年年末企业权益为 51W，所以第 2 年总共贷款限额为 153W。我们在年初借入 30W 的长期贷款，并分别在每个季度期初再借入 29W。除了融资方面的内容，合理做好原材料的订购，以及产品上线生产、生产线转产等工作，也将是在第 2 年所必须了解并努力掌握的内容。

下面将第 2 年各项操作项目的经营数据逐一对应地登记在经营流程记录表中，如表 1-20 所示，同时填写第 2 年的销售订单（表 1-21），并根据表 1-20 和表 1-21 的经营数据，分别编制第 2 年的综合费用表（表 1-22）、利润表（表 1-23）、资产负债表（表 1-24）。第 2 年经营结束之后，企业经营的沙盘盘面状况使用如表 1-25 所示的表格记录下来。

表 1-20　第 2 年经营流程记录表

操作顺序	严格按顺序执行各项操作，不允许跳跃执行，每执行完一项操作，在相应的方格内进行记录：①该项操作有执行，同时有现金收支，请填写收支金额；②该项操作有执行，但无现金收支，请填写符号“√”或填写相关的操作数据；③该项操作无执行，请填写符号“×”				
年初	新年度规划会议	√			
	支付广告费用	9			
	参加订货会选订单/登记订单	√			
	支付应交税金	×			
	支付长贷利息	×			
	更新长期贷款/长期贷款还款	×			
	申请长期贷款	30			
1	季初盘点（请填余额）	30	49	68	57
2	更新短期贷款/短期贷款还本付息	√	√	−30	−30
3	申请短期贷款	29	29	29	29
4	更新原材料订单/原材料入库	−4	−4	−4	−2
5	下原材料订单	4R1	4R1	2R1＋2R3＋2R4	4R1＋2R3＋2R4
6	购买/租用厂房	×	×	×	×

续表

7	更新生产/完工入库	×	4P1	4P1	4P1
8	新建/在建/转产/变卖生产线	×	×	×	−4
9	紧急采购（随时进行）	×	×	×	×
10	开始下一批生产	−4	−4	−4	−2
11	更新应收账款/应收账款收现	×	×	√	√
12	按订单交货	×	−3P1	−2P1	−6P1
13	产品研发投资	−1	−1	−1	−1
14	厂房出售（买转租）/退租/租转买	×	×	×	×
15	新市场开拓/ISO 资格投资				−5
16	支付管理费/更新厂房租金	−1	−1	−1	−1
17	出售库存	×	×	×	×
18	厂房贴现	×	×	×	×
19	应收账款贴现	×	×	×	×
20	季末收入合计	29	29	29	29
21	季末支出合计	10	10	40	45
22	季末数额对账（1＋20−21）	49	68	57	41
年末	缴纳违约订单罚款				×
	支付设备维护费				−8
	计提折旧				（×）
	新市场换证/ISO 资格换证				√
	结账				33

表 1-21　订单登记表

订单号	1	2	3				合计
市场	本地	本地	区域				
产品	P1	P1	P1				
数量/个	6	2	3				
账期/Q	2	3	3				
销售额/W	29	11	15				55
成本/W	12	4	6				22
毛利/W	17	7	9				33
交货日期/Q	24	23	22				

表 1-22　综合费用表

项目	金额/W
管理费	4
广告费	9
设备维护费	4
其他损失	0
转产费	4
厂房租金	0

续表

项目	金额/W
新市场开拓	3
ISO 资格认证	2
产品研发	4
信息费	0
其他	0
合计	30

表 1-23　利润表

项目	增、减项	金额/W
销售收入	＋	55
直接成本	－	22
毛利润	＝	33
综合费用	－	30
折旧前利润	＝	3
折旧	－	0
支付利息前利润	＝	3
利息（长贷＋短贷）	－	2
贴息	－	0
税前利润	＝	1
所得税	－	0
年度净利润	＝	1

表 1-24　资产负债表

项目	上年/W	期末/W	项目	上年/W	期末/W
现金	9	37	长期负债	0	30
应收账款	0	55	短期负债	58	116
在制品	0	4	应交所得税	0	0
产成品	0	2	—		
原材料	0	0	—		
流动资产合计	9	98	负债合计	58	146
厂房	40	40	股东资本	65	65
生产线	0	60	利润留存	0	－14
在建工程	60	0	年度净利	－14	1
固定资产合计	100	100	所有者权益合计	51	52
总资产	109	198	负债＋所有者权益	109	198

表 1-25 年末/季末沙盘运营数据记录表

演示经营 公司 2 年____季度

	4 期	3 期	2 期	1 期	现金（W）
应付账款（W）					
应收账款（W）			40	15	33

短期贷款	Q1	Q2	Q3	Q4
	29	29	29	29

长期贷款	FY1	FY2	FY3	FY4	FY5
					30

高利贷	Q1	Q2	Q3	Q4

其他	广告	管理	折旧
	9	4	
维修	转产	租金	
8	4		
利息	贴息	税金	
2			

本地	区域	国内	亚洲	国际
√	√	√	2	2

ISO9000	ISO14000
√	2

P1	P2	P3	P4
√		√	

厂房	大厂房															
类型	全自动	全自动	全自动	全自动												
阶段	1Q	1Q														
产品	P1	P1	P3	P3												
净值（W）	15	15	15	15												

原料	R1	R2	R3	R4
订单	4		2	2
在途			2	2
库存				

成品	P1	P2	P3	P4
库存	1			
成本（W）	2			

想一想

经过第 2 年的演示经营，你对企业经营规则的理解是否更加清晰？认真思考并回答以下几个问题：

1）本年在融资方面，借入 30W 的长期贷款，同时借入 116W 的短期贷款。如果你是决策者，该融资方案是否为最佳方案？若不是，请说出你认为更好的融资方案，并说明理由。

2）本年第 4 季度完成 P3 产品所有研发费用的投资，第 3 年第 1 季度有 2 条全自动生产线生产 P1 产品，有 2 条全自动生产线生产 P3 产品；如果第 3 年 1 季度再将 1 条 P1 产品全自动生产线转产 P3 产品。请制订出满足第 3 年第 1 季度和第 2 季度产品生产所需原材料的最佳采购计划，并将采购数量填写在如表 1-26 所示的表格中。

表 1-26　材料采购计划表

时间	第 2 年第 3 季度	第 2 年第 4 季度	第 3 年第 1 季度	第 3 年第 2 季度
R1				
R2				
R3				
R4				

三、第 3 年尝试经营

在前两年经营的基础上，自己来尝试做一年经营，体验经营乐趣的同时，检验自己是否已经能够运用规则，通过自己经营来感悟企业经营管理实践与理论的真实差距，并深刻反思失败和成功的原因，可以在犯错中认识自己的不足，在失败中获得成功的经验。

第 3 年的经营是第 2 年经营的延续，可以参照表 1-19 所示的方法，将第 3 年企业经营的资金缺口测算出来，完成表 1-27 所示的预算表，补充应收账款收现之后，企业还需要采取什么样的方法进行融资。根据第 3 年的经营情况，准确登记经营流程数据（表 1-28）和订单（表 1-29）。年末分别编制第 3 年的综合费用表（表 1-30）、利润表（表 1-31）、资产负债表（表 1-32）。第 3 年经营结束之后，企业经营的沙盘盘面状况使用如表 1-33 所示的表格记录下来。

表 1-27　现金预算表　　单位：W

年初	期初现金盘点				
	支付广告费用				
	支付应交税金				
	支付长贷利息				
	更新长期贷款/长期贷款还款				
	申请长期贷款				
1	季初盘点				

续表

2	短期贷款还本付息				
3	申请短期贷款				
4	原材料入库				
5	购买/租用厂房				
6	新建/在建/转产/变卖生产线				
7	开始下一批生产				
8	应收账款收现				
9	产品研发投资				
10	厂房出售（买转租）/退租/租转买				
11	新市场开拓/ISO 资格投资				
12	支付管理费/更新厂房租金				
13	出售库存				
14	厂房贴现				
15	应收账款贴现				
16	季末收入合计				
17	季末支出合计				
18	季末对账				
年末	缴纳违约订单罚款				
	支付设备维护费				
	结账				

表 1-28　第 3 年经营流程记录表

操作顺序	严格按顺序执行各项操作，不允许跳跃执行，每执行完一项操作，在相应的方格内进行记录：①该项操作有执行，同时有现金收支，请填写收支金额；②该项操作有执行，但无现金收支，请填写符号“√”或填写相关的操作数据；③该项操作无执行，请填写符号“×”				
年初	新年度规划会议				
	支付广告费用				
	参加订货会选订单/登记订单				
	支付应交税金				
	支付长贷利息				
	更新长期贷款/长期贷款还款				
	申请长期贷款				
1	季初盘点（请填余额）				
2	更新短期贷款/短期贷款还本付息				
3	申请短期贷款				
4	更新原材料订单/原材料入库				
5	下原材料订单				
6	购买/租用厂房				

续表

7	更新生产/完工入库				
8	新建/在建/转产/变卖生产线				
9	紧急采购（随时进行）				
10	开始下一批生产				
11	更新应收账款/应收账款收现				
12	按订单交货				
13	产品研发投资				
14	厂房出售（买转租）/退租/租转买				
15	新市场开拓/ISO 资格投资				
16	支付管理费/更新厂房租金				
17	出售库存				
18	厂房贴现				
19	应收账款贴现				
20	季末收入合计				
21	季末支出合计				
22	季末数额对账（1＋20－21）				
年末	缴纳违约订单罚款				
	支付设备维护费				
	计提折旧				（　　）
	新市场换证/ISO 资格换证				
	结账				

表 1-29　订单登记表

订单号							合计
市场							
产品							
数量/个							
账期/Q							
销售额/W							
成本/W							
毛利/W							
交货日期/Q							

表 1-30　综合费用表

项目	金额/W
管理费	
广告费	
设备维护费	

续表

项目	金额/W
其他损失	
转产费	
厂房租金	
新市场开拓	
ISO 资格认证	
产品研发	
信息费	
其他	
合计	

表 1-31 利润表

项目	增、减项	金额/W
销售收入	+	
直接成本	−	
毛利润	=	
综合费用	−	
折旧前利润	=	
折旧	−	
支付利息前利润	=	
利息（长贷+短贷）	−	
贴息	−	
税前利润	=	
所得税	−	
年度净利润	=	

表 1-32 资产负债表

项目	上年/W	期末/W	项目	上年/W	期末/W
现金			长期负债		
应收账款			短期负债		
在制品			应交所得税		
产成品			—		
原材料			—		
流动资产合计			负债合计		
厂房			股东资本		
生产线			利润留存		
在建工程			年度净利		
固定资产合计			所有者权益合计		
总资产			负债+所有者权益		

表 1-33 年末/季末沙盘运营数据记录表

演示经营 公司 3 年____季度

	4 期	3 期	2 期	1 期	现金
应付账款					
应收账款	4 期	3 期	2 期	1 期	

	Q1	Q2	Q3	Q4	
短期贷款					

	FY1	FY2	FY3	FY4	FY5
长期贷款					

	Q1	Q2	Q3	Q4
高利贷				

其他	广告	管理	折旧
维修	转产	租金	
利息	贴息	税金	

本地	
区域	
国内	
亚洲	
国际	

ISO9000	
ISO14000	

P1	
P2	
P3	
P4	

厂房	大厂房															
类型	全自动	全自动	全自动	全自动												
阶段																
产品																
净值																

原料	R1	R2	R3	R4
订单				
在途				
库存				

成品	P1	P2	P3	P4
库存				
成本				

想一想

1）通过两年的演示经营和 1 年的尝试经营，大家对于企业经营流程应该有了一定的了解，如果是你独立进行企业经营，你觉得最需要在哪些方面进行优化？

2）第 1 年的经营没有任何的业务收入，也就是说企业在第 1 年没有任何利润，相反还必须有相当大的费用支出，所以，第 1 年经营过后的企业权益值将是一个快速下降的情况。那么，企业开局是否应该全面出击以换取较大的竞争机会，还是采取集中某一小范围领域，如专营单一产品，选择性开发市场和不投资 ISO 认证资格等，以减少经营费用的支出？若是你在经营企业，你会做出怎样的选择？请说明理由。

第五节　事业合伙人

一、合伙人岗位认知

在企业经营过程中，人力资源管理是非常关键的一个环节，无论是岗位分工，还是职位高低，都必须要求每一位员工具备团队精神，努力做好自己的本职工作，加强部门之间的沟通，形成默契的团队协作状态。在模拟企业团队中通常设置总经理（CEO）、财务总监（CFO）、营销总监（CMO）、生产总监（COO）和采购总监（CPO）等岗位角色。

1. 总经理

总经理负责制定和实施公司总体战略与年度经营计划；建立和健全公司的管理体系与组织结构；主持公司的日常经营管理工作，实现公司经营管理目标和发展目标。

企业所有重要决定均由总经理带领团队共同决定，如果大家意见不一致，由总经理最终拍板决定。

2. 财务总监

财务总监对企业的资金进行预测、筹集、监控。其主要任务在于管理好现金流，按需求支付各项费用，核算成本，做好财务分析；进行现金预算，采用经济有效的方式筹集资金，将资金成本控制到较低水平，管好、用好资金。

如果说资金是企业的血液，那么财务部门就是企业的心脏。财务总监要参与企业重大决策方案的讨论，如设备投资、产品研发、ISO 资格认证等。公司进出的任何一笔资金都要经过财务部门。

3. 营销总监

营销总监要分析市场环境，进行需求分析和销售预测，分析企业竞争对手，制定公司市场营销战略和实施计划，制定销售计划和销售预算；对客户进行管理，确保货款及时回笼，并对销售业绩进行分析与评估。

企业的利润是由销售收入带来的，销售实现是企业生存和发展的关键。销售和收款是企业的主要经营业务之一，也是企业联系客户的门户。另外，监控、分析企业竞争对手也是对企业发展非常关键的内容，例如，竞争对手正在开拓哪些市场？未涉足哪些市场？他们在销售上取得了多大的成功？他们拥有哪类生产线？生产能力如何？充分了解市场，明确竞争对手的动向有利于今后的竞争与合作。

4. 生产总监

生产总监是企业生产部门的核心，对企业的一切生产活动进行管理，并对企业的一切生产活动及产品负最终的责任。生产总监是计划的制订者和决策者，又是生产过程的监控者，对企业目标的实现负有重大的责任，他的工作是通过计划、组织、指挥和控制等手段实现企业资源的优化配置，从而创造最大的经济效益。

5. 采购总监

采购是企业生产的首要环节。采购总监负责编制并实施采购供应计划，分析各种物资供应渠道及市场供求变化情况，力求在价格、质量上把好第一关，确保在合适的时间点采购合适的品种及数量的物资，为企业生产做好后勤保障。

6. 会计主管

会计主管主要负责日常现金收付的记录，并在每年年末编制综合费用明细表、利润表和资产负债表等。在人数较多的团队可以增设会计主管岗位，协助财务总监做好相关财务工作。

岗位座位图如图 1-8 所示。

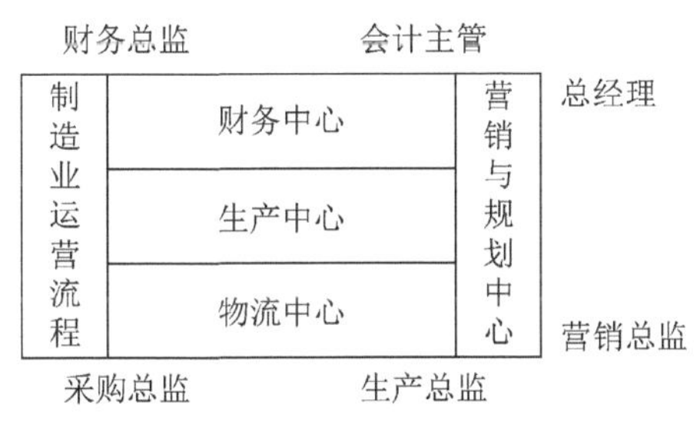

图 1-8 岗位座位图

二、岗位要求

员工如果想出色地完成自己的工作，就必须从企业经营的总体出发，并找到处理问题的关键工具。

1. 总经理的职责

在管理团队中，每位成员都以本职工作为己任，所以，必不可少地会从不同角度看待问题，出现不同的声音，在经营中出现效率低下等问题，尤其是在企业竞争力低下时，管理团队的意见常常难以统一。那么，总经理的职责就是将团队成员重新拧成一梱绳，并做出最有利于企业发展的重要决策。

作为中国大型企业的代表，万科集团在 2014 年 3 月 15 日由总裁郁亮先生提出“事业合伙人”这一全新的概念，并开始尝试从职业经理人制度升级为事业合伙人。事业合伙人的要求是共创、共担、共享，即你创造了价值当然可以分享创造价值的成果；如果你损毁了价值，应该承担相应的责任。所以，万科集团把共创、共享发展为共创、共担、共享。在体验企业经营模拟活动中，应该学习万科的事业合伙人精神契约，以自己的责任心去经营企业，协助其他岗位人员的工作。

作为企业经营团队中的总经理需要学习万科的契约精神，发掘每一位成员的潜力，展现共创、共担、共享的精神，以企业整体发展为目标，将团队最佳的竞争力发挥出来。

2. 财务总监的职责

（1）资金预算

财务总监利用资金预算表进行资金预算，测算企业经营的资金缺口，以及在何时会出现资金短缺，应采取何种融资方式，并控制经营成本，保证企业正常的经营活动。

（2）财务分析

企业经营的目标是股东权益最大化，它反映着企业的实力或发展潜力。财务总监须将企业经营结果以科学的分析方法进行分析与评价，如对企业的偿债能力、盈利能力、营运能力进行分析与评价，为企业投资者提供准确信息，为企业未来发展提供决策依据。

3. 营销总监的职责

（1）市场开拓

营销总监按照市场预测数据，分析哪些市场值得开拓，并确定产品的销售计划。

（2）竞争状况分析

营销总监分析各个市场上存在哪些直接竞争对手，销售什么产品，产能如何，占据了多大市场份额，哪些市场存在机会；做好广告效益分析以最大限度地节约成本，决定广告费用的投放。

4. 生产总监的职责

（1）产能计算

投放广告费用之前，生产总监应准确计算企业的产能、最大的产品销售量。

（2）生产线的投资计划与产品生产计划

生产总监必须清楚现阶段与未来企业的生产线投资与产品上线生产计划，准确无误地完成产品的上线生产并最大限度地产出产品。

5. 采购总监的职责

采购总监要准确无误地了解产品的生产计划，研究产品的 BOM（Bill of Material）结构、现有原材料库存情况，做到产品原材料及时供应，不短缺也不过多采购。对于短缺的原材料，要明确采购时间和采购量。

6. 会计主管的职责

会计主管应协助财务总监做好报表的登记和财务分析、资金的预算与核算等工作。

想一想

1. 营销总监

1）分析市场预测数据，未来哪种产品具有竞争优势？为什么？

2）作为营销总监，你准备如何进行竞争对手分析？

3）参加订货会时，选单次序是如何规定的？

4）假设有一张客户订单，如图 1-9 所示，现在有另外一个竞争对手选单次序与你相同，若可以重新投放广告费用，你准备如何修改广告费用投放策略？请至少写出 2 种以上策略。

第3年	国内市场	IP2－2/5
产品数量：4P2 产品单价：6.8W/个 总额：27W 应收账期：3Q		

图 1-9　销售订单

5）企业本年度发展急需资金，作为营销总监，你会选择图 1-10 中的哪张订单？请简要说明原因。

产品：P2
数量：2
单价：6.3
总额：13W
账期：0Q

（a）订单 1

产品：P2
数量：3
单价：6.2
总额：19W
账期：2Q

（b）订单 2

产品：P2
数量：2
单价：7.3
总额：15W
账期：0Q

（c）订单 3

图 1-10　3 种不同订单

2. 生产总监

1）生产总监必须准确计算每一年的产能，如果产能计算不准确，将会对企业产生怎样的影响？

2）在什么情况下，本年不用交纳设备维修费？

3）在经营中可能出现资金困难，生产线停工，并卖掉生产线；或是战略性地出售

生产效率较低的生产线等，试计算4种生产线在使用中进行出售所造成的损失，填写在如表1-34所示的表格中。

表1-34 出售生产线损失计算表

使用年度	手工生产线	半自动生产线	全自动生产线	柔性生产线
1				
2				
3				
4				
5				
6				

3. 采购总监

1）P1、P2、P3、P4 产品由哪些原材料构成？原材料订货的多少会对企业产生怎样的影响？

2）如果第3年第2季度需要上线生产2个P3和1个P4产品；第3季度需要上线1个P2和1个P4产品，在没有任何原材料库存的情况下，最佳的原材料采购方案应该是怎样的，请将采购的数量填写在如表1-35所示的表格中。

表1-35 材料采购计划表

时间	第2年第4季度	第3年第1季度	第3年第2季度	第3年第3季度
R1				
R2				
R3				
R4				

4. 财务总监

1）假设目前企业经营资金缺口14W，当前有2账期应收账款15W，3账期应收账款11W，考虑使用应收账期贴现的方式来弥补当前的资金缺口，应该如何贴现？

2）投资新生产线时需要考虑哪些主要因素？是否能盈利？

3）企业所有者权益为65W，经过3年的经营，请计算以下情况企业需要缴纳的税款：

企业第1年税前利润为－12W，那么第1年需纳税__W；

企业第2年税前利润为5W，那么第2年需纳税__W；

企业第2年税前利润为16W，那么第3年需纳税__W。

第二章　创业与经营

学习目标

- 理解企业现金运作的重要性，并保证每一年都处于现金净流入状态。
- 探究并找出企业利润增加或减少的因素。
- 了解企业存货、应收账款、资产等方面的周转情况。
- 理解股东权益最大化的衡量标准。
- 理解企业业务增长为企业带来的利润变化。
- 了解顾客对企业经营的重要性。
- 提高岗位分工协作能力。

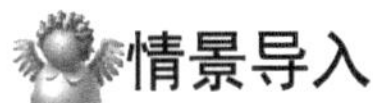

情景导入

卖蔬菜大叔的商业逻辑

一位在街头卖蔬菜的大叔怎样在激烈的竞争中生存下去？首先，他必须考虑清楚每天早上需要采购什么、采购多少、货物质量如何，以及需要多少品类等。然后，他将制定价格策略，价格可以根据一天中需求的变化而灵活地改变。

如果认真观察街头商贩的日常经营，并做仔细分析，你就会发现企业的经营本质与商贩的商业模式是一样的。要想成为一名优秀的企业家，其实可以先让自己成为一名成功的商贩。简单地说，若一位街头商贩能成功地在每日的经营中获取利润，再拥有较丰富的企业经营知识，那么这位商贩极有可能成为一名成功的企业管理者。

作为一名优秀的企业家最应关注的是企业经营中的 6 个关键要素，分别是现金净流入、利润、周转率、资产收益率、业务增长和顾客。如果能充分理解并掌握企业经营的 6 个要素的本质，那么我们就学会了企业经营的基本知识。如果再学会与他人沟通的技巧，能够与他们团结协作，那我们将会是优秀的企业家。为了理解上述 6 个关键要素的实际运用价值，我们将通过亲身体验来体会企业经营的内涵，透过复杂的表象看到商业本质，化繁为简，抓住企业经营的根本要素，并不断地提升自己的职业素养与商业智慧。

情景分析：

也许我们并不是一个街头商贩，也不是一个商店业主，但无论我们是刚刚开始创业，还是已经成为大公司的高级管理人员，我们依然可以从街头商贩身上学到很多东西。街头商贩长年累月地在同一个地段经营，得益于他们对业务的精通，他们了解产品、销售、顾客、利润率、资产收益率的每一个方面。至于我们，完全可以让自己拥有与商贩一样的商业智慧，并从最基本的层面上了解一家公司是如何赢利的。

在本章，我们将灵活运用已经掌握的企业经营沙盘规则，根据自身能力水平设定创业初始资金，与自己的合伙人共同经营一家企业，并连续经营 6 年。在未来的 6 年经营中，除了要使企业发展壮大，还必须与其他企业竞争，体验企业经营的成功与市场竞争残酷，感受每位创业者的艰辛。本章还将企业运营的 6 个关键要素，通过学生亲身体验的方式来展开说明，使每个学生都能深刻地理解如何才能为企业带来收益。

第一节　重 视 现 金

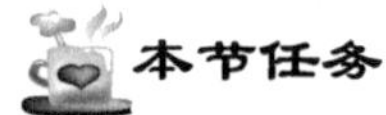

1．俗话说“万事开头难”。你们的第 1 年的经营准备从哪些方面来展开？依据是什么？

2．你们的企业是否制订资金预算计划？是否注意到企业经营的资金压力在哪里？资金的缺口有多大？你们准备采取怎样的融资方式？

现金净流入（或现金净增加额）是指企业在一段时间内经营活动所创造的现金流入总量和现金流出总量之间的差额。现金流入的来源包括销售产品、提供服务而收到的现金等；现金流出包括支付工资、缴纳税金、支付供应商的货款等。现金净流入是衡量企业盈利多少最重要的指标之一。

本节通过第 1 年的经营活动，体会企业现金流入与流出将会给企业经营带来怎样的影响，从而在后面几年的经营中更加注重现金的净流入。经营者应认真、准确地登记表 2-1～表 2-7 中相应的经营数据。

表 2-1　第 1 年经营现金预算表　　单位：W

年初	期初现金盘点				
	支付广告费用				
	支付应交税金				
	支付长贷利息				
	更新长期贷款/长期贷款还款				
	申请长期贷款				
1	季初盘点				
2	短期贷款还本付息				
3	申请短期贷款				
4	原材料入库				
5	购买/租用厂房				
6	新建/在建/转产/变卖生产线				
7	开始下一批生产				
8	应收账款收现				
9	产品研发投资				
10	厂房出售（买转租）/退租/租转买				
11	新市场开拓/ISO 资格投资				
12	支付管理费/更新厂房租金				
13	出售库存				
14	厂房贴现				
15	应收账款贴现				

续表

16	季末收入合计				
17	季末支出合计				
18	季末对账				
年末	缴纳违约订单罚款				
	支付设备维护费				
	结账				

表 2-2　第 1 年经营流程记录表

操作顺序	严格按顺序执行各项操作，不允许跳跃执行，每执行完一项操作，在相应的方格内进行记录：①该项操作有执行，同时有现金收支，请填写收支金额；②该项操作有执行，但无现金收支，请填写符号“√”或填写相关的操作数据；③该项操作无执行，请填写符号“×”				
年初	新年度规划会议				
	支付广告费用				
	参加订货会选订单/登记订单				
	支付应交税金				
	支付长贷利息				
	更新长期贷款/长期贷款还款				
	申请长期贷款				
1	季初盘点（请填余额）				
2	更新短期贷款/短期贷款还本付息				
3	申请短期贷款				
4	更新原材料订单/原材料入库				
5	下原材料订单				
6	购买/租用厂房				
7	更新生产/完工入库				
8	新建/在建/转产/变卖生产线				
9	紧急采购（随时进行）				
10	开始下一批生产				
11	更新应收账款/应收账款收现				
12	按订单交货				
13	产品研发投资				
14	厂房出售（买转租）/退租/租转买				
15	新市场开拓/ISO 资格投资				
16	支付管理费/更新厂房租金				
17	出售库存				
18	厂房贴现				
19	应收账款贴现				
20	季末收入合计				
21	季末支出合计				
22	季末数额对账（1+20−21）				
年末	缴纳违约订单罚款				
	支付设备维护费				
	计提折旧				（　）
	新市场换证/ISO 资格换证				
	结账				

表 2-3　订单登记表（第 1 年无订单，暂不填此表）

订单号							合计
市场							
产品							
数量/个							
账期/Q							
销售额/W							
成本/W							
毛利/W							
交货日期/Q							

表 2-4　综合费用表

项目	金额/W	项目	金额/W
管理费		厂房租金	
广告费		新市场开拓	
设备维护费		ISO 资格认证	
其他损失		产品研发	
转产费		信息费	
其他			
合计			

表 2-5　利润表

项目	增、减项	金额/W	项目	增、减项	金额/W
销售收入	＋		支付利息前利润	＝	
直接成本	－		利息（长贷＋短贷）	－	
毛利润	＝		贴息	－	
综合费用	－		税前利润	＝	
折旧前利润	＝		所得税	－	
折旧	－		年度净利润	＝	

表 2-6　资产负债表

项目	上年/W	期末/W	项目	上年/W	期末/W
现金			长期负债		
应收账款			短期负债		
在制品			应交所得税		
产成品			—		
原材料			—		
流动资产合计			负债合计		
厂房			股东资本		
生产线			利润留存		
在建工程			年度净利		
固定资产合计			所有者权益合计		
总资产			负债＋所有者权益		

表 2-7　年末/季末沙盘运营数据记录表

______公司____年____季度

应付账款	4 期	3 期	2 期	1 期	现金
应收账款	4 期	3 期	2 期	1 期	

短期贷款	Q1	Q2	Q3	Q4

长期贷款	FY1	FY2	FY3	FY4	FY5

高利贷	Q1	Q2	Q3	Q4

其他	广告	管理	折旧
维修	转产	租金	
利息	贴息	税金	

本地	区域	国内	亚洲	国际

ISO9000	ISO14000

P1	P2	P3	P4

厂房																
类型																
阶段																
产品																
净值																

原料	R1	R2	R3	R4
订单				
在途				
库存				

成品	P1	P2	P3	P4
库存				
成本				

案例链接

精明的商人知道现金净流入有助于业务增长，通过明智的投资，现金能够提高公司的赢利能力。经过第1年的经营，结合以下案例，认真思考相关问题，增强对企业现金净流入的理解。

案例1

创建于1988年的广大电器集团，是佛山市首家私营集团公司，旗下已拥有广东广大电缆有限公司、广大电器厂有限公司、广东广大变压器厂有限公司等7家子公司，而集团下游最大采购方为南方电网。广大电器集团于2014年9月中旬被佛山市中级人民法院裁定破产重整，引发行业震动。外界对广大电器集团陷入破产重整颇感意外，由于其下游最大客户为南方电网旗下各地供电局，订单较为充足，且回款较有保障。

根据审计及财务报表，其中，广大变压器有限公司总资产为9042.7万元，负债为1.29亿元，资产负债率高达143%；广大电器厂有限公司总资产为1718.3万元，负债为3736.7万元，资产负债率为217%。经不完全统计，广大电器集团及其4个关联企业负债17亿元，因严重资不抵债，资金链已断裂，虽然不缺订单，但由于没有资金购买铜等原材料，已经处于全部停产状态。

造成广大电器集团资金链断裂的原因是扩张太快。由于管理层在2013年开始建造一栋大型办公楼和一栋新型厂房，广大电器集团占用了供应商的货款，包括对供应铜杆等原材料的企业的货款进行月结。由于前期扩张过快，加上银行信贷收紧，导致给供应商的货款延期，占用了供应商等方面的大量资金，使得广大电器集团陷入资金链断裂的困境。而广大电器集团投入大量现金建设新办公楼和厂房，却没有得到任何现金收入。

案例2

优秀的销售代表在争取销售订单的时候，能够通过商务谈判将客户的付款期从60天缩短到30天。这将更有利于公司的经营，使公司更早地获取现金，让现金价值得到更早的发挥，相当于让这笔现金能够用于其他方面，为公司带来更多的利润。

案例3

戴尔公司直销个人电脑，顾客必须在发出订单后、收到货物前支付货款，而戴尔公司通常在收到电脑配件30天后才支付供应商货款（这些供应商生产单一的电脑配件），而公司通常只保持6天的存货量。因此，在一段特定的时间里，戴尔公司的现金流入就会大于现金流出，业务增长得越快，产出的现金也就越多。

想一想

1）自己经营企业的现金是怎样使用的？

2）在自己经营的这一年里，企业各季度的现金收支是否平衡？

3）你对自己的投资有怎样的规划？觉得企业多久能收回投资？未来企业的主营业务是否能产出足够的现金净流入？

第二节　理 解 利 润

本节任务

1．在第 2 年经营之后，你认为企业是已经盈利还是继续亏损？请分析盈利或亏损的原因。

2．如何提高企业利润？

关于企业利润，我们一般强调的是企业的税后净利润，也就是说公司在支付了所有的费用、利息和税金之后所得的利润。净利润来自毛利润，毛利润也是了解商业本质的一个重要指标，企业将产品的总销售收入减去生产产品的直接成本就可以计算出毛利润。

因此，很多企业家和管理者非常重视并且一直追踪着毛利的变化，因为它提供了有关业务性质变化的重要线索。例如，当毛利率从 54%降到 49%时，就要思考到底是因为你用了更多的资金来生产产品，还是费用不变，但价格却因为竞争而降低了？或是顾客结构发生了变化，卖出的产品多属于低利润率产品，而高利润率产品卖出去得比较少，且这种趋势会继续加速吗？

通过第 2 年的经营活动，体会企业净利润的增加或减少会给企业经营带来的影响，是增加企业现金的净流入，还是加剧企业现金的流出？在今后的经营中如何提高企业利润？经营者应认真、准确地登记表 2-8～表 2-14 中相应的经营数据。

表 2-8　第 2 年经营现金预算表　　单位：W

<table>
<tr><td rowspan="6">年初</td><td>期初现金盘点</td><td></td><td colspan="3" rowspan="6"></td></tr>
<tr><td>支付广告费用</td><td></td></tr>
<tr><td>支付应交税金</td><td></td></tr>
<tr><td>支付长贷利息</td><td></td></tr>
<tr><td>更新长期贷款/长期贷款还款</td><td></td></tr>
<tr><td>申请长期贷款</td><td></td></tr>
<tr><td>1</td><td>季初盘点</td><td></td><td></td><td></td><td></td></tr>
<tr><td>2</td><td>短期贷款还本付息</td><td></td><td></td><td></td><td></td></tr>
<tr><td>3</td><td>申请短期贷款</td><td></td><td></td><td></td><td></td></tr>
<tr><td>4</td><td>原材料入库</td><td></td><td></td><td></td><td></td></tr>
<tr><td>5</td><td>购买/租用厂房</td><td></td><td></td><td></td><td></td></tr>
<tr><td>6</td><td>新建/在建/转产/变卖生产线</td><td></td><td></td><td></td><td></td></tr>
<tr><td>7</td><td>开始下一批生产</td><td></td><td></td><td></td><td></td></tr>
<tr><td>8</td><td>应收账款收现</td><td></td><td></td><td></td><td></td></tr>
<tr><td>9</td><td>产品研发投资</td><td></td><td></td><td></td><td></td></tr>
</table>

续表

10	厂房出售（买转租）/退租/租转买				
11	新市场开拓/ISO 资格投资				
12	支付管理费/更新厂房租金				
13	出售库存				
14	厂房贴现				
15	应收账款贴现				
16	季末收入合计				
17	季末支出合计				
18	季末对账				
年末	缴纳违约订单罚款				
	支付设备维护费				
	结账				

表 2-9 第 2 年经营流程记录表

操作顺序	严格按顺序执行各项操作，不允许跳跃执行，每执行完一项操作，在相应的方格内进行记录：①该项操作有执行，同时有现金收支，请填写收支金额；②该项操作有执行，但无现金收支，请填写符号“√”或填写相关的操作数据；③该项操作无执行，请填写符号“×”				
年初	新年度规划会议				
	支付广告费用				
	参加订货会选订单/登记订单				
	支付应交税金				
	支付长贷利息				
	更新长期贷款/长期贷款还款				
	申请长期贷款				
1	季初盘点（请填余额）				
2	更新短期贷款/短期贷款还本付息				
3	申请短期贷款				
4	更新原材料订单/原材料入库				
5	下原材料订单				
6	购买/租用厂房				
7	更新生产/完工入库				
8	新建/在建/转产/变卖生产线				
9	紧急采购（随时进行）				
10	开始下一批生产				
11	更新应收账款/应收账款收现				
12	按订单交货				
13	产品研发投资				

续表

14	厂房出售（买转租）/退租/租转买				
15	新市场开拓/ISO 资格投资				
16	支付管理费/更新厂房租金				
17	出售库存				
18	厂房贴现				
19	应收账款贴现				
20	季末收入合计				
21	季末支出合计				
22	季末数额对账（1＋20－21）				
年末	缴纳违约订单罚款				
	支付设备维护费				
	计提折旧				（ ）
	新市场换证/ISO 资格换证				
	结账				

表 2-10 订单登记表

订单号							合计
市场							
产品							
数量/个							
账期/Q							
销售额/W							
成本/W							
毛利/W							
交货日期/Q							

表 2-11 综合费用表

项目	金额/W
管理费	
广告费	
设备维护费	
其他损失	
转产费	
厂房租金	
新市场开拓	

续表

项目	金额/W
ISO 资格认证	
产品研发	
信息费	
其他	
合计	

表 2-12　利润表

项目	增、减项	金额/W
销售收入	+	
直接成本	−	
毛利润	=	
综合费用	−	
折旧前利润	=	
折旧	−	
支付利息前利润	=	
利息（长贷+短贷）	−	
贴息	−	
税前利润	=	
所得税	−	
年度净利润	=	

表 2-13 资产负债表

项目	上年/W	期末/W	项目	上年/W	期末/W
现金			长期负债		
应收账款			短期负债		
在制品			应交所得税		
产成品			—		
原材料			—		
流动资产合计			负债合计		
厂房			股东资本		
生产线			利润留存		
在建工程			年度净利		
固定资产合计			所有者权益合计		
总资产			负债+所有者权益		

表 2-14 年末/季末沙盘运营数据记录表

________公司____年____季度

应付账款	4 期	3 期	2 期	1 期	现金
应收账款	4 期	3 期	2 期	1 期	

Q1	Q2	Q3	Q4	短期贷款

FY1	FY2	FY3	FY4	FY5	长期贷款

Q1	Q2	Q3	Q4	高利贷

其他	广告	管理	折旧
维修	转产	租金	
利息	贴息	税金	

本地	区域	国内	亚洲	国际

厂房																
类型																
阶段																
产品																
净值																

P1	P2	P3	P4

ISO9000	ISO14000

原料	R1	R2	R3	R4
订单				
在途				
库存				

成品	P1	P2	P3	P4
库存				
成本				

知识拓展

企业经营是指以企业为载体，企业经营者为了获得最大的物质利益而运用经济权力，用最少的物质消耗创造出尽可能多的能够满足人们各种需要的产品的经济活动。

企业的本质是通过资本经营的方式使股东权益最大化，即赢利，如图 2-1 所示。

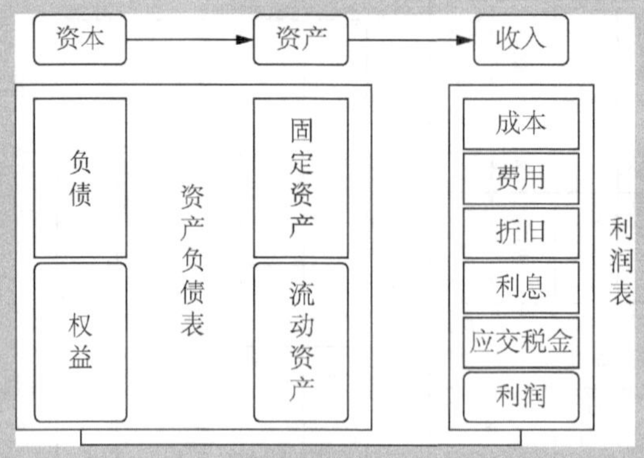

图 2-1 企业经营的本质

1. 破产

参照《企业破产法》有关企业破产的规定，在 6 年的模拟经营中，如果出现以下两种情况，企业将宣告破产。

1）资不抵债。如果企业所取得的收入不足以弥补其支出，导致所有者权益为负时，则企业破产。

2）现金断流。如果企业的负债到期，无力偿还，则企业破产。

2. 赢利

如何提高企业的利润？不难看出企业经营要想赢利，就必须扩大销售收入，同时控制成本，俗称开源节流。

1）扩大销售。①获取足额的订单数量；②提高产品价格；③扩大生产规模。

2）控制成本。①降低生产成本；②降低费用。

3）为了帮助大家更好地理解企业利润的意义，下面是苹果公司近几年的一些资料。

① 2013 年，苹果公司的全球销售收入为 1709.1 亿美元；2014 年，苹果公司的全球销售收入为 1827.95 亿美元；2015 年，苹果公司的全球销售收入为 2337.15 亿美元，公司有史以来最高值。

② 2013 年，苹果公司的销售收入比 2012 年增长了 9%；2014 年，苹果公司的销售收入比 2013 年增长了 7%；2015 年，苹果公司的销售收入比 2014 年增长了 28%。

③ 苹果公司 2013 年、2014 年、2015 年的税后利润率分别为 21.7%、21.6%、22.8%。

④ 苹果公司 2015 年利润率远高于三星电子（13.2%）。

想一想

1）你的企业今年的销售收入是多少？

2）你的企业的业务在持续增长中吗？业务增长是平稳还是在下降呢？业务增长前景足够好吗？

3）你的企业的利润率是多少？它是上升、下降还是保持不变的？

4）你的企业的利润率与你的竞争者相比如何？若与其他行业相比呢？

第三节 理解周转率

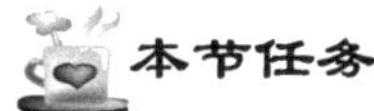

本节任务

1．在第 3 年的经营中，企业的原材料是否实现零库存采购计划？原材料库存是什么原因造成的？

2．在第 3 年的经营中，是否出现企业现金没有了，但是有大量应收账款？有什么解决的办法？

3．是否出现产品总是售不完的情况？这会给企业带来哪些影响？应如何解决？

如果企业管理者只重视利润率，而忽视了周转率，那么他还不是一名合格的管理者。一个成功的管理者，应该同时考虑利润率和周转率，因为这两者都是商业智慧的核心。

存货周转率可通俗地理解为货物周转的时间长度。从原材料经过工厂加工，成为产品，然后产品从货架上卖到顾客手中，为一个周期。存货周转率就是一年中存货周转的次数。该指标反映了企业的运营效率，是一个容易被忽视但又极其重要的指标，特别是对于利润率较低的行业而言。

通过第 3 年的经营活动，体会企业经营过程中原材料和产品库存对企业经营带来的影响，能够更加注重原材料采购计划，更加注重销售策略，尽可能实现企业零库存经营。经营者应认真、准确地登记表 2-15～表 2-21 中相应的经营数据。

表 2-15 第 3 年经营现金预算表 单位：W

年初	期初现金盘点				
	支付广告费用				
	支付应交税金				
	支付长贷利息				
	更新长期贷款/长期贷款还款				
	申请长期贷款				
1	季初盘点				
2	短期贷款还本付息				

续表

3	申请短期贷款				
4	原材料入库				
5	购买/租用厂房				
6	新建/在建/转产/变卖生产线				
7	开始下一批生产				
8	应收账款收现				
9	产品研发投资				
10	厂房出售（买转租）/退租/租转买				
11	新市场开拓/ISO 资格投资				
12	支付管理费/更新厂房租金				
13	出售库存				
14	厂房贴现				
15	应收账款贴现				
16	季末收入合计				
17	季末支出合计				
18	季末对账				
年末	缴纳违约订单罚款				
	支付设备维护费				
	结账				

表 2-16 第 3 年经营流程记录表

操作顺序	严格按顺序执行各项操作，不允许跳跃执行，每执行完一项操作，在相应的方格内进行记录：①该项操作有执行，同时有现金收支，请填写收支金额；②该项操作有执行，但无现金收支，请填写符号“√”或填写相关的操作数据；③该项操作无执行，请填写符号“×”				
年初	新年度规划会议				
	支付广告费用				
	参加订货会选订单/登记订单				
	支付应交税金				
	支付长贷利息				
	更新长期贷款/长期贷款还款				
	申请长期贷款				
1	季初盘点（请填余额）				
2	更新短期贷款/短期贷款还本付息				
3	申请短期贷款				
4	更新原材料订单/原材料入库				
5	下原材料订单				
6	购买/租用厂房				

续表

7	更新生产/完工入库				
8	新建/在建/转产/变卖生产线				
9	紧急采购（随时进行）				
10	开始下一批生产				
11	更新应收账款/应收账款收现				
12	按订单交货				
13	产品研发投资				
14	厂房出售（买转租）/退租/租转买				
15	新市场开拓/ISO 资格投资				
16	支付管理费/更新厂房租金				
17	出售库存				
18	厂房贴现				
19	应收账款贴现				
20	季末收入合计				
21	季末支出合计				
22	季末数额对账（1＋20－21）				
年末	缴纳违约订单罚款				
	支付设备维护费				
	计提折旧				（ ）
	新市场换证/ISO 资格换证				
	结账				

表 2-17 订单登记表

订单号							合计
市场							
产品							
数量/个							
账期/Q							
销售额/W							
成本/W							
毛利/W							
交货日期/Q							

表 2-18 综合费用表

项目	金额/W
管理费	
广告费	
设备维护费	

续表

项目	金额/W
其他损失	
转产费	
厂房租金	
新市场开拓	
ISO 资格认证	
产品研发	
信息费	
其他	
合计	

表 2-19　利润表

项目		金额/W
销售收入	+	
直接成本	−	
毛利润	=	
综合费用	−	
折旧前利润	=	
折旧	−	
支付利息前利润	=	
利息（长贷+短贷）	−	
贴息	−	
税前利润	=	
所得税	−	
年度净利润	=	

表 2-20　资产负债表

项目	上年/W	期末/W	项目	上年/W	期末/W
现金			长期负债		
应收账款			短期负债		
在制品			应交所得税		
产成品			—		
原材料			—		
流动资产合计			负债合计		
厂房			股东资本		
生产线			利润留存		
在建工程			年度净利		
固定资产合计			所有者权益合计		
总资产			负债+所有者权益		

表 2-21 年末/季末沙盘运营数据记录表

________公司____年____季度

应付账款	4 期	3 期	2 期	1 期	现金
应收账款	4 期	3 期	2 期	1 期	

短期贷款	Q1	Q2	Q3	Q4	
长期贷款	FY1	FY2	FY3	FY4	FY5
高利贷	Q1	Q2	Q3	Q4	

其他	广告	管理	折旧
维修	转产	租金	
利息	贴息	税金	

本地
区域
国内
亚洲
国际

ISO9000
ISO14000

P1
P2
P3
P4

厂房																
类型																
阶段																
产品																
净值																

原料	R1	R2	R3	R4
订单				
在途				
库存				

成品	P1	P2	P3	P4
库存				
成本				

知识拓展

从企业资产管理能力方面对企业的经营业绩进行评价的指标，一般有应收账款周转率、存货周转率、固定资产周转率和总资产周转率等。其中，存货周转率是反映存货周转快慢的指标，计算公式为

存货周转率＝当期销售成本÷[（期初存货余额＋期末存货余额）÷2]

一般来说，销售成本越大，说明因为销售而转出的产品越多，在销售利润率固定的情况下，企业赚取的利润就越多。通俗地讲，库存越小，周转率就越大。存货周转率从另一个侧面反映企业经营中采购、库存、生产、销售的衔接程度。衔接得好，原材料适合生产的需要，产品适合销售的需要，没有积压。

案例链接

案例 1

2015 年，苹果公司的存货周转率为 62.82 次/年，存货周转天数为 5.73 天，相当于不到一个星期就可以售出全部库存的产品。苹果公司 2016 年第 1 季度财务报告显示，第 1 季度的存货周转天数仅为 4.75 天，而餐饮行业的麦当劳第 1 季度的存货周转天数也不过为 2.43 天。

案例 2

在沃尔玛，厕所用的卫生纸每年周转率是 360 次，这就意味着沃尔玛几乎每天都能卖出全部的存货，相当于每天沃尔玛都能收回它用在卫生纸采购上的资金，而且会获取一定的利润。

1）结合上述案例，你认为自己的企业今年是否获得满意的销售订单？如果有产品库存，可以通过哪些方面在未来的经营中解决产品库存问题？

2）你认为造成大量产品库存的原因有哪些？

第四节　资产收益率

本节任务

1．第 4 年企业是否实现利润增长，这些利润增长能为股东带来多少投资回报？

2．企业或者只使用股东投资进行经营，或者利用合理融资进行经营。这两种经营模式哪一种为企业股东带来的回报比较大？

企业的管理者，不管公司的规模和行业如何，都在使用自己或他人的资金实现财富的增长。而一位具有高超商业智慧的管理者，应该清楚公司的有形资产，同时考虑如何利用这些资产盈利，什么样的投资能够产生丰厚的利润。简而言之，就是企业的资产收益率（ROA）能够达到多少？这些资产是否产生了足够的投资回报？

通过第 4 年的经营活动，体会如何利用企业资产实现财富的增长，同时理解资产收益率的真实含义。经营者应认真、准确地登记表 2-22～表 2-28 中相应的经营数据。

表 2-22 第 4 年经营现金预算表

单位：W

年初	期初现金盘点				
	支付广告费用				
	支付应交税金				
	支付长贷利息				
	更新长期贷款/长期贷款还款				
	申请长期贷款				
1	季初盘点				
2	短期贷款还本付息				
3	申请短期贷款				
4	原材料入库				
5	购买/租用厂房				
6	新建/在建/转产/变卖生产线				
7	开始下一批生产				
8	应收账款收现				
9	产品研发投资				
10	厂房出售（买转租）/退租/租转买				
11	新市场开拓/ISO 资格投资				
12	支付管理费/更新厂房租金				
13	出售库存				
14	厂房贴现				
15	应收账款贴现				
16	季末收入合计				
17	季末支出合计				
18	季末对账				
年末	缴纳违约订单罚款				
	支付设备维护费				
	结账				

表 2-23 第 4 年经营流程记录表

操作顺序	严格按顺序执行各项操作，不允许跳跃执行，每执行完一项操作，在相应的方格内进行记录：①该项操作有执行，同时有现金收支，请填写收支金额；②该项操作有执行，但无现金收支，请填写符号“√”或填写相关的操作数据；③该项操作无执行，请填写符号“×”				
年初	新年度规划会议				
	支付广告费用				
	参加订货会选订单/登记订单				
	支付应交税金				
	支付长贷利息				
	更新长期贷款/长期贷款还款				
	申请长期贷款				
1	季初盘点（请填余额）				

续表

2	更新短期贷款/短期贷款还本付息				
3	申请短期贷款				
4	更新原材料订单/原材料入库				
5	下原材料订单				
6	购买/租用厂房				
7	更新生产/完工入库				
8	新建/在建/转产/变卖生产线				
9	紧急采购（随时进行）				
10	开始下一批生产				
11	更新应收账款/应收账款收现				
12	按订单交货				
13	产品研发投资				
14	厂房出售（买转租）/退租/租转买				
15	新市场开拓/ISO 资格投资				
16	支付管理费/更新厂房租金				
17	出售库存				
18	厂房贴现				
19	应收账款贴现				
20	季末收入合计				
21	季末支出合计				
22	季末数额对账（1＋20－21）				
年末	缴纳违约订单罚款				
	支付设备维护费				
	计提折旧				（ ）
	新市场换证/ISO 资格换证				
	结账				

表 2-24　订单登记表

订单号							合计
市场							
产品							
数量/个							
账期/Q							
销售额/W							
成本/W							
毛利/W							
交货日期/Q							

表 2-25　综合费用表

项目	金额/W
管理费	
广告费	

续表

项目	金额/W
设备维护费	
其他损失	
转产费	
厂房租金	
新市场开拓	
ISO 资格认证	
产品研发	
信息费	
其他	
合计	

表 2-26　利润表

项目	增、减项	金额/W
销售收入	＋	
直接成本	－	
毛利润	＝	
综合费用	－	
折旧前利润	＝	
折旧	－	
支付利息前利润	＝	
利息（长贷＋短贷）	－	
贴息	－	
税前利润	＝	
所得税	－	
年度净利润	＝	

表 2-27　资产负债表

项目	上年/W	期末/W	项目	上年/W	期末/W
现金			长期负债		
应收账款			短期负债		
在制品			应交所得税		
产成品			—		
原材料			—		
流动资产合计			负债合计		
厂房			股东资本		
生产线			利润留存		
在建工程			年度净利		
固定资产合计			所有者权益合计		
总资产			负债＋所有者权益		

表 2-28 年末/季末沙盘运营数据记录表

________公司____年____季度

应付账款	4 期	3 期	2 期	1 期
应收账款	**4 期**	**3 期**	**2 期**	**1 期**

现金

短期贷款	Q1	Q2	Q3	Q4

长期贷款	FY1	FY2	FY3	FY4	FY5

高利贷	Q1	Q2	Q3	Q4

其他	广告	管理	折旧
维修	**转产**	**租金**	
利息	**贴息**	**税金**	

市场	
本地	
区域	
国内	
亚洲	
国际	

认证	
ISO9000	
ISO14000	

厂房																
类型																
阶段																
产品																
净值																

产品	
P1	
P2	
P3	
P4	

原料	R1	R2	R3	R4
订单				
在途				
库存				

成品	P1	P2	P3	P4
库存				
成本				

知识拓展

本章第二节和第三节已经介绍利润率和周转率两个衡量企业盈利的指标，当企业的利润率和周转率同在高位时，企业将赚取更多的利润。另外，不管资产以何种形式存在，计算资产周转率都很简单：用一段特定时间（如一年）的总销售收入除以总资产。计算存货周转率，则用总销售量除以存货总量。

资产收益率的高低取决于企业的利润率和资产周转率。事实上，资产收益率就是利润率乘以资产周转率。其计算公式为

资产收益率＝利润率×资产周转率

在美国，一辆新轿车从工厂出货，最后到达消费者手中平均需要 72 天。在此期间，工厂用来购买这辆汽车零部件的资金就被套牢在这辆车上了。制造商得不到这笔资金，就不能把它用在任何其他用途上，直到汽车到达消费者手中。试想若这辆汽车能早日到达消费者手中，那么制造商沉积在铁路、汽车、运载船上货物中的资金就会少很多，也就是周转速度变得更快。

在第二节，介绍了苹果公司的利润情况。下面，继续介绍苹果公司在周转率和收益率方面的情况。

1）2015 年，苹果公司的存货周转率大约是 62.82；而资产周转率是 0.89。

2）根据利润率和周转率数据，可以计算出苹果公司的资产收益率：

苹果公司的资产收益率＝22.8%的净利润率×0.89 的资产周转率

苹果公司的资产收益率大约是 20.3%。

3）苹果公司在 2015 年销量继续增长。数据显示，苹果公司 2015 年在全球售出了数以百万计的 iPhone，为此，苹果公司在 2015 年凭借 20%的市场份额独吞了整个智能手机行业 95%的利润。

结论：苹果公司的利润率高，虽然总资产周转率不是很突出，但是因为它的存货周转率非常高，为此，资产收益率相当不错。

想一想

1）上述苹果公司的资产收益率给你的经营带来什么样的启示？如果你正在苹果公司或三星电子公司工作，你会寻找怎样的方法为公司来争取更大的市场份额，是通过研发新服务或是提供新服务？

2）在这 4 年的经营中，企业的投资回报达到你的预期了吗？如果投资没有达到预期，你能找出企业收益低下的原因吗？

3）你们企业的收益率和其他竞争对手比起来，是高还是低？在接下来的经营中，应该采用什么样的方法保证收益率的增长？

第五节 业务增长

本节任务

1．你的企业的业务一直持续增长吗？哪些业务发展得好，哪些业务受到强烈的竞

争？如何在竞争中胜出？

2．你的企业如果业务增长非常缓慢，或者出现负增长，这意味着什么？

3．你的企业的业务增长之后，利润是否也随之增长，周转率是增长还是下降了？是否出现过业务增长，但是利润却下降了，为什么？

如果公司的业务一直落后于竞争者，你的个人发展也将受到影响。公司员工将会失去晋升或继续发展的机会，高层管理人员将考虑削减费用、裁减员工、停止研发和广告投入，一些优秀员工将离开公司，最后公司将进入恶性循环。

当今社会，公司没有成长就意味着落后于这个每天都在前进的世界。如果你不发展，竞争对手就将最终超越你。相反，公司效益增长会带来好的心理效应，会激活一家公司。快速增长的公司也将吸引更多有思想、有才能的人，公司可以给他们提供施展才华的舞台，创造更多的发展机会。

通过第 5 年的经营活动，加深对企业业务增长情况的理解，了解如何正确地实现业务的快速增长。经营者应认真、准确地登记表 2-29～表 2-35 中相应的经营数据。

表 2-29　第 5 年经营现金预算表　　单位：W

年初	期初现金盘点				
	支付广告费用				
	支付应交税金				
	支付长贷利息				
	更新长期贷款/长期贷款还款				
	申请长期贷款				
1	季初盘点				
2	短期贷款还本付息				
3	申请短期贷款				
4	原材料入库				
5	购买/租用厂房				
6	新建/在建/转产/变卖生产线				
7	开始下一批生产				
8	应收账款收现				
9	产品研发投资				
10	厂房出售（买转租）/退租/租转买				
11	新市场开拓/ISO 资格投资				
12	支付管理费/更新厂房租金				
13	出售库存				
14	厂房贴现				
15	应收账款贴现				
16	季末收入合计				
17	季末支出合计				
18	季末对账				
年末	缴纳违约订单罚款				
	支付设备维护费				
	结账				

表 2-30 第 5 年经营流程记录表

操作顺序	严格按顺序执行各项操作，不允许跳跃执行，每执行完一项操作，在相应的方格内进行记录：①该项操作有执行，同时有现金收支，请填写收支金额；②该项操作有执行，但无现金收支，请填写符号“√”或填写相关的操作数据；③该项操作无执行，请填写符号“×”				
年初	新年度规划会议				
	支付广告费用				
	参加订货会选订单/登记订单				
	支付应交税金				
	支付长贷利息				
	更新长期贷款/长期贷款还款				
	申请长期贷款				
1	季初盘点（请填余额）				
2	更新短期贷款/短期贷款还本付息				
3	申请短期贷款				
4	更新原材料订单/原材料入库				
5	下原材料订单				
6	购买/租用厂房				
7	更新生产/完工入库				
8	新建/在建/转产/变卖生产线				
9	紧急采购（随时进行）				
10	开始下一批生产				
11	更新应收账款/应收账款收现				
12	按订单交货				
13	产品研发投资				
14	厂房出售（买转租）/退租/租转买				
15	新市场开拓/ISO 资格投资				
16	支付管理费/更新厂房租金				
17	出售库存				
18	厂房贴现				
19	应收账款贴现				
20	季末收入合计				
21	季末支出合计				
22	季末数额对账（1＋20－21）				
年末	缴纳违约订单罚款				
	支付设备维护费				
	计提折旧				（ ）
	新市场换证/ISO 资格换证				
	结账				

表 2-31 订单登记表

订单号							合计
市场							
产品							
数量/个							
账期/Q							
销售额/W							
成本/W							

续表

毛利/W							
交货日期/Q							

表 2-32　综合费用表

项目	金额/W
管理费	
广告费	
设备维护费	
其他损失	
转产费	
厂房租金	
新市场开拓	
ISO 资格认证	
产品研发	
信息费	
其他	
合计	

表 2-33　利润表

项目	增、减项	金额/W
销售收入	+	
直接成本	−	
毛利润	=	
综合费用	−	
折旧前利润	=	
折旧	−	
支付利息前利润	=	
利息（长贷+短贷）	−	
贴息	−	
税前利润	=	
所得税	−	
年度净利润	=	

表 2-34　资产负债表

项目	上年/W	期末/W	项目	上年/W	期末/W
现金			长期负债		
应收账款			短期负债		
在制品			应交所得税		
产成品			—		
原材料			—		
流动资产合计			负债合计		
厂房			股东资本		
生产线			利润留存		
在建工程			年度净利		
固定资产合计			所有者权益合计		
总资产			负债+所有者权益		

表 2-35 年末/季末沙盘运营数据记录表

________公司____年____季度

应付账款	4 期	3 期	2 期	1 期

应收账款	4 期	3 期	2 期	1 期

现金

短期贷款	Q1	Q2	Q3	Q4

长期贷款	FY1	FY2	FY3	FY4	FY5

高利贷	Q1	Q2	Q3	Q4

其他	广告	管理	折旧
维修	转产	租金	
利息	贴息	税金	

本地
区域
国内
亚洲
国际

ISO9000
ISO14000

P1
P2
P3
P4

厂房																
类型																
阶段																
产品																
净值																

原料	R1	R2	R3	R4
订单				
在途				
库存				

成品	P1	P2	P3	P4
库存				
成本				

案例链接

很多公司在处于较小规模的时候尝到了成功的喜悦，但是随着公司规模的扩大却慢慢地陷入困惑，失去了对那些一直伴随着它们盈利的基本元素的控制。

盲目的扩张计划通常逃不过破产的悲剧。Quirky 公司一度在美国创投界叱咤风云，总共获得 1.7 亿美元的投资。而 2015 年 9 月 22 日，Quirky 申请破产。

Quirky 的创始人本·克夫曼（Ben Kaufman）从高中就开始了自己的创业之路。2002 年，15 岁的克夫曼创建了自己的第一家公司——Bkmedia，一个专门制作和播放婚礼视频的网站。2005 年克夫曼的第二个创业项目 Mophie 诞生了，他拿着父母房贷省下的钱做启动资金，全新投入到 iPhone 和 iPod 的套壳制作中。和其他手机壳不同的是，Mophie 增加了可以供手机充电的电池。这一设计，获得了 2006 年 MacWorld 大展的 “Best of the show” 奖项，同一年大一的他正式辍学。2007 年，Inc 杂志将克夫曼誉为 “美国 30 岁以下最棒的创业家”，这时的克夫曼刚刚 20 岁。2009 年，克夫曼创建了 Quirky，也已是他的第四家公司。说到 Quirky，克夫曼充满自豪地说 Quirky 让他可以为创意和创造赋予力量；让 178 个国家的创客群体，获得展示的平台和成功的渠道；更让他收获了一生的创业伙伴——也是她的太太尼克·克夫曼（Nikki Kaufman）。

Quirky 经过几轮融资，募集 1.7 亿美元。而 Quirky 的平台，召集了世界各地 110 万创造者，每周涌现超过 4000 个新想法，其中最有创意的想法通过 Quirky 变成了新奇的产品，并出现在百思买、Target 等美国大型零售商的货架上。26 岁的克夫曼更登上福布斯 35 岁以下最具潜力的 CEO 榜。

然而，2015 年 9 月 22 日，Quirky 申请破产。有人认为其子公司 Wink（智能家居系统）连累了 Quirky；也有人认为其扩展太过激进，导致资金链出现问题。其实，最主要的原因在于 Quirky 的产品太多，无法管理。Quirky 每年推出超过 50 个新产品，要负责他们从制造、销售和推广上各个方面的工作，这对一个创新企业来说，绝对意味着不可想象的巨大压力。像苹果这样的巨型公司，也不过一年推出一两款新手机、新平板电脑，几年时间才推出一个新型产品。这样的模式让整个 Quirky 步入快跑道，从设计到市场推广方案，再到为零售商定制，一切都在抢速度，造成 Quirky 推出很多很棒的产品第一代后，迅速转向其他创意，根本来不及做产品改良和长期维护。这样的经营策略，不但让 Quirky 变成了 “拼命三郎”，也让消费者无所适从。因为产品太多，没有哪个产品建立起长期的用户纽带，最终没有让 Quirky 能够一直走下去。

结论：不要把公司的规模作为其是否成功的衡量指标。奋力争取更多的营业额并不一定是好的经营方式。你需要知道为什么，以及怎样使业务增长。同时，还要考虑你的公司是否在一条可持续的轨道上发展壮大。

想一想

1）你的企业的业务增长是在产出现金还是在消耗现金？

2）你的企业业务增长的同时利润率是改善了还是变得更糟了？

第六节 了 解 顾 客

本节任务

1．经营的第 6 年，按照我们最初的试想，这是经营的最后一年，请认真回顾规则要求，并思考如何经营才能使第 6 年的经营利润最大化。

2．从第 5 年开始很多竞争对手已经将 5 个市场开拓完毕，而第 6 年的竞争更是进入了“白热化”阶段，广告费用的投放需要考虑哪些因素？如何做才能使广告费投放得更合理？

3．如果给你一次重新创业的机会，你的企业会怎样定位市场以获取更多的顾客？

对于企业来说，了解顾客涉及市场定位问题。所谓市场定位，就是使企业产品具有一定的特色，适应目标市场一定的需求和爱好，塑造产品在目标客户心目中的良好形象和合适的位置。市场定位的实质就在于取得目标市场的竞争优势，确定产品在目标顾客心中的适当位置并留下值得购买的印象，以吸引更多的客户。

通过第 6 年的经营活动，回顾前 5 年的经营，重点关注企业的市场定位。经营者应认真、准确地登记表 2-36～表 2-42 中相应的经营数据。

表 2-36 第 6 年经营现金预算表　　单位：W

年初	期初现金盘点				
	支付广告费用				
	支付应交税金				
	支付长贷利息				
	更新长期贷款/长期贷款还款				
	申请长期贷款				
1	季初盘点				
2	短期贷款还本付息				
3	申请短期贷款				
4	原材料入库				
5	购买/租用厂房				
6	新建/在建/转产/变卖生产线				
7	开始下一批生产				
8	应收账款收现				
9	产品研发投资				
10	厂房出售（买转租）/退租/租转买				
11	新市场开拓/ISO 资格投资				
12	支付管理费/更新厂房租金				
13	出售库存				
14	厂房贴现				

续表

15	应收账款贴现				
16	季末收入合计				
17	季末支出合计				
18	季末对账				
年末	缴纳违约订单罚款				
	支付设备维护费				
	结账				

表 2-37　第 6 年经营流程记录表

操作顺序	严格按顺序执行各项操作，不允许跳跃执行，每执行完一项操作，在相应的方格内进行记录：①该项操作有执行，同时有现金收支，请填写收支金额；②该项操作有执行，但无现金收支，请填写符号“√”或填写相关的操作数据；③该项操作无执行，请填写符号“×”				
年初	新年度规划会议				
	支付广告费用				
	参加订货会选订单/登记订单				
	支付应交税金				
	支付长贷利息				
	更新长期贷款/长期贷款还款				
	申请长期贷款				
1	季初盘点（请填余额）				
2	更新短期贷款/短期贷款还本付息				
3	申请短期贷款				
4	更新原材料订单/原材料入库				
5	下原材料订单				
6	购买/租用厂房				
7	更新生产/完工入库				
8	新建/在建/转产/变卖生产线				
9	紧急采购（随时进行）				
10	开始下一批生产				
11	更新应收账款/应收账款收现				
12	按订单交货				
13	产品研发投资				
14	厂房出售（买转租）/退租/租转买				
15	新市场开拓/ISO 资格投资				
16	支付管理费/更新厂房租金				
17	出售库存				
18	厂房贴现				

续表

19	应收账款贴现				
20	季末收入合计				
21	季末支出合计				
22	季末数额对账（1+20−21）				
年末	缴纳违约订单罚款				
	支付设备维护费				
	计提折旧				（　）
	新市场换证/ISO 资格换证				
	结账				

表 2-38　订单登记表

订单号							合计
市场							
产品							
数量/个							
账期/Q							
销售额/W							
成本/W							
毛利/W							
交货日期/Q							

表 2-39　综合费用表

项目	金额/W
管理费	
广告费	
设备维护费	
其他损失	
转产费	
厂房租金	
新市场开拓	
ISO 资格认证	
产品研发	
信息费	
其他	
合计	

表 2-40 利润表

项目	增、减项	金额/W
销售收入	+	
直接成本	−	
毛利润	=	
综合费用	−	
折旧前利润	=	
折旧	−	
支付利息前利润	=	
利息（长贷+短贷）	−	
贴息	−	
税前利润	=	
所得税	−	
年度净利润	=	

表 2-41 资产负债表

项目	上年/W	期末/W	项目	上年/W	期末/W
现金			长期负债		
应收账款			短期负债		
在制品			应交所得税		
产成品			—		
原材料			—		
流动资产合计			负债合计		
厂房			股东资本		
生产线			利润留存		
在建工程			年度净利		
固定资产合计			所有者权益合计		
总资产			负债+所有者权益		

案例链接

凯马特（Kmart）公司是美国国内最大的打折零售商和全球最大的批发商之一。它是现代超市型零售企业的鼻祖。综合性零售企业的行业标准一度是由凯马特创立的。它曾经是世界最大的连锁超市、零售企业和世界首家使用收款系统的超市。凯马特 2000 年在《财富》世界 500 强中排名第 100 位。

然而 2002 年 1 月 22 日，美国零售巨人凯马特在芝加哥向伊利诺伊北区破产法院申请了破产保护，成为美国历史上寻求破产保护的最大零售商。除了遭受以沃尔玛（Wal-Mart）

为首的一批竞争者的打压之外，凯马特也是失误连连。

有消费者称，当你走入凯马特连锁店后，经常看到货架上的商品杂乱，价格标签歪斜，甚至货架中间的通道经常散乱着商品，消费者推着购物车无法通过，只好回头改道。在价格同属一个档次的条件下，自然越来越多的人绕过凯马特而选择店内赏心悦目的沃尔玛。

从表面上看，凯马特这一美国第三大零售连锁企业的垮台，既有经济衰退、消费疲软、同业竞争等多种外部不利因素的影响。但是，从更深层次看，真正打败凯马特的并不是沃尔玛这类同行，而是凯马特自己。

1）凯马特管理层一度认为高额回报的服装行业可以帮助其降低其他产品的价格，并认为消费者的消费行为下降的原因是经济衰退和可支配收入水平的下降。

2）凯马特的管理层原来明确地表示将资金用于凯马特的零售店的革新和重新装修，同时建设一批新的超级购物广场，但事实上，这笔钱却用于收购新的零售企业，造成了资金的滥用。

3）凯马特服务态度不尽如人意，顾客经常在凯马特购物向售货员询问时，得到的回答往往是“没货”，其后就没有下文了；而在沃尔玛，商场销售人员碰到这类情况，就要主动帮顾客通过电脑查看附近的连锁店是否还有存货，并打电话过去进一步确认。销售人员还可查出下批到货日期，并留下顾客的电话号码，来货后电话通知顾客来购买。

4）不良的供应链管理和畅销产品缺货，以及库存积压问题严重。虽然凯马特在解决库存问题上投入了比对手更多的资金，但问题却一直存在。凯马特仍面临着缺货的难题，而且许多供应商都抱怨凯马特商城向他们下订单之后没过多久就取消了。这样反复地举棋不定使得供应商对凯马特的信任度降低，物流体系不畅通，造成了货架上总是缺少顾客想买的畅销产品。大量的存货都是顾客不需要的。产品定位不明确，也使得消费者在一定程度上很迷茫。没有技术的支持，以及各分店与物流公司之间沟通不到位，导致运转不良。

5）营销组合中的败笔。

① 低价策略行不通。相对于沃尔玛，凯马特没有成本上的优势，在许多产品上没能达到沃尔玛的价格水平。此外，沃尔玛实施的是低价领先战略，在畅销商品上的定价比竞争对手低。一再上涨的店面租金，也使得凯马特不堪重负，较高的成本又要实行低价策略，这当然行不通。

② 大血本的店面租金。与凯马特不同，沃尔玛一开始就把店面选在人口在4500人以上的美国小城镇的市郊，以低价格、高质量和多样性的产品吸引人们前来购买。凯马特的店铺却选在大城市的市中心，不仅仅是地价高、租金高的问题，习惯开车购物的美国人，在凯马特难停车，给购物造成了很大的不便。

结论：零售业不是一个在资本市场“圈钱”投机的行业，而仍然是一个“做口碑、赚分厘”的传统行业。凯马特发展初期如果少一些“自我膨胀”，受挫后如果眼里不光是盯着沃尔玛“较劲”，而是盯着自己的顾客、自己的供应商和商品用途与自己“较劲”，可能会改变它的悲剧命运。

表 2-42　年末/季末沙盘运营数据记录表

________公司____年____季度

应付账款	4 期	3 期	2 期	1 期	现金
应收账款	4 期	3 期	2 期	1 期	

短期贷款	Q1	Q2	Q3	Q4

长期贷款	FY1	FY2	FY3	FY4	FY5

高利贷	Q1	Q2	Q3	Q4

其他	广告	管理	折旧
维修	转产	租金	
利息	贴息	税金	

本地	区域	国内	亚洲	国际

ISO9000	ISO14000

厂房																
类型																
阶段																
产品																
净值																

P1	P2	P3	P4

原料	R1	R2	R3	R4
订单				
在途				
库存				

成品	P1	P2	P3	P4
库存				
成本				

想一想

1）经过6年的艰难经营，结合凯马特破产的案例，你觉得这6年的经营中最主要的收获是什么？有哪些经验愿意和他人分享？

2）你认为决定企业经营成败最关键的因素是什么？为什么？

3）“学以致用”是学习的基本目标。6年的企业模拟经营一定让你感触颇深吧，如果有机会重新开始的话，你会对企业的发展确定什么样的方向？请写出你的规划方案。

第七节　事业合伙人各岗位考核评价

万科在互联网时代下为推进企业进一步发展，提出了“掌握自己的命运”的事业合伙人企业发展机制。简单地说，事业合伙人就是一种分享、发展与管理的机制，建立“我中有你，你中有我”背靠背的信任，形成扁平化、去中心化的管理模型，搭建从开发商到平台运营商的架构，使管理团队与股东建立共创、共享、共担分享机制。那么，我们的创业团队是不是更应该激发自我的工作热情和创造力，与企业所有股东和员工一起共创未来、共享成果和共担风险，形成自己的合伙人团队。

经营6年的经营，所有团队成员在各自的岗位上表现如何，可通过表2-43的形式得出结论。

表2-43　岗位考核评价表

岗位	考核项目	考评标准	参考标准依据	自评价分	团队评价
总经理	运营记录	台账正确、及时、完整	流程记录各项操作内容		
	目标制定与达成	经营目标制定及业绩达成相一致	年终业绩与经营目标偏差率		
	流程控制	保证企业经营流程顺畅	操作混乱，在规定时间内是否完成年度经营		
	管理授权与考评	授权合理，分配合理	各司其职，员工满意度高		
	能力建设与团队管理	注重人员能力提升，团队协作高效	各岗位到岗率、企业文化		
财务总监	运营记录	台账正确、及时、完整	资金运作台账记录		
	现金预算与计划执行	制订与经营方案一致的详细资金计划	现金预算表		
	财务报告	准确、及时	报表数据错误、提交超时		
	融资管理	融资方式合理、节省费用	以最合理、低成本获得资金		
	企业资金收入与支出	正确计算并支付各项费用、及时收款	正确支付各项费用和及时收回货款		
采购总监	运营记录	台账正确、及时、完整	原料入库与出库台账记录		
	采购计划制订	制订与生产计划适配的采购计划	最佳采购计划		
	采购计划执行管理	及时订购材料、收料付款	采购运营记录		

续表

岗位	考核项目	考评标准	参考标准依据	自评价分	团队评价
采购总监	保证物料供应	保证生产所需物料供应	由于计划失误造成停工待料		
	原料库存管理	每季度零库存	原料是否有库存		
生产总监	运营记录	台账正确、及时、完整	产品上线与入库台账记录		
	生产计划制订与执行	开工计划及执行，保证供货	开工计划表		
	产能计算	及时提供正确的产能数据	因产能计算造成违约订单		
	产品研发与设备投资	投资时机把握，投资过程管理	产品研发与设备投资适配		
	生产成本控制	正确核算生产成本	成本计算正确		
营销总监	运营记录	台账正确、及时、完整	产品销售与货款台账记录		
	市场分析与销售预测	分析报告、销售计划与执行	销售计划与执行的吻合度		
	广告投放	广告投放合理	广告投入产出比		
	按时交货给客户	按时交货	订单是否违约		
	应收账款管理	及时催应收账款	应收账款及时回收		

第三章 经营之道

学习目标

- 学会利用专业知识制定企业经营整体战略规划。
- 学会与团队成员协同工作，为企业发展利润市场。
- 学会与团队成员协同工作，提高企业生产与管理效率。
- 学会与团队成员协同工作，把握企业盈利的衡量方法。
- 认真履行岗位职责，恪守岗位职业标准。

情景导入

华为的发展之路

华为技术有限公司是一家生产、销售通信设备的民营通信科技公司，总部位于中国广东省深圳市龙岗区坂田华为基地。华为的产品主要涉及通信网络中的交换网络、传输网络、无线及有线固定接入网络和数据通信网络及无线终端产品，为世界各地通信运营商及专业网络拥有者提供硬件设备、软件、服务和解决方案。

华为在2010年以218.21亿美元的年营业收入首次进入《财富》世界500强榜单，排名第397位。2011年华为以273.557亿美元的年营业收入位居《财富》世界500强第352位。2012年，华为第3年入选《财富》世界500强，以315.4亿美元名列351位。2013年，华为首次超过全球第一大电信设备商爱立信，排名第315位，爱立信排名第333位。2014年，华为排名由2013年的第315位上升至285位。2015年华为排名相较2014年又有大幅提升，上升57位至228位。2016年，华为又提升了将近百名，位居第129位。

2016年11月3日，路透社报道称，中国华为技术有限公司消费者事业部执行长余承东先生表示，该公司希望在两年之内成为全球第二大智能手机制造商。目前华为是全球第三大智能手机制造商。据研究公司Strategy Analytics表示，第三季度华为手机出货量为3360万部，市场占有率为9%，仅次于三星电子和苹果。报道称，华为3日推出一款新型高端手机，每部售价699欧元（约合5240元人民币）。Porsche Design款的售价为1395欧元（约合10460元人民币）。新款手机有一个新的人工智能功能：手机可了解用户的习惯，并自动将最常用的应用放置在触手可及的范围内。余承东先生还表示“我们正一步步赢得顾客的信任和忠诚”。

情景分析：

是什么让华为这样的国产品牌有如此强大的自信心，以及雄心勃勃的宏伟梦想？从华为公司的企业文化中我们可以得到什么样的启示？

2012年华为公司将自己的企业文化总结为“以客户为中心，以奋斗者为本”。具体如下所述：

1）成就客户：为客户服务是华为存在的唯一理由，客户需求是华为发展的原动力。

2）艰苦奋斗：华为没有任何稀缺的资源可依赖，唯有艰苦奋斗才能赢得客户的尊重和信赖。坚持奋斗者为本，使奋斗者获得合理的回报。

3）自我批判：只有坚持自我批判，才能倾听、扬弃和持续超越，才能更容易尊重他人和与他人合作，实现客户、公司、团队和个人的共同发展。

4）开放进取：积极进取，勇于开拓，坚持开放与创新。

5）至诚守信：诚信是华为最重要的无形资产，华为坚持以诚信赢得客户。

6）团队合作：胜则举杯相庆，败则拼死相救。

我们作为普通的创业者或是普通的企业管理者，应该怎样做才能使自己的企业取得成功？

在经济全球化的环境下，企业经营犹如在波涛汹涌的大海中航行，虽有风平浪静，更有惊涛骇浪，而正在创业之中的我们，更像是一叶扁舟，危机四伏，只有谨慎行驶才能生存，驶向希冀的彼岸，得以发展。

通过第二章的亲身体验，创业者应该对企业经营有更充分的理解和更深入的思考。本章将理论知识提升到更加系统化的高度，希望学生能运用理论来指导创业经营，并能创业成功。本章各节将以连续两年，也是 6 年经营的形式来展开活动与学习。

第一节　企业战略规划

一、企业战略

1. 企业战略目标

企业战略目标是企业使命和宗旨的具体化和定量化，是企业的奋斗纲领，是衡量企业一切工作是否实现其企业使命的标准，也是企业经营战略的核心。

从广义上看，企业战略目标是企业战略构成的基本内容，战略目标是对企业战略经营活动预期取得的主要成果的期望值。从狭义上看，企业战略目标不包含在企业战略构成之中，它既是企业战略选择的出发点和依据，又是企业战略实施要达到的结果。

企业战略目标的特点：

（1）宏观性

战略目标是一种宏观目标。它是对企业全局的一种总体设想，它的着眼点是整体而不是局部。它是从宏观角度对企业未来的一种较为理想的设定。它所提出的，是企业整体发展的总任务和总要求。它所规定的，是整体发展的根本方向。因此，人们所提出的企业战略目标具有高度概括性。

（2）长期性

战略目标是一种长期目标。它的着眼点是未来和长远。战略目标是关于未来的设想，它所设定的，是企业职工通过自己的长期努力奋斗而达到的对现实的一种根本性的改造。战略目标所规定的，是一种长期的发展方向，它所提出的，是一种长期的任务，绝不是一蹴而就的，而是要经过企业职工相当长的努力才能够实现。

（3）相对稳定性

战略目标既然是一种长期目标，那么它在其所规定的时间内就应该是相对稳定的。战略目标既然是总方向、总任务，那么它就应该是相对不变的。这样，企业职工的行动才会有一个明确的方向；大家对目标的实现才会树立起坚定的信念。当然，强调战略目标的稳定性并不排斥根据客观需要和情况的发展而对战略目标作必要的修正。

（4）全面性

战略目标是一种整体性要求。它虽着眼于未来，但却没有抛弃现在；它虽着眼于全局，但又不排斥局部。科学的战略目标，总是对现实利益与长远利益、局部利益与整体利益的综合反映。科学的战略目标虽然总是概括性的，但它对人们行动的要求，却又总是全面的，甚至是相当具体的。

（5）可分性

战略目标具有宏观性、全面性的特点本身就说明它是不可分的。战略目标作为一种总目标、总任务和总要求，可以分解成某些具体目标、具体任务和具体要求。这种分解既可以在空间上把总目标分解成一个又一个的具体目标和具体任务，又可以在时间上把长期目标分解成一个阶段又一个阶段的具体目标和具体任务。人们只有把战略目标分解，才能使其成为可操作的东西。可以这样说，因为战略目标是可分的，因此才是可实现的。

（6）可接受性

企业战略的实施和评价主要是通过企业内部人员和外部公众来实现的，因此，战略目标必须被他们理解并符合他们的利益。但是，不同的利益集团有着不同的甚至是相互冲突的目标，因此，企业在制定战略时一定要注意协调。一般的，能反映企业使命和功能的战略易于为企业成员所接受。另外，企业的战略表述必须明确，有实际的含义，易于被企业成员理解的目标也易于被接受。

（7）可检验性

为了对企业管理的活动进行准确的衡量，战略目标应该是具体的和可以检验的。目标必须明确，具体地说明将在何时达到何种结果。目标的定量化是使目标具有可检验性的最有效的方法。但是，时间跨度越长、战略层次越高的目标越具有模糊性。此时，应当用定性化的术语来表达其达到的程度，要求一方面明确战略目标实现的时间，另一方面详细说明工作的特点。

（8）可挑战性

目标本身是一种激励力量，特别是当企业目标充分地体现了企业成员的共同利益，使战略大目标和个人小目标很好地结合在一起的时候，就会极大地激发组织成员的工作热情和献身精神。

（9）具体性

在公司制定战略目标时，应当结合公司所处的内外部环境。要有具体的实现时间、目标实现的效果，切忌一味贪大、空喊口号。

企业的战略目标一般包括以下内容：

1）盈利能力。用利润、投资收益率、每股平均受益、销售利润等来表示。

2）市场。用市场占有率、销售额或销售量来表示。

3）生产率。用投入产出比率或单位产品成本来表示。

4）产品。用产品线或产品的销售额和盈利能力、开发新产品的完成期来表示。

5）资金。用资本构成、新增普通股、现金流量、流动资本、回收期来表示。

6）生产。用工作面积、固定费用或生产量来表示。

7）研究与开发。用花费的货币量或完成的项目来表示。

8）组织。用将实行变革获奖承担的项目来表示。

9）人力资源。用缺勤率、迟到率、人员流动率、培训人数或将实施的培训计划数来表示。

10）社会责任。用活动的类型、服务天数或财政资助来表示。

一个企业并不一定在以上所有领域都规定目标，并且战略目标也并不局限于以上 10 个方面。

2. 企业战略分类

企业战略按级别分为 3 个层次，即公司战略、业务战略和职能战略。

公司战略又称为企业总体战略，是企业最高层次的战略，主要包括公司经营什么业务和公司总部应如何管理多个业务单位来创造企业价值两个方面。

业务战略又称为经营战略，主要关注企业经营的各个业务如何获取竞争优势。

职能战略一般被称为经营策略，通常是短期的、局部的，主要包括市场营销策略、财务管理策略、人力资源开发与管理策略、研究与开发策略、生产制造策略等。

二、战略选择步骤

一般来说，确定战略目标需要经历调查研究、拟定目标、评价论证和目标决断 4 个具体步骤。

1. 调查研究

在制定企业战略目标之前，必须进行调查研究工作。但是在进入确定战略目标的工作中还必须对已经做过的调查研究成果进行复核，进一步整理研究，把机会和威胁、长处与短处、自身与对手、企业与环境、需要与资源、现在与未来加以对比，弄清楚他们之间的关系，才能为确定战略目标奠定比较可靠的基础。

调查研究一定要全面进行，但又要突出重点。为确定战略而进行的调查研究不同于其他类型的调查研究，它的侧重点是企业与外部环境的关系和对未来的研究和预测。关于企业自身的历史与现状的陈述自然是有价值的，但是，对战略目标决策来说，最关键的还是那些对企业未来具有决定意义的外部环境的信息。

2. 拟定目标

经过细致周密的调查研究，便可以着手拟定战略目标了。拟定战略目标一般需要经历两个环节：拟定目标方向和拟定目标水平。首先在既定的战略经营领域内，依据对外部环境、需要和资源的综合考虑，确定目标方向，通过对现有能力与手段等诸种条件的全面衡量，对沿着战略方向展开的活动所要达到的水平也做出初步的规定，这便形成了可供决策选择的目标方案。

前面对企业战略目标包含的内容已经做出了介绍。在确定过程中，必须注意目标结构的合理性，并要列出各个目标的综合排列的次序。另外，在满足实际需要的前提下，要尽可能减少目标的个数。

一般采用的方法：①把类似的目标合并成一个目标；②把从属目标归于总目标；③通过度量求和，求平均或过程综合函数，形成一个单一的综合目标。

在拟定目标的过程中，企业领导要注意充分发挥参谋人员的作用。要根据实际需要与可能，尽可能多地提出一些目标方案，以便对比选优。

3. 评价论证

战略目标拟定出来之后，就要组织多方面的专家和有关人员对提出的目标方案进行评价和论证。

1）论证和评价要围绕目标方向是否正确进行。要着重研究拟定的战略目标是否符合企业精神，是否符合企业的整体利益与发展需要，是否符合外部环境及未来发展的需要。

2）要论证和评价战略目标的可行性。论证与评价的方法，主要是按照目标的要求，分析企业的实际能力，找出目标与现状的差距，然后分析用以消除这个差距的措施，而且要进行恰当的运算，尽可能用数据说明。如果制定的途径、能力和措施，对消除这个差距有足够的保证，那就说明这个目标是可行的。还有一个倾向要注意的是，如果外部环境及未来的变化对企业发展比较有利，企业自身也有办法找到更多的发展途径、能力和措施，那么就要考虑提高战略目标的水平。

3）要对所拟定的目标完善化程度进行评价。要着重考察：①目标是否明确。所谓目标明确，是指目标应当是单意的，只能有一种理解，而不能是多意的；多项目标还必须分出主次轻重；实现目标的责任必须能够落实；实现目标的约束条件也要尽可能明确。②目标的内容是否协调一致。如果内容协调不一致，完成其中一部分指标势必会牺牲另一部分指标，那么，目标内容便无法完全实现。③有无改善的余地。如果在评价论证时，人们已经提出了多个目标方案，那么这种评价论证就要在比较中恰当进行。通过对比、权衡利弊，找出各个目标方案的优劣所在。

拟定目标的评价论证过程，也是目标方案的完善过程。要通过评价论证，找出目标方案的不足，并想方设法使之完善起来。如果通过评价论证发现拟定的目标完全不正确或根本无法实现，那就要回过头去重新拟定目标，然后重新评价论证。

4. 目标决断

在决断选定目标时，要注意从以下 3 个方面权衡各个目标方案：①目标方向的正确程度；②可望实现的程度；③期望效益的大小。

对这 3 个方面宜作综合考虑。所选定的目标，3 个方面的期望值都应该尽可能大。

目标决断，还必须掌握好决断时机。因为战略决策不同于战术决策。战术目标决策时间比较紧迫，回旋余地很小，而且战略目标决策的时间压力相对不大。在决策时间问题上，一方面要防止在机会和困难都还没有弄清楚之前就轻率决策；另一方面又不能优柔寡断，贻误时机。

从调查研究、拟定目标、评价论证到目标决断，确定战略目标这 4 个步骤是紧密结合在一起的，后一步的工作要依赖于前一步的工作，在进行后一步的工作时，如果发现前一步工作的不足，或遇到了新情况，就需要回过头去，重新进行前一步或前几步的工作。

三、战略实施

可以用两年的时间来研究与验证之前制定的方案是否有效，下面开始连续两年的经营体验。经营者应认真、准确地登记表 3-1～表 3-14 中相应的经营数据。

表 3-1 第 1 年经营现金预算表 单位：W

年初	期初现金盘点				
	支付广告费用				
	支付应交税金				
	支付长贷利息				
	更新长期贷款/长期贷款还款				
	申请长期贷款				
1	季初盘点				
2	短期贷款还本付息				
3	申请短期贷款				
4	原材料入库				
5	购买/租用厂房				
6	新建/在建/转产/变卖生产线				
7	开始下一批生产				
8	应收账款收现				
9	产品研发投资				
10	厂房出售（买转租）/退租/租转买				
11	新市场开拓/ISO 资格投资				
12	支付管理费/更新厂房租金				
13	出售库存				
14	厂房贴现				
15	应收账款贴现				
16	季末收入合计				
17	季末支出合计				
18	季末对账				
年末	缴纳违约订单罚款				
	支付设备维护费				
	结账				

表 3-2 第 1 年经营流程记录表

操作顺序	严格按顺序执行各项操作，不允许跳跃执行，每执行完一项操作，在相应的方格内进行记录：①该项操作有执行，同时有现金收支，请填写收支金额；②该项操作有执行，但无现金收支，请填写符号“√”或填写相关的操作数据；③该项操作无执行，请填写符号“×”				
年初	新年度规划会议				
	支付广告费用				
	参加订货会选订单/登记订单				
	支付应交税金				
	支付长贷利息				
	更新长期贷款/长期贷款还款				
	申请长期贷款				
1	季初盘点（请填余额）				
2	更新短期贷款/短期贷款还本付息				
3	申请短期贷款				
4	更新原材料订单/原材料入库				
5	下原材料订单				
6	购买/租用厂房				
7	更新生产/完工入库				
8	新建/在建/转产/变卖生产线				
9	紧急采购（随时进行）				
10	开始下一批生产				
11	更新应收账款/应收账款收现				
12	按订单交货				
13	产品研发投资				
14	厂房出售（买转租）/退租/租转买				
15	新市场开拓/ISO 资格投资				
16	支付管理费/更新厂房租金				
17	出售库存				
18	厂房贴现				
19	应收账款贴现				
20	季末收入合计				
21	季末支出合计				
22	季末数额对账（1＋20－21）				
年末	缴纳违约订单罚款				
	支付设备维护费				
	计提折旧				（ ）
	新市场换证/ISO 资格换证				
	结账				

表 3-3 订单登记表

订单号							合计
市场							
产品							
数量/个							
账期/Q							
销售额/W							
成本/W							
毛利/W							
交货日期/Q							

表 3-4　综合费用表

项目	金额/W
管理费	
广告费	
设备维护费	
其他损失	
转产费	
厂房租金	
新市场开拓	
ISO 资格认证	
产品研发	
信息费	
其他	
合计	

表 3-5　利润表

项目	增、减项	金额/W
销售收入	＋	
直接成本	－	
毛利润	＝	
综合费用	－	
折旧前利润	＝	
折旧	－	
支付利息前利润	＝	
利息（长贷＋短贷）	－	
贴息	－	
税前利润	＝	
所得税	－	
年度净利润	＝	

表 3-6　资产负债表

项目	上年/W	期末/W	项目	上年/W	期末/W
现金			长期负债		
应收账款			短期负债		
在制品			应交所得税		
产成品			—		
原材料			—		
流动资产合计			负债合计		
厂房			股东资本		
生产线			利润留存		
在建工程			年度净利		
固定资产合计			所有者权益合计		
总资产			负债＋所有者权益		

表 3-7 年末/季末沙盘运营数据记录表

________公司____年____季度

	4 期	3 期	2 期	1 期
应付账款				
应收账款				

现金

短期贷款	Q1	Q2	Q3	Q4	
长期贷款	FY1	FY2	FY3	FY4	FY5
高利贷	Q1	Q2	Q3	Q4	

其他	广告	管理	折旧
维修	转产	租金	
利息	贴息	税金	

本地	区域	国内	亚洲	国际

P1	P2	P3	P4

ISO9000	ISO14000

厂房																
类型																
阶段																
产品																
净值																

原料	R1	R2	R3	R4
订单				
在途				
库存				

成品	P1	P2	P3	P4
库存				
成本				

表 3-8 第 2 年经营现金预算表 单位：W

年初	期初现金盘点				
	支付广告费用				
	支付应交税金				
	支付长贷利息				
	更新长期贷款/长期贷款还款				
	申请长期贷款				
1	季初盘点				
2	短期贷款还本付息				
3	申请短期贷款				
4	原材料入库				
5	购买/租用厂房				
6	新建/在建/转产/变卖生产线				
7	开始下一批生产				
8	应收账款收现				
9	产品研发投资				
10	厂房出售（买转租）/退租/租转买				
11	新市场开拓/ISO 资格投资				
12	支付管理费/更新厂房租金				
13	出售库存				
14	厂房贴现				
15	应收账款贴现				
16	季末收入合计				
17	季末支出合计				
18	季末对账				
年末	缴纳违约订单罚款				
	支付设备维护费				
	结账				

表 3-9 第 2 年经营流程记录表

操作顺序	严格按顺序执行各项操作，不允许跳跃执行，每执行完一项操作，在相应的方格内进行记录：①该项操作有执行，同时有现金收支，请填写收支金额；②该项操作有执行，但无现金收支，请填写符号“√”或填写相关的操作数据；③该项操作无执行，请填写符号“×”				
年初	新年度规划会议				
	支付广告费用				
	参加订货会选订单/登记订单				
	支付应交税金				
	支付长贷利息				
	更新长期贷款/长期贷款还款				
	申请长期贷款				
1	季初盘点（请填余额）				

续表

2	更新短期贷款/短期贷款还本付息				
3	申请短期贷款				
4	更新原材料订单/原材料入库				
5	下原材料订单				
6	购买/租用厂房				
7	更新生产/完工入库				
8	新建/在建/转产/变卖生产线				
9	紧急采购（随时进行）				
10	开始下一批生产				
11	更新应收账款/应收账款收现				
12	按订单交货				
13	产品研发投资				
14	厂房出售（买转租）/退租/租转买				
15	新市场开拓/ISO 资格投资				
16	支付管理费/更新厂房租金				
17	出售库存				
18	厂房贴现				
19	应收账款贴现				
20	季末收入合计				
21	季末支出合计				
22	季末数额对账（1＋20－21）				
年末	缴纳违约订单罚款				
	支付设备维护费				
	计提折旧				（ ）
	新市场换证/ISO 资格换证				
	结账				

表 3-10 订单登记表

订单号							合计
市场							
产品							
数量/个							
账期/Q							
销售额/W							
成本/W							
毛利/W							
交货日期/Q							

表 3-11 综合费用表

项目	金额/W
管理费	
广告费	

续表

项目	金额/W
设备维护费	
其他损失	
转产费	
厂房租金	
新市场开拓	
ISO 资格认证	
产品研发	
信息费	
其他	
合计	

表 3-12 利润表

项目	增、减项	金额/W
销售收入	+	
直接成本	−	
毛利润	=	
综合费用	−	
折旧前利润	=	
折旧	−	
支付利息前利润	=	
利息（长贷+短贷）	−	
贴息	−	
税前利润	=	
所得税	−	
年度净利润	=	

表 3-13 资产负债表

项目	上年/W	期末/W	项目	上年/W	期末/W
现金			长期负债		
应收账款			短期负债		
在制品			应交所得税		
产成品			—		
原材料			—		
流动资产合计			负债合计		
厂房			股东资本		
生产线			利润留存		
在建工程			年度净利		
固定资产合计			所有者权益合计		
总资产			负债+所有者权益		

表 3-14 年末/季末沙盘运营数据记录表

________公司____年____季度

	4 期	3 期	2 期	1 期	现金
应付账款					
应收账款	4 期	3 期	2 期	1 期	

短期贷款	Q1	Q2	Q3	Q4	
长期贷款	FY1	FY2	FY3	FY4	FY5
高利贷	Q1	Q2	Q3	Q4	

其他	广告	管理	折旧
维修	转产	租金	
利息	贴息	税金	

本地
区域
国内
亚洲
国际

厂房																
类型																
阶段																
产品																
净值																

P1
P2
P3
P4

ISO9000
ISO14000

原料	R1	R2	R3	R4
订单				
在途				
库存				

成品	P1	P2	P3	P4
库存				
成本				

想一想

1）你的战略规划是否能顺利展开，经营效果是高于预期还是低于预期？还可以在哪些方面进行优化？

2）在两年经营时间里，企业的资金是否得到充分利用，现金收支是否平衡？

3）你所制订的战略是否在未来几年都能产出足够的现金净流入？

4）制订未来两年的资金使用预算。

第二节 市场营销

现代市场营销理论的核心：市场细分（market segmentation）、目标市场（market targeting）、市场定位（market positioning）即 STP 营销三要素。

一、市场细分

1. 市场细分的概念

市场细分是美国市场学家温德尔·R.史密斯（Wendell R.Smith）于 20 世纪 50 年代中期提出来的。

市场细分是指营销者通过市场调研，依据消费者的需要和欲望、购买行为和购买习惯等方面的差异，把某一产品的市场整体划分为若干消费者群的市场分类过程。每一个消费者群就是一个细分市场，每一个细分市场都是具有类似需求倾向的消费者构成的群体。

2. 市场细分的程序

1）调查阶段。

2）分析阶段。

3）细分阶段。

4）细分消费者市场的基础。

消费者市场一般按照地理、人口、心理、行为等为细分基础。

① 按地理细分：国家、地区、城市、农村、气候、地形。

② 按人口细分：年龄、性别、职业、收入、教育、家庭人口、家庭类型、家庭生命周期、国籍、民族、宗教、社会阶层。

③ 按心理细分：社会阶层、生活方式、个性。

④ 按行为细分：时机、追求利益、使用者地位、产品使用率、忠诚程度、购买准备阶段、态度。

3. 市场细分的作用

细分市场不是根据产品品种、产品系列来进行的，而是从消费者（指最终消费者和工业生产者）的角度进行划分的，是根据市场细分的理论基础，即消费者的需求、动机、购买行为的多元性和差异性来划分的。市场细分对企业的生产、经营起着极其重要的作用。

（1）有利于选择目标市场和制定市场营销策略

市场细分后的子市场比较具体，企业比较容易了解消费者的需求，可以根据自己的经营思路、方针及生产技术和营销力量，确定自己的服务对象，即目标市场。针对较小的目标市场，便于制定特殊的营销策略。同时，在细分的市场上，信息容易被了解和反馈，一旦消费者的需求发生变化，企业可迅速改变营销策略，制定相应的对策，以适应市场需求的变化，提高企业的应变能力和竞争力。

案例链接

联想的产品细分策略，正是基于产品的明确区分。联想打破了传统的“一揽子”促销方案，围绕“锋行”“天骄”“家悦”3个品牌面向的不同用户群需求，推出不同的“细分”促销方案。选择“锋行”的用户，可以优惠购买“数据特区”双启动魔盘、性格鲜明的打印机，以及“新歌任我选”MP3播放器；选择“天骄”的用户，可优惠购买让数据随身移动的魔盘、可精彩打印数码照片的3110打印机、SOHO好伴侣的M700多功能机，以及让人尽享数码音乐的MP3；钟情于“家悦”的用户，则可以优惠购买“电子小书包”魔盘、完成学习打印的打印机、名师导学的网校卡，以及成就电脑高手的XP电脑教程。

（2）有利于发掘市场机会，开拓新市场

通过市场细分，企业可以对每一个细分市场的购买潜力、满足程度、竞争情况等进行分析对比，探索出有利于本企业的市场机会，使企业及时做出投产、异地销售决策或根据本企业的生产技术条件编制新产品开拓计划，进行必要的产品技术储备，掌握产品更新换代的主动权，开拓新市场，以更好适应市场的需要。

（3）有利于集中人力、物力投入目标市场

任何一个企业的资源、人力、物力、资金都是有限的。通过细分市场，选择了适合自己的目标市场，企业可以集中人、财、物及资源，争取局部市场上的优势，然后再占领自己的目标市场。

（4）有利于企业提高经济效益

前面3个方面的作用都能使企业提高经济效益。除此之外，企业通过市场细分后，可以面对自己的目标市场，生产出适销对路的产品，既能满足市场需要，又可以增加企业的收入。产品适销对路可以加速商品流转，加大生产批量，降低企业的生产销售成本，提高生产工人的劳动熟练程度，提高产品质量。

4. 市场细分的步骤

案例链接

一家航空公司对从未乘坐过飞机的人很感兴趣（细分标准是顾客的体验）。而从未乘坐过飞机的人又可以细分为害怕飞机的人、对乘坐飞机无所谓的人，以及对乘坐飞机持肯定态度的人（细分标准是态度）。在持肯定态度的人中，又包括高收入有能力乘坐飞机的人（细分标准是态度）。于是这家航空公司就把力量集中在开拓那些对乘坐飞机持肯定态度、只是还没有乘坐过飞机的高收入群体。

由上述案例可以看出，市场细分包括以下几个步骤：

（1）选定产品市场范围

公司应明确自己在某行业中的产品市场范围，并以此作为市场开拓战略的依据。

（2）列举潜在顾客的需求

可从地理、人口、心理等方面列出影响产品市场需求和顾客购买行为的各项变数。

（3）分析潜在顾客的不同需求

公司应对不同的潜在顾客进行抽样调查，并对所列出的需求变数进行评价，了解顾客的共同需求。

（4）制定相应的营销策略

调查、分析、评估各细分市场，最终确定可进入的细分市场，并制定相应的营销策略。

5. 市场细分的条件

企业进行市场细分的目的是通过定位顾客需求差异，来取得较大的经济效益。众所周知，产品的差异化必然导致生产成本和推销费用的相应增长，所以，企业必须在市场细分所得收益与市场细分所增成本之间进行权衡。由此，我们得出有效的细分市场必须具备以下特征：

（1）可衡量性

可衡量性指各个细分市场的购买力和规模能被衡量的程度。如果细分变数很难衡量的话，就无法界定市场。

（2）可赢利性

可赢利性指企业新选定的细分市场容量足以使企业获利。

（3）可进入性

可进入性指所选定的细分市场必须与企业自身状况相匹配，企业有优势占领这一市场。可进入性具体表现在信息进入、产品进入和竞争进入。考虑市场的可进入性，实际上是研究其营销活动的可行性。

（4）差异性

差异性指细分市场在观念上能被区别，并对不同的营销组合因素和方案有不同的反应。

6. 市场细分的方法

市场细分的方法包括单一标准法、主导因素排列法、综合标准法、系列因素法、目标市场选择策略。

根据各个细分市场的独特性和公司自身的目标，共有 3 种目标市场策略可供选择。

1）无差异市场营销，指公司只推出一种产品，或只用一套市场营销办法来招徕顾客。当公司断定各个细分市场之间差异很少时可考虑采用这种市场营销策略。

2）密集性市场营销，指公司将一切市场营销努力集中于一个或少数几个有利的细分市场。

3）差异性市场营销，指公司根据各个细分市场的特点，相应扩大某些产品的花色、式样和品种，或制定不同的营销计划和办法，以充分适应不同消费者的不同需求，吸引各种不同的购买者，从而扩大各种产品的销售量。

优点：在产品设计或宣传推销上能有的放矢，分别满足不同地区消费者的需求，可增加产品的总销售量，同时可使公司在细分小市场上占有优势，从而提高企业的知名度，在消费者心目中树立良好的形象。

缺点：会增加各种费用，如增加产品改良成本、制造成本、管理费用、储存费用。

7. 市场细分的最好途径

营销人员的目标是将一个市场的成员按照某种共同的特性划分成不同的群体。市场细分的方法经历过几个阶段。最初，因为数据是现成的，调研人员采用了基于人口统计学信息的市场细分方法。他们认为不同的人员，由于年龄、职位、收入和教育的不同，消费模式也会有所不同。后来，调研人员增加了消费者的居住地、房屋拥有类型和家庭人口数等因素，形成了基于地理人口统计学信息的市场细分方法。再后来，人们又发现基于人口统计学的方法做出的同一个市场细分下，还是存在着不同的消费模式，于是调研人员根据消费者的购买意愿、动机和态度，采用了基于行为科学的方法来进行分类。这种方法的一个形式是基于惠益的市场细分方法，划分的依据是消费者从产品中寻求的主要惠益；另一种形式是基于心理描述图的市场细分方法，划分的依据是消费者生活方式的特征。

有一种更新的成果是基于忠诚度的市场细分，把注意力更多地放在那些能够更长时间和使企业获得更大利润的客户身上。

总之，市场细分分析是一种对消费者思维的研究。对于营销人员来说，谁能够首先发现新的划分客户的依据，谁就能获得丰厚的回报。

8. 市场获取利益的基础

市场获取利益的基础简称“利基”。利基一词是英文“niche”的音译。利基营销又称“缝隙营销”或“补缺营销”，也有称为“狭缝市场营销”。

利基存在于所有市场。营销人员需要研究市场上不同消费者对于产品属性、价格、渠道、送货时间等方面的各种要求。由此，购买者将被分成不同的群体，每一个群体会对某一方面的产品、服务、关系有特定的要求，每一个群体都可以成为一个利基，企业可以根据其特殊性提供服务。

例如，一家建筑公司可以提供设计任何类型的大厦，或者选择专门设计某特定类型的大厦，如疗养院、医院、监狱或是学生宿舍。即使选择疗养院，公司还可以进一步选择高造价疗养院而不是低造价疗养院，再者，它还可以只针对某个地区开展业务，如北京市。那么这家公司确定如下的市场利基：为北京市设计高造价养老院，假定营销调研显示这个利基具有增长潜力。

9. 利用互联网进行市场细分

互联网的确能够帮助企业进行市场细分。那些针对特定市场细分的网站，如针对母婴的、老年人的等消费者印象都很深刻，预计未来还会有上百个服务于特定群体的网站，为客户提供信息、购物和互动机会。

如今，网络销售商开始建立一种数据仓库，把客户的名字、前景及其他很多信息输入其中，营销人员在数据仓库中进行数据挖掘以发现新的市场细分和利基。之后他们将特定的市场供给品提供给潜在客户，这是经典的市场细分。

二、目标市场

著名的市场营销学者麦卡锡提出了把消费者看作一个特定的群体，即为目标市场。通过市场细分，有利于明确目标市场，通过市场营销策略的应用，有利于满足目标市场的需要。即目标市场就是通过市场细分后，企业准备以相应的产品和服务满足其需要的一个或几个子市场。

1. 选择目标市场的策略

选择目标市场，明确企业应为哪一类用户服务，满足他们的哪一种需求，是企业在营销活动中的一项重要策略。

为什么要选择目标市场呢？因为不是所有的子市场对本企业都有吸引力，任何企业都没有足够的人力资源和资金满足整个市场或追求过分大的目标，只有扬长避短，找到有利于发挥本企业现有的人、财、物优势的目标市场，才不至于在庞大的市场中手足无措。

选择目标市场一般运用下列 3 种策略。

（1）无差别性市场策略

无差别性市场策略就是企业把整个市场作为自己的目标市场，只考虑市场需求的共性，而不考虑其差异性，运用一种产品、一种价格、一种推销方法，吸引尽可能多的消费者。

这种策略的优点是产品单一，容易保证质量，能大批量生产，降低生产和销售成本。但如果同类企业也采用这种策略，必然要形成激烈竞争。

（2）差别性市场策略

差别性市场策略就是把整个市场细分为若干子市场，针对不同的子市场，设计不同的产品，制定不同的营销策略，满足不同的消费需求。

如服装企业，按生活方式把妇女分成 3 种风格：时髦风格、中性风格、朴素风格。时髦风格妇女喜欢把自己打扮得华贵艳丽，引人注目；中性风格妇女喜欢打扮得超凡脱俗，卓尔不群；朴素风格妇女购买服装讲求经济实惠，价格适中。企业根据不同风格妇女的不同偏好，有针对性地设计出不同风格的服装，使产品对各类消费者更具有吸引力。

又如某自行车企业，根据地理位置、年龄、性别将市场细分为几个子市场：农村市场，因常运输货物，要求牢固耐用，载重量大；城市男青年，要求快速、样式好；城市女青年，要求轻便、漂亮、闸灵。针对每个子市场的特点，该自行车企业制定不同的市场营销组合策略。

这种策略的优点是能满足不同消费者的不同要求，有利于扩大销售、占领市场、提高企业声誉。其缺点是由于产品差异化、促销方式差异化，增加了管理难度，提高了生产和销售费用。目前只有力量雄厚的大公司采用这种策略。

（3）集中性市场策略

集中性市场策略就是在细分后的市场上，选择两个或少数几个细分市场作为目标市场，实行专业化生产和销售。在个别少数市场上发挥优势，提高市场占有率，这是大部分中小型企业应当采用的策略。

采用集中性市场策略，能集中优势力量，有利于产品适销对路，降低成本，提高企业和产品的知名度。但企业有较大的经营风险，因为它的目标市场范围小，品种单一。如果目标市场的消费者需求和爱好发生变化，企业就可能因应变不及时而陷入困境。同时，当强有力的竞争者打入目标市场时，企业就要受到严重影响。因此，许多中小企业为了分散风险，仍应选择一定数量的细分市场为自己的目标市场。

3 种目标市场策略各有利弊。选择目标市场时，必须考虑企业面临的各种因素和条件，如企业规模和原料的供应、产品类似性、市场类似性、产品寿命周期、竞争的目标市场等。

选择适合本企业的目标市场策略是一个复杂多变的工作。企业内部条件和外部环境在不断发展变化，经营者要不断通过市场调查和预测，掌握和分析市场变化趋势与竞争对手的条件，扬长避短，发挥优势，把握时机，采取灵活的适应市场态势的策略，争取较大的利益。

三、市场定位

市场定位是指企业针对潜在顾客的心理进行营销设计，创立产品、品牌或企业在目标顾客心目中的某种形象或某种个性特征，保留深刻的印象和独特的位置，从而取得竞争优势。

市场定位（market positioning）是 20 世纪 70 年代由美国学者阿尔·赖斯提出的一个重要营销学概念。所谓市场定位，就是企业根据目标市场上同类产品竞争状况，针对顾客对该类产品某些特征或属性的重视程度，为本企业产品塑造强有力的、与众不同的鲜明个性，并将其形象生动地传递给顾客，求得顾客认同。市场定位的实质是使本企业与其他企业严格区分开来，使顾客明显感觉和认识到这种差别，从而在顾客心目中占有特殊的位置。

传统的观念认为，市场定位就是在每一个细分市场上生产不同的产品，实行产品差异化。事实上，市场定位与产品差异化尽管关系密切，但有着本质的区别。市场定位是通过为自己的产品创立鲜明的个性，从而塑造出独特的市场形象来实现的。一项产品是多个因素的综合反映，包括性能、构造、成分、包装、形状、质量等，市场定位就是要强化或放大某些产品因素，从而形成与众不同的独特形象。产品差异化乃是实现市场定位的手段，但并不是市场定位的全部内容。市场定位不仅强调产品差异，而且要通过产品差异建立独特的市场形象，赢得顾客的认同。

需要指出的是，市场定位中所指的产品差异化与传统的产品差异化概念有本质区别，它不是从生产者角度出发单纯追求产品变异，而是在对市场分析和细分化的基础上，寻求建立某种产品特色，因而它是现代市场营销观念的体现。

四、确立市场地位

第 1 年和第 2 年企业是否已经实现企业战略性布局，接下来将是企业收获的时候，以此验证企业的市场定位是否成功。那么请开始连续 2 年的企业经营吧。经营者应认真、准确地记录表 3-15～表 3-28 中相应的经营数据。

表 3-15　第 3 年经营现金预算表　　单位：W

年初	期初现金盘点				
	支付广告费用				
	支付应交税金				
	支付长贷利息				
	更新长期贷款/长期贷款还款				
	申请长期贷款				
1	季初盘点				
2	短期贷款还本付息				
3	申请短期贷款				
4	原材料入库				
5	购买/租用厂房				
6	新建/在建/转产/变卖生产线				
7	开始下一批生产				
8	应收账款收现				
9	产品研发投资				
10	厂房出售（买转租）/退租/租转买				
11	新市场开拓/ISO 资格投资				
12	支付管理费/更新厂房租金				
13	出售库存				
14	厂房贴现				
15	应收账款贴现				
16	季末收入合计				
17	季末支出合计				
18	季末对账				
年末	缴纳违约订单罚款				
	支付设备维护费				
	结账				

表 3-16　第 3 年经营流程记录表

操作顺序	严格按顺序执行各项操作，不允许跳跃执行，每执行完一项操作，在相应的方格内进行记录：①该项操作有执行，同时有现金收支，请填写收支金额；②该项操作有执行，但无现金收支，请填写符号“√”或填写相关的操作数据；③该项操作无执行，请填写符号“×”

续表

年初	新年度规划会议				
	支付广告费用				
	参加订货会选订单/登记订单				
	支付应交税金				
	支付长贷利息				
	更新长期贷款/长期贷款还款				
	申请长期贷款				
1	季初盘点（请填余额）				
2	更新短期贷款/短期贷款还本付息				
3	申请短期贷款				
4	更新原材料订单/原材料入库				
5	下原材料订单				
6	购买/租用厂房				
7	更新生产/完工入库				
8	新建/在建/转产/变卖生产线				
9	紧急采购（随时进行）				
10	开始下一批生产				
11	更新应收账款/应收账款收现				
12	按订单交货				
13	产品研发投资				
14	厂房出售（买转租）/退租/租转买				
15	新市场开拓/ISO资格投资				
16	支付管理费/更新厂房租金				
17	出售库存				
18	厂房贴现				
19	应收账款贴现				
20	季末收入合计				
21	季末支出合计				
22	季末数额对账（1＋20－21）				
年末	缴纳违约订单罚款				
	支付设备维护费				
	计提折旧				（ ）
	新市场换证/ISO资格换证				
	结账				

表3-17 订单登记表

订单号							合计
市场							
产品							
数量/个							
账期/Q							
销售额/W							
成本/W							
毛利/W							
交货日期/Q							

表 3-18 综合费用表

项目	金额/W
管理费	
广告费	
设备维护费	
其他损失	
转产费	
厂房租金	
新市场开拓	
ISO 资格认证	
产品研发	
信息费	
其他	
合计	

表 3-19 利润表

项目	增、减项	金额/W
销售收入	+	
直接成本	−	
毛利润	=	
综合费用	−	
折旧前利润	=	
折旧	−	
支付利息前利润	=	
利息（长贷+短贷）	−	
贴息	−	
税前利润	=	
所得税	−	
年度净利润	=	

表 3-20 资产负债表

项目	上年/W	期末/W	项目	上年/W	期末/W
现金			长期负债		
应收账款			短期负债		
在制品			应交所得税		
产成品			—		
原材料			—		
流动资产合计			负债合计		
厂房			股东资本		
生产线			利润留存		
在建工程			年度净利		
固定资产合计			所有者权益合计		
总资产			负债+所有者权益		

表 3-21 年末/季末沙盘运营数据记录表

_______公司____年____季度

应付账款	4 期	3 期	2 期	1 期

应收账款	4 期	3 期	2 期	1 期

现金

短期贷款	Q1	Q2	Q3	Q4

长期贷款	FY1	FY2	FY3	FY4	FY5

高利贷	Q1	Q2	Q3	Q4

其他	广告	管理	折旧
维修	转产	租金	
利息	贴息	税金	

本地	区域	国内	亚洲	国际

ISO9000	ISO14000

P1	P2	P3	P4

厂房																
类型																
阶段																
产品																
净值																

原料	R1	R2	R3	R4
订单				
在途				
库存				

成品	P1	P2	P3	P4
库存				
成本				

表 3-22 第 4 年经营现金预算表

单位：W

年初	期初现金盘点				
	支付广告费用				
	支付应交税金				
	支付长贷利息				
	更新长期贷款/长期贷款还款				
	申请长期贷款				
1	季初盘点				
2	短期贷款还本付息				
3	申请短期贷款				
4	原材料入库				
5	购买/租用厂房				
6	新建/在建/转产/变卖生产线				
7	开始下一批生产				
8	应收账款收现				
9	产品研发投资				
10	厂房出售（买转租）/退租/租转买				
11	新市场开拓/ISO 资格投资				
12	支付管理费/更新厂房租金				
13	出售库存				
14	厂房贴现				
15	应收账款贴现				
16	季末收入合计				
17	季末支出合计				
18	季末对账				
年末	缴纳违约订单罚款				
	支付设备维护费				
	结账				

表 3-23 第 4 年经营流程记录表

操作顺序	严格按顺序执行各项操作，不允许跳跃执行，每执行完一项操作，在相应的方格内进行记录：①该项操作有执行，同时有现金收支，请填写收支金额；②该项操作有执行，但无现金收支，请填写符号“√”或填写相关的操作数据；③该项操作无执行，请填写符号“×”				
年初	新年度规划会议				
	支付广告费用				
	参加订货会选订单/登记订单				
	支付应交税金				
	支付长贷利息				
	更新长期贷款/长期贷款还款				
	申请长期贷款				
1	季初盘点（请填余额）				

续表

2	更新短期贷款/短期贷款还本付息				
3	申请短期贷款				
4	更新原材料订单/原材料入库				
5	下原材料订单				
6	购买/租用厂房				
7	更新生产/完工入库				
8	新建/在建/转产/变卖生产线				
9	紧急采购（随时进行）				
10	开始下一批生产				
11	更新应收账款/应收账款收现				
12	按订单交货				
13	产品研发投资				
14	厂房出售（买转租）/退租/租转买				
15	新市场开拓/ISO 资格投资				
16	支付管理费/更新厂房租金				
17	出售库存				
18	厂房贴现				
19	应收账款贴现				
20	季末收入合计				
21	季末支出合计				
22	季末数额对账（1+20−21）				
年末	缴纳违约订单罚款				
	支付设备维护费				
	计提折旧				（ ）
	新市场换证/ISO 资格换证				
	结账				

表 3-24 订单登记表

订单号							合计
市场							
产品							
数量/个							
账期/Q							
销售额/W							
成本/W							
毛利/W							
交货日期/Q							

表 3-25 综合费用表

项目	金额/W
管理费	

续表

项目	金额/W
广告费	
设备维护费	
其他损失	
转产费	
厂房租金	
新市场开拓	
ISO 资格认证	
产品研发	
信息费	
其他	
合计	

表 3-26 利润表

项目	增、减项	金额/W
销售收入	+	
直接成本	−	
毛利润	=	
综合费用	−	
折旧前利润	=	
折旧	−	
支付利息前利润	=	
利息（长贷+短贷）	−	
贴息	−	
税前利润	=	
所得税	−	
年度净利润	=	

表 3-27 资产负债表

项目	上年/W	期末/W	项目	上年/W	期末/W
现金			长期负债		
应收账款			短期负债		
在制品			应交所得税		
产成品			—		
原材料			—		
流动资产合计			负债合计		
厂房			股东资本		
生产线			利润留存		
在建工程			年度净利		
固定资产合计			所有者权益合计		
总资产			负债+所有者权益		

表 3-28　年末/季末沙盘运营数据记录表

________公司____年____季度

应付账款	4 期	3 期	2 期	1 期

应收账款	4 期	3 期	2 期	1 期

现金

短期贷款	Q1	Q2	Q3	Q4

长期贷款	FY1	FY2	FY3	FY4	FY5

高利贷	Q1	Q2	Q3	Q4

其他	广告	管理	折旧
维修	转产	租金	
利息	贴息	税金	

市场	
本地	
区域	
国内	
亚洲	
国际	

厂房																
类型																
阶段																
产品																
净值																

产品	
P1	
P2	
P3	
P4	

认证	
ISO9000	
ISO14000	

原料	R1	R2	R3	R4
订单				
在途				
库存				

成品	P1	P2	P3	P4
库存				
成本				

想一想

1）你的企业的市场定位是否成功，直接的竞争对手给你带来什么样的影响？这两年的经营中，你在与对手的竞争中，是处于优势还是劣势？

2）我们总是尽可能做好产品零库存，但是如果意外出现产品库存的时候，可以通过哪些做法在未来的经营中解决产品库存问题？

3）在与他人竞争时，如何才能做到规避风险，最大限度地增加销售额，同时降低经营成本？

第三节 生产管理

一、生产管理的含义

生产管理（production management）是对企业生产系统的设置和运行的各项管理工作的总称，又称生产控制。一般可分为以下几种类型。

1）生产组织，即选择厂址、布置工厂、组织生产线、实行劳动定额和劳动组织、设置生产管理系统等。

2）生产计划，即编制生产计划、生产技术准备计划和生产作业计划等。

3）生产控制工作，即控制生产进度、生产库存、生产质量和生产成本等内容。

二、生产管理的任务

1）通过生产组织工作，按照企业目标的要求，设置技术上可行、经济上合算、物质技术条件和环境条件允许的生产系统。

2）通过生产计划工作，制定生产系统优化运行的方案。

3）通过生产控制工作，及时有效地调节企业生产过程内外的各种关系，使生产系统的运行符合既定生产计划的要求，实现预期生产的品种、质量、产量、出产期限和生产成本的目标。

所以，生产管理的目的就在于做到投入少、产出多，取得最佳经济效益。而采用生产管理软件的目的，则是提高企业生产管理的效率，有效管理生产过程的信息，从而提高企业的整体竞争力。

三、生产管理的目标

高效、低耗、灵活、准时地生产合格产品，为客户提供满意服务。

1）高效：迅速满足用户需要，缩短订货、提货周期，为市场营销提供争取客户的有利条件。

2）低耗：人力、物力、财力消耗最少，实现低成本、低价格。

3）灵活：能很快适应市场变化，生产不同品种和新品种。

4）准时：在用户需要的时间，按用户需要的数量，提供所需的产品和服务。

5）高品质和满意服务：产品和服务质量达到顾客满意水平。

四、生产管理的绩效考核

生产管理绩效是指生产部所有人员通过不断丰富自己的知识、提高自己的技能、改善自己的工作态度，努力创造良好的工作环境及工作机会，不断提高生产效率、提高产品质量、提高员工士气、降低成本，以及保证交期和安全生产的结果和行为。生产部门的职能就是根据企业的经营目标和经营计划，从产品品种、质量、数量、成本、交货期等市场需求出发，采取有效的方法和措施，对企业的人力、材料、设备、资金等资源进行计划、组织、指挥、协调和控制，生产出满足市场需求的产品。相应地，生产管理绩效主要分为以下 6 个方面。

1. 效率

效率（P：productivity）是指在给定的资源下实现产出最大，也可理解为相对作业目的所采用的工具及方法，是否最适合并被充分利用。效率提高了，单位时间人均产量就会提高，生产成本就会降低。

2. 品质

品质（Q：quality）就是把顾客的要求分解，转化成具体的设计数据，形成预期的目标值，最终生产出成本低、性能稳定、质量可靠、物美价廉的产品。产品品质是一个企业生存的根本。对于生产主管来说，品质管理和控制的效果是评价其生产管理绩效的重要指标之一。所谓品质管理，就是为了充分满足客户要求，企业集合全体的智慧经验等各种管理手段，活用所有组织体系，实施所有管理及改善的全部，从而达到品质优良、交货期短、成本低、服务优质的要求。

3. 成本

成本（C：cost）是产品生产活动中所发生的各种费用。企业效益的好坏在很大程度上取决于相对成本的高低，如果成本所挤占的利润空间很大，那么相应的企业的净利润则相对降低。因此，生产主管在进行绩效管理时，必须将成本绩效管理作为其工作的主要内容之一。

4. 交货期

交货期（D：delivery）是指及时送达所需数量的产品或服务。在现在的市场竞争中，交货期的准时是非常重要的。准时是在用户需要的时间，按用户需要的数量，提供所需的产品和服务。一个企业即便有先进的技术、先进的检测手段，能够确保所生产的产品质量，而且生产的产品成本低、价格便宜，但是没有良好的交货期管理体系，不能按照客户指定的交货期交货，直接影响客户的商业活动，客户也不会购买该企业的产品。因此交货期管理直接影响客户进行商业活动，不能严守交货期也就失去了生存权，这比品质、成本更为重要。

5. 安全

安全（S：safety）生产管理就是为了保护员工的安全与健康，保护财产免遭损失，安全地进行生产，提高经济效益而进行的计划、组织、指挥、协调和控制的一系列活动。安全生产对于任何一个企业来说都是非常重要的，因为一旦出现工作事故，不仅会影响产品质量、生产效率、交货期，还会对员工个人、企业带来很大的损失，甚至对国家也产生很大的损失。

6. 士气

员工士气（M：morale）主要表现在 3 个方面：离职率、出勤率、工作满意度。高昂的士气是企业活力的表现，是取之不尽、用之不竭的宝贵资源。只有不断提高员工士气，才能充分发挥员工的积极性和创造性，让员工发挥最大的潜能，从而为公司的发展做出贡献，使公司快速发展。

五、制造企业的基本生产业务

1. 制订生产计划

这里所说的生产计划主要是指月计划和日计划。原则上，生产部门要以营销部门的销售计划为基准来确定自己的生产计划，否则在实行时就很可能会出现产销脱节的问题，或者是生产出来的产品不能出货，或者是能出货的产品却没有生产，不管是哪一种情形，都会给企业带来不必要的损失。当然，市场本身瞬息万变，所以营销部门有时也无法确定未来一段时期内的销售计划。这时，生产部门就要根据以往的出货及当前的库存情况去安排计划。最后还要注意，生产计划做出来后一定要传达给采购部门及营销部门。

2. 把握材料的供给情况

虽然材料的供给是采购部门的职责，但生产部门有必要随时把握生产所需的各种原材料的库存数量，目的是在材料发生短缺前能及时调整生产并通报营销部门，以便最大限度地减少材料不足所带来的损失。

3. 把握生产进度

为了完成事先制订的生产计划，生产管理者必须不断地确认生产的实际进度。至少要每天一次将生产实绩与计划作比较，以便及时发现差距并采取有效的补救措施。

4. 把握产品的品质状况

衡量产品品质的指标一般有两个：过程不良率及出货检查不良率。把握品质不仅要求生产管理者了解关于不良的数据，而且要对品质问题进行持续有效的改善和追踪。

5. 按计划出货

按照营销部门的出货计划安排出货，如果库存不足，应提前与营销部门联系以确定解决方法。

6. 对从业人员的管理

和单纯技术工作不同的是，生产管理者要对自己的员工负责，包括把握他们的工作、健康、安全及思想状况。对人员的管理能力是生产管理者业务能力的重要组成部分。

7. 职务教育

要对从业的各级人员实施持续的职务教育，目的在于不断提高他们的思想水平和工作能力，同时还可以防止某些问题的再发生。为了做到这一点，生产管理者要不断地提高自身的业务水准。

六、资本转化为资产

如果企业战略得当，市场定位也符合预期，那么企业是否已经在激烈的竞争中大获成功？是否考虑过企业资产的周转效率，资产周转率的高低将会对企业盈利方面带来什么影响？请认真思考，并开始连续两年的经营体验。经营者应认真、准确地登记表 3-29～表 3-42 中相应的经营数据。

表 3-29　第 5 年经营现金预算表　　单位：W

年初	期初现金盘点				
	支付广告费用				
	支付应交税金				
	支付长贷利息				
	更新长期贷款/长期贷款还款				
	申请长期贷款				
1	季初盘点				
2	短期贷款还本付息				
3	申请短期贷款				
4	原材料入库				
5	购买/租用厂房				
6	新建/在建/转产/变卖生产线				
7	开始下一批生产				
8	应收账款收现				
9	产品研发投资				
10	厂房出售（买转租）/退租/租转买				

续表

11	新市场开拓/ISO资格投资				
12	支付管理费/更新厂房租金				
13	出售库存				
14	厂房贴现				
15	应收账款贴现				
16	季末收入合计				
17	季末支出合计				
18	季末对账				
年末	缴纳违约订单罚款				
	支付设备维护费				
	结账				

表 3-30 第 5 年经营流程记录表

操作顺序	严格按顺序执行各项操作，不允许跳跃执行，每执行完一项操作，在相应的方格内进行记录：①该项操作有执行，同时有现金收支，请填写收支金额；②该项操作有执行，但无现金收支，请填写符号“√”或填写相关的操作数据；③该项操作无执行，请填写符号“×”				
年初	新年度规划会议				
	支付广告费用				
	参加订货会选订单/登记订单				
	支付应交税金				
	支付长贷利息				
	更新长期贷款/长期贷款还款				
	申请长期贷款				
1	季初盘点（请填余额）				
2	更新短期贷款/短期贷款还本付息				
3	申请短期贷款				
4	更新原材料订单/原材料入库				
5	下原材料订单				
6	购买/租用厂房				
7	更新生产/完工入库				
8	新建/在建/转产/变卖生产线				
9	紧急采购（随时进行）				
10	开始下一批生产				
11	更新应收账款/应收账款收现				
12	按订单交货				
13	产品研发投资				
14	厂房出售（买转租）/退租/租转买				

续表

15	新市场开拓/ISO资格投资				
16	支付管理费/更新厂房租金				
17	出售库存				
18	厂房贴现				
19	应收账款贴现				
20	季末收入合计				
21	季末支出合计				
22	季末数额对账（1+20−21）				
年末	缴纳违约订单罚款				
	支付设备维护费				
	计提折旧				（ ）
	新市场换证/ISO资格换证				
	结账				

表3-31 订单登记表

订单号							合计
市场							
产品							
数量/个							
账期/Q							
销售额/W							
成本/W							
毛利/W							
交货日期/Q							

表3-32 综合费用表

项目	金额/W
管理费	
广告费	
设备维护费	
其他损失	
转产费	
厂房租金	
新市场开拓	
ISO资格认证	
产品研发	

续表

项目	金额/W
信息费	
其他	
合计	

表 3-33　利润表

项目	增、减项	金额/W
销售收入	+	
直接成本	−	
毛利润	=	
综合费用	−	
折旧前利润	=	
折旧	−	
支付利息前利润	=	
利息（长贷+短贷）	−	
贴息	−	
税前利润	=	
所得税	−	
年度净利润	=	

表 3-34　资产负债表

项目	上年/W	期末/W	项目	上年/W	期末/W
现金			长期负债		
应收账款			短期负债		
在制品			应交所得税		
产成品			—		
原材料			—		
流动资产合计			负债合计		
厂房			股东资本		
生产线			利润留存		
在建工程			年度净利		
固定资产合计			所有者权益合计		
总资产			负债+所有者权益		

表 3-35　年末/季末沙盘运营数据记录表

＿＿＿＿公司＿＿年＿＿季度

应付账款	4 期	3 期	2 期	1 期

应收账款	4 期	3 期	2 期	1 期

现金

短期贷款	Q1	Q2	Q3	Q4

长期贷款	FY1	FY2	FY3	FY4	FY5

高利贷	Q1	Q2	Q3	Q4

其他	广告	管理	折旧
维修	转产	租金	
利息	贴息	税金	

本地	区域	国内	亚洲	国际

ISO9000	ISO14000

厂房																
类型																
阶段																
产品																
净值																

P1	P2	P3	P4

原料	R1	R2	R3	R4
订单				
在途				
库存				

成品	P1	P2	P3	P4
库存				
成本				

表 3-36 第 6 年经营现金预算表

单位：W

年初	期初现金盘点				
	支付广告费用				
	支付应交税金				
	支付长贷利息				
	更新长期贷款/长期贷款还款				
	申请长期贷款				
1	季初盘点				
2	短期贷款还本付息				
3	申请短期贷款				
4	原材料入库				
5	购买/租用厂房				
6	新建/在建/转产/变卖生产线				
7	开始下一批生产				
8	应收账款收现				
9	产品研发投资				
10	厂房出售（买转租）/退租/租转买				
11	新市场开拓/ISO 资格投资				
12	支付管理费/更新厂房租金				
13	出售库存				
14	厂房贴现				
15	应收账款贴现				
16	季末收入合计				
17	季末支出合计				
18	季末对账				
年末	缴纳违约订单罚款				
	支付设备维护费				
	结账				

表 3-37 第 6 年经营流程记录表

操作顺序	严格按顺序执行各项操作，不允许跳跃执行，每执行完一项操作，在相应的方格内进行记录：①该项操作有执行，同时有现金收支，请填写收支金额；②该项操作有执行，但无现金收支，请填写符号“√”或填写相关的操作数据；③该项操作无执行，请填写符号“×”				
年初	新年度规划会议				
	支付广告费用				
	参加订货会选订单/登记订单				
	支付应交税金				
	支付长贷利息				
	更新长期贷款/长期贷款还款				
	申请长期贷款				
1	季初盘点（请填余额）				

续表

2	更新短期贷款/短期贷款还本付息				
3	申请短期贷款				
4	更新原材料订单/原材料入库				
5	下原材料订单				
6	购买/租用厂房				
7	更新生产/完工入库				
8	新建/在建/转产/变卖生产线				
9	紧急采购（随时进行）				
10	开始下一批生产				
11	更新应收账款/应收账款收现				
12	按订单交货				
13	产品研发投资				
14	厂房出售（买转租）/退租/租转买				
15	新市场开拓/ISO 资格投资				
16	支付管理费/更新厂房租金				
17	出售库存				
18	厂房贴现				
19	应收账款贴现				
20	季末收入合计				
21	季末支出合计				
22	季末数额对账（1＋20－21）				
年末	缴纳违约订单罚款				
	支付设备维护费				
	计提折旧				（ ）
	新市场换证/ISO 资格换证				
	结账				

表 3-38 订单登记表

订单号							合计
市场							
产品							
数量/个							
账期/Q							
销售额/W							
成本/W							
毛利/W							
交货日期/Q							

表 3-39 综合费用表

项目	金额/W
管理费	
广告费	
设备维护费	

续表

项目	金额/W
其他损失	
转产费	
厂房租金	
新市场开拓	
ISO 资格认证	
产品研发	
信息费	
其他	
合计	

表 3-40 利润表

项目	增、减项	金额/W
销售收入	+	
直接成本	−	
毛利润	=	
综合费用	−	
折旧前利润	=	
折旧	−	
支付利息前利润	=	
利息（长贷+短贷）	−	
贴息	−	
税前利润	=	
所得税	−	
年度净利润	=	

表 3-41 资产负债表

项目	上年/W	期末/W	项目	上年/W	期末/W
现金			长期负债		
应收账款			短期负债		
在制品			应交所得税		
产成品			—		
原材料			—		
流动资产合计			负债合计		
厂房			股东资本		
生产线			利润留存		
在建工程			年度净利		
固定资产合计			所有者权益合计		
总资产			负债+所有者权益		

表 3-42 年末/季末沙盘运营数据记录表

________公司____年____季度

应付账款	4 期	3 期	2 期	1 期	现金
应收账款	4 期	3 期	2 期	1 期	

Q1	Q2	Q3	Q4	短期贷款

FY1	FY2	FY3	FY4	FY5	长期贷款

Q1	Q2	Q3	Q4	高利贷

其他	广告	管理	折旧
维修	转产	租金	
利息	贴息	税金	

本地
区域
国内
亚洲
国际

厂房																
类型																
阶段																
产品																
净值																

P1
P2
P3
P4

ISO9000
ISO14000

原料	R1	R2	R3	R4
订单				
在途				
库存				

成品	P1	P2	P3	P4
库存				
成本				

想一想

1）你认为造成产品大量库存的原因有哪些？

2）在经营中，如果想将生产线产能扩大，需要有哪些前提条件？

3）充分理解生产线的维修费用、折旧费用与生产线产出的关系，如何做才能将生产成本降到最低？

第四节 财务分析

在 6 年的经营中，我们已经基本了解企业盈利的六大要素，下面我们将这 6 个要素用五力分析模型展开分析，希望能让学生更加充分地理解企业经营六大要素，并对今后的经营或实践有所帮助。

一、收益力

收益力表示企业赚取利润的能力。一般有毛利率、净利润率、总资产收益率、净资产收益率 4 个量化指标。

1. 毛利率

毛利率是一个常用指标，是企业获利的初步指标，它反映企业所销售的产品对企业毛利润的贡献。在销售多种产品时，应该按产品类别分别计算毛利率，更直观地反映每种产品对整个企业毛利的贡献情况。其计算公式为

毛利率＝（销售收入－直接成本）÷销售收入×100%

2. 净利润率

净利润率是毛利率的延伸，是毛利减去所有费用、利息和税金后企业的真实利润。该指标反映了企业主营业务的实际利润，代表企业主营业务的好坏。该指标越高，说明企业主营业务市场竞争力越强，发展潜力越大，获利水平越高。其计算公式为

净利润率＝净利润÷销售收入×100%

3. 总资产收益率

总资产收益率（return on assets，ROA）是分析公司盈利能力的一个非常有效比率，是衡量企业收益能力的指标。在考核企业利润目标的实现情况时，投资者往往关注与投入资产相关的报酬实现效果，并经常结合每股收益（earning per share，EPS）及净资产收益率（rate of return on common stockholders' equity，ROE）等指标来进行判断。实际上，总资产收益率（ROA）是一个更为有效的指标。总资产收益率的高低直接反映了公司的竞争实力和发展能力，也是决定公司是否应举债经营的重要依据。其计算公式为

总资产收益率＝净利润÷平均资产总额×100%

其中，

平均资产总额＝（年初资产总额＋年末资产总额）÷2

4. 净资产收益率

净资产收益率（ROE），又称股东权益报酬率、净值报酬率、权益报酬率。

企业资产包括两部分，一部分是股东的投资，即所有者权益（它是股东投入的股本，企业公积金和留存收益等的总和），另一部分是企业借入和暂时占用的资金。企业适当地运用财务杠杆可以提高资金的使用效率，借入的资金过多会增大企业的财务风险，但一般可以提高盈利，借入的资金过少会降低资金的使用效率。净资产收益率反映股东权益的收益水平，是衡量股东资金使用效率的重要财务指标。其计算公式为

净资产收益率＝税后利润÷所有者权益合计

指标值越高，说明投资带来的收益越高。该指标体现了自有资本获得净收益的能力。一般来说，负债增加会导致净资产收益率的上升。

二、成长力

成长力表示企业是否具有成长的潜力，即持续盈利能力。反映企业经营成果增长变化的指标组成有销售收入成长率、营业利润增长率和净资产成长率 3 个量化指标。

1. 销售收入成长率

销售收入成长率是一家公司某一段时间销售收入的变化程度，用以衡量经营业绩的提高程度，指标值越高越好。其计算公式为

销售收入成长率＝（本期销售收入－上期销售收入）÷上期销售收入

2. 营业利润增长率

营业利润增长率又称销售利润增长率，是企业本年营业利润增长额与上年营业利润总额的比率，反映企业营业利润的增减变动情况。营业利润率越高，说明企业商品销售额提供的营业利润越多，企业的盈利能力越强；反之，说明企业盈利能力越弱。其计算公式为

营业利润增长率（销售利润增长率）＝本年营业利润增长额÷上年营业利润总额×100%

其中，

本年营业利润增长额＝本年营业利润总额－上年营业利润总额

3. 净资产成长率

净资产增长率反映了企业资本规模的扩张速度，是衡量企业总量规模变动和成长状况的重要指标。现在企业经营，净资产收益率较高代表了较强的生命力。如果在较高净资产收益率的情况下，又保持较高的净资产增长率，则表示企业未来发展更加强劲。其计算公式为

净资产增长率＝[（期末净资产－期初净资产）÷期初净资产]×100%

三、安定力

安定力是测试企业的经营基础是否稳固、企业财务结构是否合理、偿债能力是否具备的标准，由 4 个指标构成，分别是流动比率、速动比率、固定资产长期适配率和资产负债率。

1. 流动比率

流动比率是流动资产与流动负债的比率，用来衡量企业流动资产在短期债务到期以前，可以变为现金用于偿还负债的能力。一般说来，比率越高，说明企业资产的变现能力越强，短期偿债能力亦越强；反之则弱。一般认为流动比率应在 2∶1 以上，如流动比率为 2∶1 时，表示流动资产是流动负债的两倍，即使流动资产有一半在短期内不能变现，也能保证全部的流动负债得到偿还。其计算公式为

流动比率＝流动资产合计÷流动负债合计×100%

但应注意的是，流动比率高的企业并不一定偿还短期债务的能力就很强，因为流动资产之中虽然现金、有价证券、应收账款变现能力很强，但是存货、待摊费用等也属于流动资产的项目则变现时间较长，特别是存货很可能发生积压、滞销、残次、冷背等情况，流动性较差。

2. 速动比率

速动比率是衡量企业流动资产中可以立即变现用于偿还流动负债的能力。速动比率相对流动比率而言，扣除了一些流动性非常差的资产，如待摊费用，这种资产其实根本就不可能用来偿还债务；另外，考虑存货的毁损、所有权、现值等因素，其变现价值可能与账面价值的差别非常大，因此，将存货也从流动比率中扣除。这样的结果是，速动比率非常苛刻地反映了一个单位能够立即还债的能力和水平。

速动比率同流动比率一样，反映的都是单位资产的流动性及快速偿还到期负债的能力和水平。一般而言，流动比率是 2，速动比率为 1。但是实务分析中，该比率往往在不同的行业差别非常大。其计算公式为

速动比率＝速动资产÷流动负债×100%

式中，速动资产是指流动资产中可以立即变现的那部分资产，如现金、有价证券、应收账款及预付账款。在企业模拟中，速动资产＝流动资产－在制品－产成品－原材料。

3. 固定资产长期适配率

固定资产长期资产适合率＝（所有者权益总额＋长期负债总额）÷（固定资产总额＋长期投资总额）×100%

该比率从企业资源配置结构方面反映了企业的偿债能力。其作用有：

1）长期资产适配率从企业长期资产与长期资本的平衡性与协调性的角度出发，反映了企业财务结构的稳定程度和财务风险的大小。

2）该指标在充分反映企业偿债能力的同时，也反映了企业资金使用的合理性，分

析企业是否存在盲目投资、长期资产挤占流动资金或负债使用不充分等问题，有利于加强企业的内部管理和外部监督。

3）从维护企业财务结构稳定和长期安全性角度出发，该指标数值较高，但过高也会带来融资成本增加的问题，理论上认为该指标≥100%较好，因此，该指标究竟多高合适，应根据企业的具体情况，参照行业平均水平确定。

4. 资产负债率

资产负债率是评价公司负债水平的综合指标，同时也是一项衡量公司利用债权人资金进行经营活动能力的指标，反映债权人发放贷款的安全程度。这一比率越低（50%以下），表明企业的偿债能力越强；如果资产负债比率达到100%或超过100%，说明公司已经没有净资产或资不抵债。

这个比率对于债权人来说越低越好。因为公司的所有者（股东）一般只承担有限责任，而一旦公司破产清算时，资产变现所得很可能低于其账面价值。所以，如果此指标过高，债权人可能遭受损失。当资产负债率大于100%，表明公司已经资不抵债，对于债权人来说风险非常大。

事实上，对这一比率的分析，还要看站在哪一方的立场上。从债权人的立场看，债务比率越低越好，企业偿债有保证，贷款不会有太大风险；从股东的立场看，在全部资本利润率高于借款利息率时，负债比率越大越好，因为股东所得到的利润就会加大。从财务管理的角度看，在进行借入资本决策时，企业应当审时度势，全面考虑，充分估计预期的利润和增加的风险，权衡利害得失，做出正确的分析和决策。其计算公式为

资产负债率＝负债总额÷资产总额×100%

四、活动力

活动力是从企业资产的管理能力方面对企业的经营业绩进行评价，主要包括4个指标：应收账款周转率、存货周转率、固定资产周转率和总资产周转率。

1. 应收账款周转率（周转天数）

公司的应收账款在流动资产中具有举足轻重的地位。公司的应收账款如能及时收回，公司的资金使用效率便能大幅提高。应收账款周转率就是反映公司应收账款周转速度的比率。它说明一定期间内公司应收账款转为现金的平均次数。用时间表示的应收账款周转速度为应收账款周转天数，也称平均应收账款回收期或平均收现期。它表示公司从获得应收账款的权利到收回款项、变成现金所需要的时间。应收账款周转率越高，说明其收回越快；反之，说明经营资金过多呆滞在应收账款上，影响正常资金周转及偿债能力。其计算公式为

应收账款周转率＝当期销售净收入÷[（期初应收账款余额＋期末应收账款余额）÷2]

应收账款周转天数＝360÷应收账款周转率

2. 存货周转率

存货周转率是企业一定时期销售成本与平均存货余额的比率。用于反映存货的周转

速度，即存货的流动性及存货资金占用量是否合理，促使企业在保证生产经营连续性的同时，提高资金的使用效率，增强企业的短期偿债能力。

存货周转率是企业营运能力分析的重要指标之一，在企业管理决策中被广泛地使用。存货周转率不仅可以用来衡量企业生产经营各环节中存货运营效率，而且还被用来评价企业的经营业绩，反映企业的绩效。存货周转率是对流动资产周转率的补充说明，通过存货周转率的计算与分析，可以测定企业一定时期内存货资产的周转速度，是反映企业购、产、销平衡效率的一种尺度。存货周转率越高，表明企业存货资产变现能力越强，存货及占用在存货上的资金周转速度越快。其计算公式为

$$存货周转率（次数）=销售成本\div平均存货余额$$

其中，

$$平均存货余额=（期初存货余额+期末存货余额）\div 2$$

$$存货周转天数=计算期天数\div存货周转率$$

3. 固定资产周转率

固定资产周转率表示在一个会计年度内，固定资产周转的次数，或表示每 1 元固定资产支持的销售收入。

固定资产周转天数表示在一个会计年度内，固定资产转换成现金平均需要的时间，即平均天数。固定资产的周转次数越多，则周转天数越短；周转次数越少，则周转天数越长。

固定资产周转率主要用于分析对厂房、设备等固定资产的利用效率，比率越高，说明利用率越高，管理水平越好。如果固定资产周转率与同行业平均水平相比偏低，则说明企业对固定资产的利用率较低，可能会影响企业的获利能力，它反映了企业资产的利用程度。其计算公式为

$$固定资产周转率=销售收入\div平均固定资产净值$$

其中，

$$固定资产平均净值=（期初固定资产净值+期末固定资产净值）\div 2$$

$$固定资产周转天数=365\div固定资产周转率$$

需注意的是，这一指标受到折旧方法和折旧年限的影响比较大，应注意其可比性问题。另外，当企业固定资产净值率过低（如因资产陈旧或过度计提折旧），或者当企业属于劳动密集型企业时，这一比率就可能没有太大的意义。

4. 总资产周转率

总资产周转率是综合评价企业全部资产的经营质量和利用效率的重要指标。通过该指标的对比分析，可以反映企业本年度及以前年度总资产的运营效率和变化，发现企业与同类企业在资产利用上的差距，促进企业挖掘潜力、积极创收、提高产品市场占有率和资产利用效率。一般情况下，该数值越高，表明企业总资产周转速度越快，销售能力越强，资产利用效率越高。其计算公式为

总资产周转率＝销售收入÷平均资产总额

其中，

平均资产总额＝（资产总额年初数＋资产总额年末数）÷2

总资产周转天数＝360÷总资产周转率

五、生产力

生产力分析就是对企业为维持其永续生存，从事生产活动所创造的附加价值的大小进行分析。生产力的高低可用以显示企业经营效率的优劣，并进一步反应在获利能力的大小上。常用测试生产力的指标有人均利润和人均销售收入。

1. 人均利润

人均利润指标衡量人力投入与利润之间的关系。指标越大越好。其计算公式为

人均利润＝利润总额÷平均从业人员

其中，

平均从业人员＝（期初从业人员＋期末从业人员）÷2

2. 人均销售收入

人均销售收入指标衡量人力投入与销售收入之间的关系。指标数值越大越好。其计算公式为

人均销售收入＝销售收入÷平均从业人员

其中，

平均从业人员＝（期初从业人员＋期末从业人员）÷2

由于生产力与获利能力在一定程度上有很大关联，且生产力分析所使用的资料很难为公司外面的人员所取得，因此投资者如果重视了获利能力分析，也就可以对生产力做简要分析或干脆略去。

想一想

1）假如你是企业的 CEO，你应该如何让团队更加团结一致，发挥团队最大的优势？
2）假如你是企业的财务总监，你应该做好哪些方面的工作？
3）假如你是企业的生产总监，你应该做好哪些方面的工作？
4）假如你是企业的采购总监，你应该做好哪些方面的工作？

第五节 创业精神

现在你应该已经充分了解企业经营并找到赚钱的方法了。无论你是身在公司中的什么层级，你都应该可以从一个商贩的视角审视整个公司的业务，并努力理解它内在的复杂性，评估公司的赢利能力。

作为企业的管理者或领导者，应该了解如何利用自身的商业智慧，在保证现金净流

入、资产收益率、业务增长和顾客利润的同时改进业务；如何激发每位员工的聪明才智来完成公司的目标。领导者应该把自己的工作重点与公司全局相衔接，财务人员可以提供及时准确的信息来支持多方面的决策，如是否需要增加产能、如何调整价格策略以获得更大的利润等。财务人员还可以帮助分析那些最有增长前景的业务机会。

不管怎么说，如果每个岗位角色上的员工，只将自己的专业发挥得淋漓尽致，而忽视公司业务的整体性，那是还不如街上的小贩，至少不是一名合格的商人。所以，作为公司的员工，你的视野不仅局限于某一个部门，而应该扩展到整个公司。

或许，你提出的一个创意将可能给公司开辟出一个新的领域。例如，在福特公司，电子商务就在其原材和服务市场中发挥了四两拨千斤的作用。福特公司可以在一两个小时内完成从向供应商下订单完成订货的全过程，从而平均节省20%～30%的成本。

或许，你还可以协助其他部门重构一个全新的问题，并找出那些背后的因果条件，然后一一验证它们。如何重构一个问题呢？例如说你为一定生产消费类电子产品的公司工作，有人提出必须削减某一个特定产品的成本。凭着商人的直觉，你会问，顾客的哪些需求没有得到满足？如果满足这些需求，会不会使这个产品产生更多价值，并且扩大它的市场需求？如果确定是这样，我们的产能是不是要做出相应的调整？顾客是不是对产品的一些特性不感兴趣，这样我们就能去掉这些特性来降低成本？总之，你应该扩大选择的范围，使之符合现金净流入的准则。

想一想

请认真思考，并回答以下几个方面的问题，尝试从中找到企业盈利应该注意的地方。

1）这几年的经营中，你应该更加了解公司面临的挑战：

① 你公司去年的销售业绩如何？

② 你公司的销售业绩是呈增长态势还是不断下降，或者停滞不前？对此你有什么看法？

③ 你公司的利润率是多少？它是增长、下降还是持平？

④ 你公司的利润率和竞争对手相比如何？和其他领域的公司相比呢？

⑤ 你的公司存货周转率和资金周转率是否了解过？

⑥ 你公司的资产收益率是多少？如果你已经知道利润率和周转率，就可以用以下公式来计算：

资产收益率＝利润率×周转率

⑦ 你公司的现金净流入是不断增长还是下降的？是什么原因造成的？

⑧ 你公司在竞争中不断扩大市场份额，还是萎缩市场份额？

2）发现可以为公司带来赢利能力的因素：

① 公司所处在的行业中产能是否存在过剩？

② 公司所处在的这个行业是否正处于整合之中？

③ 公司的业务是否面临激烈的价格竞争？

④ 公司的业务是否面临新的竞争对手？

3）如何才能齐心协力，成为真正的事业合伙人：

① 大家的各种想法和信息能够公开和自由地交流吗？

② 团队重大决策的速度如何？决策的质量怎样？

③ 团队做出的决策是否被坚持执行，还是经常重新考量和重复工作？

④ 团队的会议是充满建设性并使人振奋，还是缺乏建设性、令人乏味？

又一个6年的经营，你们的团队是否比之前更进一步了，或是还没有找到最佳的协作状态？请利用表3-43所示的评价表，进行团队之间的相互评价。

表3-43 岗位考核评价表

岗位	考核项目	考评标准	自评价分	团队评价
总经理	运营记录	台账正确、及时、完整		
	目标制定与达成	经营目标制定与业绩达成相一致		
	流程控制	保证企业经营流程顺畅		
	管理授权与考评	授权合理，分配合理		
	能力建设与团队管理	注重人员能力提升，团队协作高效		
财务总监	运营记录	台账正确、及时、完整		
	现金预算与计划执行	制订与经营方案一致的详细资金计划		
	财务报告	准确、及时		
	融资管理	融资方式合理、节省费用		
	企业资金收入与支出	正确计算并支付各项费用、及时收款		
采购总监	运营记录	台账正确、及时、完整		
	采购计划制定	制定与生产计划适配的采购计划		
	采购计划执行管理	及时订购材料、收料付款		
	保证物料供应	保证生产所需物料供应		
	原料库存管理	每季度零库存		
生产总监	运营记录	台账正确、及时、完整		
	生产计划制订与执行	开工计划及执行，保证供货		
	产能计算	及时提供正确的产能数据		
	产品研发与设备投资	投资时机把握，投资过程管理		
	生产成本控制	正确核算生产成本		
营销总监	运营记录	台账正确、及时、完整		
	市场分析与销售预测	分析报告、销售计划与执行		
	广告投放	广告投放合理		
	按时交货给客户	按时交货		
	应收账款管理	及时催应收账款		

第四章 大赛规则精选

学习目标

- 了解企业经营大赛规则，拓宽自己的视野。
- 认真解读企业经营大赛规则，体会各项规则的含义。
- 对比不同年度的大赛规则，探究不同规则对经营策略产生的影响。

第一节 2014 年广东省沙盘模拟经营大赛规则

一、参赛队

每支参赛队 5 名队员，分工如下：

总经理、财务总监、营销总监、采购总监、生产总监。

注意：

1）带队老师不允许入场。

2）赛场期间，所有参赛队员不得携带任何资料、手机等其他通信工具、拷贝设备等入场，电脑仅限于作为创业者运行平台，可以自制一些工具，但不得登录 Internet 与外界联系，否则取消参赛资格。草稿纸由赛场统一发放。

3）每个代表队只允许有一台电脑连接服务器。

4）比赛时间以本赛区所用服务器时间为准。

二、运行方式及监督

本次大赛采用创业者电子沙盘（以下简称“创业者”）与实物沙盘相结合的方式运作企业，所有运作必须在“创业者”模拟平台上记录，手工沙盘只作为辅助运作工具。

考虑到商业情报的获取，每年运行完成后，必须按照当年年末结束状态，将运作结果摆在手工沙盘上，以便现场各队收集情报用，中间过程不需要摆盘面。

主办学校每组提供至少一台台式机电脑，作为创业者运行平台，比赛过程中，学生端启动录屏文件，用于全程录制经营过程，建议每一年经营录制为一个独立的文件。一旦发生问题，以录屏结果为证，裁决争议。如果未进行录屏，按系统的实际运行状态执行，并服从裁判判决。

大赛设裁判组，负责大赛中所有比赛过程的监督和争议裁决。

三、企业运营流程

企业运营流程须按照经营记录表中列示的流程严格执行。CEO 按照经营记录表中指示的顺序发布执行指令，每项任务完成后，CEO 须在任务后对应的方格中打钩。

每年经营结束后，各参赛队需提交纸质综合费用明细表、利润表和资产负债表。

四、竞赛规则

1. 生产线

生产线规则如表4-1所示。

表4-1 生产线规则

生产线	购置费/W	安装周期/Q	生产周期/Q	总转产费/W	转产周期/Q	维修费/（W/年）	残值/W
手工线	5	无	2	0	无	1	1
自动线	15	3	1	2	1	2	3
柔性线	20	4	1	0	无	2	4

1）不论何时出售生产线，从生产线净值中取出相当于残值的部分计入现金，净值与残值之差计入损失。

2）只有空的并且已经建成的生产线方可转产。

3）当年建成的生产线、转产中生产线都要交维修费。

2. 折旧（平均年限法）

生产线折旧规则如表4-2所示。

表4-2 生产线折旧规则

生产线	购置费/W	残值/W	建成第1年/W	建成第2年/W	建成第3年/W	建成第4年/W	建成第5年/W
手工线	5	1	0	1	1	1	1
自动线	15	3	0	3	3	3	3
柔性线	20	4	0	4	4	4	4

当年建成生产线当年不提折旧，当净值等于残值时生产线不再计提折旧，但可以继续使用。生产线投资的最后一个季度仍然记为在建工程。

3. 融资

融资规则如表4-3所示。

表4-3 融资规则

贷款类型	贷款时间	贷款额度	年息	还款方式
长期贷款	每年年初	所有长贷和短贷之和不能超过上年权益的3倍	10%	年初付息，到期还本；每次贷款为10W的倍数
短期贷款	每季度初		5%	到期一次还本付息；每次贷款为20W的倍数
资金贴现	任何时间	视应收账款额	10%（1Q，2Q） 12.5%（3Q，4Q）	变现时贴息，可对1，2Q应收联合贴现（3，4Q同理）
库存拍卖	原材料八折，成品按成本价			

1）长、短期贷款的总额度为上一年所有者权益的 3 倍（向下取整，如上一年权益为 58，则可贷款总额度为 58×3＝174，但只可借 170W），长期贷款必须按 10W 的倍数申请，短期贷款必须按 20W 的倍数申请。

2）长期贷款可贷 1～5 年（整数年），每年年初支付利息，到期还本。短期贷款期限为一年，到期连本带利一起归还。如果当季有贷款需要归还，同时还拥有贷款额度时，必须先归还到期的贷款，才能申请新贷款，不能以新贷还旧贷（续贷）。

3）所有的贷款不允许提前还款。结束年时，不要求归还没有到期的各类贷款。

4）企业间不允许私自融资，只允许企业向银行贷款，银行不提供高利贷。

例如，某组第 1 年年初借了 5 年期长贷 90W，第 1 年第 2 季度借了 20W 的短期贷款，第 1 年结束后所有者权益为 55。则第 2 年年初可以申请的长贷最大额度为 55×3＝165（但只能借 160W）160－90－20＝50W，第 2 年第 2 季度连本带利归还银行短期贷款 20×105%＝21W 后，仍可向银行借 20W 的短期贷款（160－90－50＝20W）。

4. 厂房

厂房购买与租赁规则如表 4-4 所示。

表 4-4　厂房购买与租赁规则

厂房	购买价/W	租金/（W/年）	售价/W	容量/条	
大厂房	40	5	40	6	厂房出售得到 4 个账期的应收账款，紧急情况下可厂房贴现（4 季贴现），直接得到现金，如厂房中有生产线，同时要扣租金
小厂房	30	3	30	4	

每季均可租或买，租满一年的厂房在满年的季度（如第 2 季租的，则在以后各年第 2 季为满年，可进行处理），需要用“厂房处置”进行“租转买”“退租”（当厂房中没有任何生产线时）等处理，如果未加处理，则原来租用的厂房在满年季末自动续租；厂房不计提折旧；生产线不允许在不同厂房间移动，最多只能使用一大一小两个厂房。

5. 市场准入

市场准入规则如表 4-5 所示。

表 4-5　市场准入规则

市场	开发费/（W/年）	时间/年	
本地	1	1	开发费用按开发时间在年末平均支付，不允许加速投资。可中断投资。 市场开发完成后，领取相应的市场准入证
区域	1	1	
国内	1	2	
亚洲	1	3	
国际	1	4	

市场开拓，只有在第 4 季度可以操作。

6. ISO 资格认证

ISO 资格认证规则如表 4-6 所示。

表 4-6 ISO 资格认证规则

认证	ISO9000	ISO14000	平均支付，认证完成后可以领取相应的 ISO 资格证。可中断投资
认证时间/年	2	3	
认证费用（W/年）	1	1	

某些订单会有 ISO9000 资格认证要求，如果没有此资格则不能选取。ISO 认证只有在第 4 季度可以操作。

7. 产品研发

产品研发规则如表 4-7 所示。

表 4-7 产品研发规则

名称	开发费用/（W/Q）	开发周期/Q	加工费/（W/个）	直接成本/（W/个）	产品组成
P1	1	2	1	2	R1
P2	1	3	1	3	R1＋R2
P3	1	4	1	4	R1＋R3＋R4
P4	1	5	1	5	R2＋R3＋2R4

8. 原料

原料采购规则如表 4-8 所示。

表 4-8 原料采购规则

名称	购买价格/（W/个）	提前期/Q
R1	1	1
R2	1	1
R3	1	2
R4	1	2

9. 紧急采购

1）付款即到货，原材料价格为直接成本的 2 倍，成品价格为直接成本的 3 倍。

2）紧急采购原材料和产品时，直接扣除现金。上报报表时，成本仍然按照标准成本记录，紧急采购多付出的成本计入费用表损失项。

10. 选单规则

以本市场本产品广告额投放大小顺序依次选单；如果两队本市场本产品广告额相同，则看本市场广告投放总额；如果本市场广告总额也相同，则看上年市场销售排名；

如仍无法决定，先投广告者先选单。第 1 年无订单。

注意：

1）必须在倒计时大于 10 秒时选单，出现确认框要在 3 秒内按下确认按钮，否则可能造成选单无效。

2）在某细分市场（如本地 P1）投 1W 广告有一次选单机会，每多 2W 增加一次选单机会。

3）在某细分市场（如本地 P1）有多次选单机会，只要放弃一次，则视同放弃该细分市场所有选单机会。

4）投广告，只规定最晚时间，没有最早时间。即当年结束后可以马上投广告。

5）无市场老大。

11. 竞单会（竞标）（系统一次放三张订单同时竞标，并显示所有订单）

第 3、5 年选单结束后召开竞单会。

事先公布竞单明细，竞单需求量不包括在市场预测中。

参与竞标的订单标明了订单编号、市场、产品、数量、ISO 要求等，而总价、交货期、账期 3 项为空。竞标订单的相关要求说明如下：

（1）投标资质

1）参与投标的公司需要有相应市场、ISO 认证的资质，但不必有生产资格。

2）中标的公司需为该单支付 1W 标书费，计入广告费。

3）如果已竞得单数＋本次同时竞单数（即 3）＞现金余额，则不能再竞。即必须有一定现金库存作为保证金。例：某队库存现金为 3W，当年已经竞得 2 张订单，扣除了 2W 标书费，还剩余 1W 库存现金，则不能继续参与竞单，因为万一再竞得 3 张，1W 库存现金不足支付标书费。即便只再竞拍 1 张订单，也是不允许的。

（2）投标

参与投标的公司须根据所投标的订单，在系统规定时间（90 秒，以倒计时秒形式显示）填写总价、交货期、账期 3 项内容，确认后由系统按照：

$$得分=100+(5-交货期)\times4+应收账期-总价$$

得分最高者中标。如果计算分数相同，则先提交者中标。

注意：

1）总价不能低于（可以等于）成本价，也不能高于（可以等于）成本价的 3 倍，且只能是整数；

例：竞拍 2 个 P1（2 个 P1 成本价为 4W），4W≤各队报的总价≤12W。

2）必须为竞单留足时间，如在倒计时小于等于 10 秒再提交，可能无效。

3）竞单中有意外，请立即告知裁判，裁判会暂停倒计时。

表 4-9 所示是第 3 年竞拍会拍单列表。

表 4-9　第 3 年竞拍会拍单列表

ID	订单编号	市场	产品	数量/个	ISO	状态	得单用户	总价/W	交费期/Q	账期/Q
1	3J01	本地	P1	2		设置竞价				
2	3J02	本地	P2	3		设置竞价				
3	3J03	本地	P3	2		设置竞价				
4	3J04	本地	P4	1		等待				
5	3J05	区域	P1	3		等待				
6	3J06	区域	P2	4	9K	等待				
7	3J07	区域	P3	1		等待				
8	3J08	区域	P4	3	9K	等待				
9	3J09	国内	P1	4	9K	等待				
10	3J10	国内	P2	2	9K	等待				
11	3J11	国内	P3	3	9K	等待				
12	3J12	国内	P4	2		等待				

每次竞拍 3 张订单，各组要在 90 秒内为这 3 张单同时报价，界面如图 4-1 所示。

竞拍会竞价设置	
订单号	3J01
所属市场	本地
产品名称	P1
产品数量	2
ISO要求	
竞拍总价	7 W(价格范围:4~12W)
交货期	1季　2季　3季　4季
账期	现金　1季　2季　3季　4季
确认信息	

图 4-1　竞拍界面

需要填写的内容包含竞拍总价（在规定范围内）、交货期（1 季、2 季、3 季、4 季）、应收账款账期（现金、1 季、2 季、3 季、4 季）提交后系统会自动计算分数，如果两组得分相同，则先提交竞价的组获得该订单。

表 4-10 为第 4 年竞拍会拍单列表。

表 4-10　第 4 年竞拍会拍单列表

ID	订单编号	市场	产品	数量/个	ISO	状态	得单用户	总价/W	交货期/Q	账期/Q
1	4J01	本地	P1	2		完成	U05	8	4	0
↑本用户订单出价								12	4	0
2	4J02	本地	P1	1		完成				
3	4J03	本地	P2	3		完成	U01	27	4	0
↑本用户订单出价								27	4	0

说明：

1）表 4-10 中第 1 张竞拍订单（4J01，2 个 P1）U01 组出价为总价 12W，交货期 4 季，账期为 0（即现金交易），U05 组出价为总价 8W，交货期 4Q，账期为 0（即现金交易），所以 U05 中标。

2）第 2 张竞拍订单（4J02，1 个 P1）没有组出价，所以流拍，这张订单将被视为所有组均放弃。

3）第 3 张竞拍订单（4J03，3 个 P2）U01 组出价为总价 27W，交货期 4Q，账期为 0（即现金交易），U01 中标。

每组都只能看到自己的出价及最后中标组的报价，其余未中标组的价格看不到。

12. 订单

本次比赛订单交货期有 1Q、4Q 两种，其中交货期 1Q 的需求量不超过总需求量的 20%。交货期为 1Q 的订单要求当年第 1 季度必须交货，过期视为违约，订单收回，年末扣除违约金；交货期为 4Q 的订单要求当年内必须交货，过期视为违约，订单收回，年末扣除违约金。违约订单则无须交货，应收账款账期从交货季开始算起。例：某张订单交货期为 1Q，应收账款账期为 2Q，则在当年第 1 季度交货后，应收账款将于当年第 3 季度到账。

13. 取整规则

1）违约金扣除，向下取整。
2）库存拍卖所得现金，向下取整。
3）贴现费用，向上取整。
4）扣税，向下取整。

14. 特殊费用项目

库存折价拍卖、生产线变卖、紧急采购、订单违约操作计入其他损失。

15. 重要参数

比赛当天给出。
市场预测当天给出。

16. 竞赛排名

比赛结果以参加比赛各队的第 6 年结束后的最终权益进行评判，分数高者为优胜。

如果出现最终权益相等的情况，则参照各队第 6 年结束后的最终盘面计算盘面加分值，加分值高的队排名在前。加分值只限于所有者权益相等时排名之用，不记入最终权益的计算。如果加分值仍相等，则比较第 6 年净利润，高者排名靠前，如果依旧相等，则先完成第 6 年经营的组排名在前。

破产队伍按破产时间计算排名，先破产队伍排名靠后。

加分值为下列各项得分分数之和。加分项如下：

大厂房：20 分；小厂房：15 分；

手工线：5 分；全自动线：8 分；柔性线：10 分；

P1、P2、P3、P4 生产资格：各 10 分；

本地、区域、国内、亚洲、国际市场准入：各 10 分；

ISO9000、ISO14000 认证：各 10 分。

17. 罚分规则

（1）运行超时扣分

运行超时有两种情况：一是指不能在规定时间完成广告投放（广告可以提前投放）；二是指不能在规定时间完成当年经营（以点击系统中“当年结束”按钮并确认为准）。

处罚：按总分 2 权益/次计算罚分，超时最多不能超过 10 分钟。如果到 10 分钟后还不能完成相应的运行，将取消其参赛资格。

（2）报表错误扣分

必须按规定时间上报报表，且必须是账实相符，如果上交的报表与系统自动生成的报表对照有误，在总得分中扣罚 1 权益/次，并以系统提供的报表为准修订。

注意：对上交报表时间有规定，延误交报表即视为错误一次。由运营超时引发延误交报表视同报表错误并扣分。

（3）盘面不实扣分

考虑到商业情报的获取，每年运行完成后，必须按照当年末结束状态，将运作结果摆在手工沙盘上，以便现场各队收集情报用。各队可向他队参赛队员提问（被问者要如实回答）。如果盘面与报表不符，裁判有权酌情扣分，接受举报，但对不实举报裁判有权酌情扣分。

（4）其他违规扣分

在运行过程中下列情况属违规：

① 对裁判正确的判罚不服从；

② 在比赛期间擅自到其他赛场走动；

③ 指导教师擅自进入比赛现场；

④ 其他严重影响比赛正常进行的活动。

如有以上行为者，视情节轻重，扣除该队总得分的 5～20 权益。

所有扣分均在第 6 年结束后扣除。

18. 破产处理

当参赛队权益为负（指当年结束系统生成生成资产负债表时为负）或现金断流时（权益和现金可以为零），企业破产。

参赛队破产后，可由裁判视情况适当增资后继续经营。

为了确保破产队不致过多影响比赛的正常进行，限制破产队每年投放的广告总数不能超过 6W，并不能参加竞拍。

19. 关于摆盘和巡盘

本次大赛过程中使用物理沙盘摆盘，只需要摆出当年结束状态，中间过程不要求。本次摆盘要求摆出厂房、生产线（含在制品）、生产线净值、在建工程、现金、应收账款（包括金额与账期）、长短贷、原料库存、原料订单、产成品库存、各种资格、各类费用；年末由裁判统一发令，可观看对手的物理盘面和电子盘面，不得向对手询问摆盘信息之外的其他信息。巡盘期间至少留一人在本组，不允许操作对手电脑。巡盘过程中不允许拍照，否则取消比赛资格。

注意：

1）现金及应收账款——在空白纸片手工填写金额，贴在相应位置。

2）贷款——在空白纸片上填写金额，放在相应位置，一个空桶代表 20W。

3）原料及产品库存——在空白纸上填写数量，放在仓库。

4）在建工程——将投资金额放在生产线上（背面朝上），在生产线上手工标出所生产产品。

5）生产线净值——填写空白卡片，放净值处摆放。

6）在制品——手工填写空白卡片放置于生产线相应生产周期处。

7）各类资格——投入完成摆上相应资格卡片，未完成的摆放已经投入累计金额。

8）各类费用——用沙盘道具或在空白纸上手工填写金额摆放。

9）各队自行准备空白纸片（建议用便签条）。

企业经营大赛裁判组对以上规则享有最终解释权。

第二节　2015 年广东省沙盘模拟经营大赛规则

一、参赛队

每支参赛队 5 名队员，分工如下：
总经理、财务总监、营销总监、采购总监、生产总监。

注意：

1）带队老师不允许入场。

2）赛场期间，所有参赛队员不得携带任何资料、手机等其他通信工具、拷贝设备等入场，电脑仅限于作为创业者运行平台，可以自制一些工具，但不得登录 Internet 与外界联系，否则取消参赛资格。草稿纸由赛场统一发放。

3）每个代表队只允许有一台电脑连接服务器。

4）比赛时间以本赛区所用服务器时间为准。

二、运行方式及监督

本次大赛采用创业者电子沙盘（以下简称“创业者”）与实物沙盘相结合的方式运作企业，所有运作必须在“创业者”模拟平台上记录，手工沙盘只作为辅助运作工具。每一年的经营时间预计为 1 小时左右，看盘时间预计 10 分钟，投广告时间预计 10 分钟，具体时长视具体情况由裁判做调整。

考虑到商业情报的获取，每年运行完成后，必须按照当年末结束状态，将运作结果摆在手工沙盘上，以便现场各队收集情报用，中间过程不需要摆盘面。

主办学校每组提供至少一台台式机电脑，作为创业者运行平台，解开系统保护，禁止 USB 接口，并安装录屏软件，以及 Excel 2007。创业者电子沙盘的操作说明可以在 http://enterprise.135e.com 下载，录屏软件使用 webex-wrf 格式文件录制播放器，比赛过程中，学生端启动录屏文件，用于全程录制经营过程，建议每一年经营录制为一个独立的文件。一旦发生问题，以录屏结果为证，裁决争议。如果未进行录屏，按系统的实际运行状态执行，并服从裁判判决。

大赛设裁判组，负责大赛中所有比赛过程的监督和争议裁决。

三、企业运营流程

企业运营流程须按照经营记录表中列示的流程严格执行。CEO 按照经营记录表中指示的顺序发布执行指令，每项任务完成后，CEO 须在任务后对应的方格中打钩。

每年经营结束后，各参赛队需提交纸质综合费用明细表、利润表和资产负债表，不需要提交经营记录表。（见附录）

四、竞赛规则

1. 生产线

生产线规则如表 4-11 所示。

表 4-11　生产线规则

生产线	购置费/W	安装周期/Q	生产周期/Q	总转产费/W	转产周期/Q	维修费/（W/年）	残值/W
手工线	3	无	2	0	无	1	1
自动线	15	3	1	2	1	2	3
柔性线	20	4	1	0	无	2	4

1）购置费按安装周期平均支付，投资完最后一个周期的下一季度才可使用，可以中途停止投资，但不能收回已投资金；无安装周期表示即买即用。

2）只有空的并且已经建成的生产线才可以出售，不论何时出售生产线，从生产线净值中取出相当于残值的部分计入现金，净值与残值之差计入损失。

3）只有空的并且已经建成的生产线方可转产。

4）当年建成的生产线、转产中生产线都要交维修费；如果第 4 季度是安装周期的最后一个季度，则本年结束时该生产线仍为在建工程，下一年才是建成第 1 年。

5）生产线不允许在不同厂房移动。

2. 折旧（平均年限法）

生产线折旧规则如表 4-12 所示。

表 4-12 生产线折旧规则

生产线	购置费/W	残值/W	建成第 1 年/W	建成第 2 年/W	建成第 3 年/W	建成第 4 年/W	建成第 5 年/W
手工线	3	1	0	1	1	0	0
自动线	15	3	0	3	3	3	3
柔性线	20	4	0	4	4	4	4

当年建成生产线当年不提折旧，当净值等于残值时生产线不再计提折旧，但可以继续使用。

3. 融资

融资规则如表 4-13 所示。

表 4-13 融资规则

贷款类型	贷款时间	贷款额度	年息	还款方式
长期贷款	每年年初	所有长贷和短贷之和不能超过上年权益的 3 倍	10%	年初付息，到期还本；每次贷款为 10W 的倍数
短期贷款	每季度初		5%	到期一次还本付息；每次贷款为 20W 的倍数
资金贴现	任何时间	视应收账款额	10%（1Q，2Q） 12.5%（3Q，4Q）	变现时贴息，可对 1Q，2Q 应收联合贴现（3Q，4Q 同理）
库存拍卖	原材料八折，成品按成本价			

规则说明：

1）长、短期贷款的总额度为上一年所有者权益的 3 倍（向下取整，例：上一年权益为 58，则可贷款总额度为 58×3＝174，但只可借 170W），长期贷款必须按 10W 的倍数申请，短期贷款必须按 20W 的倍数申请。

2）长期贷款可贷 1～5 年（整数年），每年年初支付利息，到期还本。短期贷款期限为一年，到期连本带利一起归还。如果当季有贷款需要归还，同时还拥有贷款额度时，必须先归还到期的贷款，才能申请新贷款，不能以新贷还旧贷（续贷）。

3）所有的贷款不允许提前还款。结束年时，不要求归还没有到期的各类贷款。

4）企业间不允许私自融资，只允许企业向银行贷款，银行不提供高利贷。

例如，某组第 1 年年初借了 5 年期长贷 90W，第 1 年第 2 季度借了 20W 的短期贷款，第 1 年结束后所有者权益为 55W。则第 2 年年初可以申请的长贷最大额度为 55×3＝

165（但只能借 160W）160－90－20＝50W，第 2 年第 2 季度连本带利归还银行短期贷款 20×105%＝21W 后，仍可向银行借 20W（160－90－50＝20W）的短期贷款。

4. 厂房

厂房购买规则如表 4-14 所示。

表 4-14　厂房购买规则

<table>
<tr><td>厂房</td><td>购买价/W</td><td>租金/（W/年）</td><td>售价/W</td><td>容量/条</td><td rowspan="3">厂房出售得到 4 个账期的应收账款，紧急情况下可厂房贴现（4 季贴现），直接得到现金，如厂房中有生产线，同时要扣租金</td></tr>
<tr><td>大厂房</td><td>40</td><td>5</td><td>40</td><td>6</td></tr>
<tr><td>小厂房</td><td>30</td><td>3</td><td>30</td><td>4</td></tr>
</table>

每季度均可租或买，租满一年的厂房在满年的季度（如第 2 季度租的，则在以后各年第 2 季度为满年，可进行处理）需要用“厂房处置”进行“租转买”“退租”（当厂房中没有任何生产线时）等处理，如果未加处理，则原来租用的厂房在满年季末自动续租；厂房不计提折旧；生产线不允许在不同厂房间移动。最多只能使用一大一小两个厂房。

5. 市场准入

市场准入规则如表 4-15 所示。

表 4-15　市场准入规则

<table>
<tr><td>市场</td><td>开发费/（W/年）</td><td>时间/年</td><td rowspan="6">开发费用按开发时间在年末平均支付，不允许加速投资。可中断投资。
市场开发完成后，领取相应的市场准入证</td></tr>
<tr><td>本地</td><td>1</td><td>1</td></tr>
<tr><td>区域</td><td>1</td><td>1</td></tr>
<tr><td>国内</td><td>1</td><td>2</td></tr>
<tr><td>亚洲</td><td>1</td><td>3</td></tr>
<tr><td>国际</td><td>1</td><td>4</td></tr>
</table>

市场开拓，只有在第 4 季度可以操作。

6. ISO 资格认证

ISO 资格认证规则如表 4-16 所示。

表 4-16　ISO 资格认证规则

<table>
<tr><td>认证</td><td>ISO9000</td><td>ISO14000</td><td rowspan="3">平均支付，认证完成后可以领取相应的 ISO 资格证。可中断投资</td></tr>
<tr><td>认证时间/年</td><td>2</td><td>3</td></tr>
<tr><td>认证费用/（W/年）</td><td>1</td><td>1</td></tr>
</table>

某些订单会有 ISO9000 要求，如果没有此资格则不能选取。ISO 认证，只有在第 4 季度可以操作。

7. 产品研发

产品研发规则如表 4-17 所示。

表 4-17 产品研发规则

名称	开发费用/（W/季）	开发周期/Q	加工费/（W/个）	直接成本/（W/个）	产品组成
P1	1	2	1	2	R1
P2	1	4	1	3	R1＋R2
P3	1	6	1	4	R1＋R3＋R4
P4	1	6	1	5	R2＋R3＋2R4

8. 原料

原料购买规则如表 4-18 所示。

表 4-18 原料购买规则

名称	购买价格/（W/个）	提前期/Q
R1	1	1
R2	1	1
R3	1	2
R4	1	2

9. 紧急采购

1）付款即到货，原材料价格为直接成本的 2 倍，成品价格为直接成本的 3 倍。

2）紧急采购原材料和产品时，直接扣除现金。填写报表时，成本仍然按照标准成本记录，紧急采购多付出的成本计入费用表损失项。

10. 选单规则

以本市场本产品广告额投放大小顺序依次选单；如果两队本市场本产品广告额相同，则看本市场广告投放总额；如果本市场广告总额也相同，则看上年市场销售排名；如仍无法决定，先投广告者先选单。第 1 年无订单。

注意：

1）必须在倒计时大于 10 秒时选单，出现确认框要在 3 秒内按下确认按钮，否则可能造成选单无效。

2）在某细分市场（如本地 P1）投 1W 广告有一次选单机会，每多 2W 增加一次选单机会。

3）在某细分市场（如本地 P1）有多次选单机会，只要放弃一次，则视同放弃该细分市场所有选单机会。

4）投放广告，只规定最晚时间，没有最早时间。即当年结束后可以马上投广告。

5）无市场老大。

6）选单中有意外，请立即告知裁判，裁判会暂停倒计时。

11. 竞单会（竞标）（系统一次放3张订单同时竞标，并显示所有订单）

第3、4年选单结束后召开竞单会。事先公布竞单明细，竞单需求量不包括在市场预测中。

参与竞标的订单标明了订单编号、市场、产品、数量、ISO要求等，而总价、交货期、账期3项为空。竞标订单的相关要求说明如下：

（1）投标资质

参与投标的公司需要有相应市场、ISO认证的资质，但不必有生产资格。

中标的公司需为该单支付1W标书费，计入广告费。当投完广告至竞单结束前，系统不能贴现，广告前请为竞拍留足资金。

如果已竞得单数＋本次同时竞单数（即3）＞现金余额，则不能再竞。即必须有一定现金库存作为保证金。例：某队库存现金为3W，当年已经竞得2张订单，扣除了2W标书费，还剩余1W库存现金，则不能继续参与竞单，因为若再竞得3张，1W库存现金不足支付标书费。即便只再竞拍1张订单，也是不允许的。

（2）投标

参与投标的公司须根据所投标的订单，在系统规定时间（90秒，以倒计时秒形式显示）填写总价、交货期、账期3项内容，确认后由系统按照：

得分＝100＋（5－交货期）×4＋应收账期－总价

得分最高者中标。如果计算分数相同，则先提交者中标。

注意：总价不能低于（可以等于）成本价，也不能高于（可以等于）成本价的3倍，且只能是整数。

例：竞拍2个P1（2个P1成本价为4W），4W≤各队报的总价≤12W。

必须为竞单留足时间，如在倒计时小于等于10秒时再提交，可能无效。

竞单中有意外，请立即告知裁判，裁判会暂停倒计时。

表4-19所示为第3年竞拍会拍单列表（用户U13）。

表4-19　第3年竞拍会拍单列表（用户U13）

ID	订单编号	市场	产品	数量/个	ISO	状态	得单用户	总价/W	交货期/Q	账期/Q
1	3J01	本地	P1	2		设置竞价				
2	3J02	本地	P2	3		设置竞价				
3	3J03	本地	P3	2		设置竞价				
4	3J04	本地	P4	1		等待				
5	3J05	区域	P5	3		等待				
6	3J06	区域	P6	4	9K	等待				

续表

ID	订单编号	市场	产品	数量/个	ISO	状态	得单用户	总价/W	交货期/Q	账期/Q
7	3J07	区域	P7	1		等待				
8	3J08	区域	P8	3	9K	等待				
9	3J09	国内	P9	4	9K	等待				
10	3J010	国内	P10	2	9K	等待				
11	3J011	国内	P11	3	9K	等待				
12	3J012	国内	P12	2		等待				

每次竞拍 3 张订单，各组要在 90 秒内为这 3 张单同时报价，界面如图 4-2 所示。

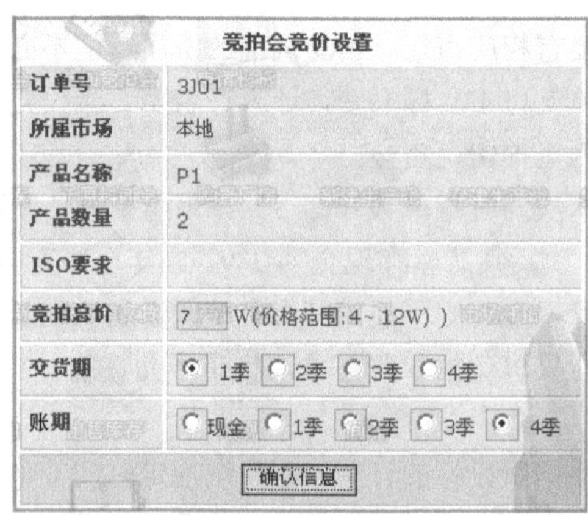

图 4-2 竞拍界面

需要填写的内容包含竞拍总价（在规定范围内）、交货期（1 季、2 季、3 季、4 季）、应收账款账期（现金、1 季、2 季、3 季、4 季）。提交后系统会自动计算分数，如果两组得分相同，则先提交竞价的组获得该订单。

表 4-20 为第 4 年竞拍会拍单列表（用户 U01）。

表 4-20 第 4 年竞拍会拍单列表（用户 U01）

ID	订单编号	市场	产品	数量/个	ISO	状态	得单用户	总价/W	交货期/Q	账期/Q
1	4J01	本地	P1	2		完成	U05	8	4	0
↑本用户订单出价								12	4	0
2	4J02	本地	P1	1		完成				
3	4J03	本地	P2	3		完成	U01	27	4	0
↑本用户订单出价								27	4	0

说明：

1）表 4-20 中第 1 张竞拍订单（4J01，2 个 P1）U01 组出价为总价 12M（M 表示货币单位：百万），交货期 4Q，账期为 0（即现金交易），U05 组出价为总价 8M，交货期 4Q，账期为 0（即现金交易），所以 U05 中标。

2）第 2 张竞拍订单（4J02，1 个 P1）没有组出价，所以流拍，这张订单将被视为所有组均放弃。

3）第 3 张竞拍订单（4J03，3 个 P2）U01 组出价为总价 27M，交货期 4Q，账期为 0（即现金交易），U01 中标。

每个组都只能看到自己的出价及最后中标组的报价，其余未中标组的价格看不到。

12. 订单

本次比赛订单交货期有 1Q、4Q 两种，其中交货期 1Q 的需求量不超过总需求量的 20%。交货期为 1Q 的订单要求当年第 1 季度必须交货，过期视为违约，订单收回，年末扣除违约金；交货期为 4Q 的订单要求当年内必须交货，过期视为违约，订单收回，年末扣除违约金。违约订单则无须交货，应收账款账期从交货季开始算起。例：某张订单交货期为 1Q，应收账款账期为 2Q，则在当年第 1 季度交货后，应收账款将于当年第 3 季度到账。

13. 取整规则

1）违约金扣除，向下取整。
2）库存拍卖所得现金，向下取整。
3）贴现费用，向上取整。
4）扣税，向下取整。

14. 特殊费用项目

库存折价拍卖、生产线变卖、紧急采购、订单违约操作计入其他损失。

15. 重要参数

比赛当天给出。
市场预测当天给出。（包括需求量及均价，以表格形式展现）

16. 竞赛排名

比赛结果以参加比赛各队的第 6 年结束后的最终权益进行评判，分数高者排名靠前。

如果出现最终权益相等的情况，则参照各队第 6 年结束后的最终盘面计算盘面加分值，加分值高的队排名在前。加分值只限于所有者权益相等时排名之用，不记入最终权益的计算。如果加分值仍相等，则比较第 6 年净利润，高者排名靠前，如果依然相等，则先完成第 6 年经营的组排名在前。

破产队伍按破产时间计算排名，先破产队伍排名靠后。

加分值为下列各项得分分数之和。加分项如下：
大厂房：20 分；小厂房：15 分；
手工线：5 分；全自动线：8 分；柔性线：10 分；
P1、P2、P3、P4 生产资格：各 10 分；
本地、区域、国内、亚洲、国际市场准入：各 10 分；
ISO9000、ISO14000 认证：各 10 分。

17. 罚分规则

（1）运行超时扣分

运行超时有两种情况：一是指不能在规定时间完成广告投放（广告可以提前投放）；二是指不能在规定时间完成当年经营（以点击系统中“当年结束”按钮并确认为准）。

处罚：按总分 1 权益/次计算罚分，超时最多不能超过 10 分钟。如果到 10 分钟后还不能完成相应的运行，将取消其参赛资格。

（2）报表错误扣分

必须按规定时间上报报表，且必须是账实相符，如果上交的报表与系统自动生成的报表对照有误，在总得分中扣罚 1 权益/次，并以系统提供的报表为准修订。

注意：对上交报表时间有规定，延误交报表即视为错误一次。由运营超时引发延误交报表视同报表错误并扣分。

（3）盘面不实扣分

考虑到商业情报的获取，每年运行完成后，必须按照当年末结束状态，将运作结果摆在手工沙盘上，以便现场各队收集情报用。各队可向他队参赛队员提问（被问者要如实回答）。如果盘面与报表不符，裁判有权酌情扣 1～5 分，接受举报，但对不实举报裁判有权酌情扣分。

（4）其他违规扣分

在运行过程中下列情况属违规：

1）对裁判正确的判罚不服从。

2）在比赛期间擅自到其他赛场走动。

3）指导教师擅自进入比赛现场。

4）其他严重影响比赛正常进行的活动。

如有以上行为者，视情节轻重，扣除该队总得分的 5～20 权益。

所有扣分均在第 6 年结束后扣除。

18. 破产处理

当参赛队权益为负（指当年结束系统生成生成资产负债表时为负）或现金断流时（权益和现金可以为零），企业破产。

参赛队破产后，可由裁判视情况适当增资后继续经营。

为了确保破产队不致过多影响比赛的正常进行，限制破产队每年投放的广告总数不能超过 6W，并不能参加竞拍。

19. 关于摆盘和巡盘

本次大赛过程中使用物理沙盘摆盘，只需要摆出当年结束状态，中间过程不要求。本次摆盘要求摆出厂房、生产线（含在制品）、生产线净值、在建工程、现金、应收账款（包括金额与账期）、长短贷、原料库存、原料订单、产成品库存、各种资格、各类费用；年末由裁判统一发令，可观看对手的物理盘面和电子盘面，但不得操作对手电脑，不得向对手询问摆盘信息之外的其他信息。巡盘期间至少留一人在本组，并打开电子盘面。巡盘过程中不允许拍照，否则取消比赛资格。

电子盘面如图 4-3 所示。

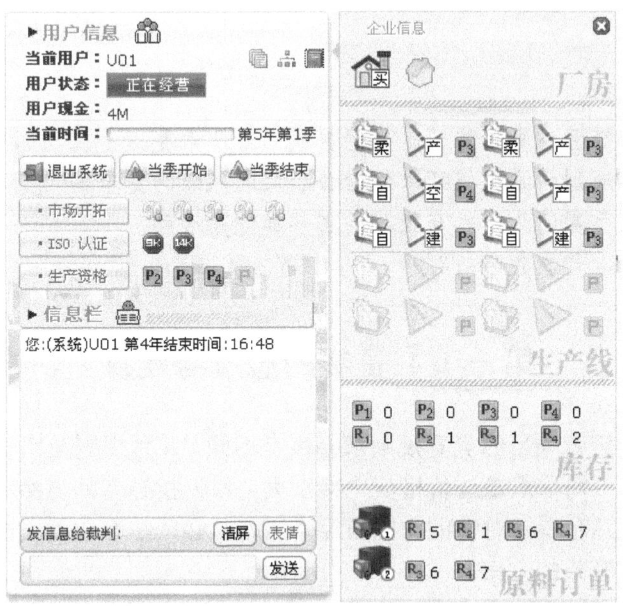

图 4-3 电子盘面

注意：

1）现金及应收账款——在空白纸片手工填写金额，贴在相应位置。

2）贷款——在空白纸片上填写金额，放在相应位置。

3）原料及产品库存——在空白纸上填写数量，放在仓库。

4）在建工程——将投资金额放在生产线上（背面朝上），并将产品标识放在生产线下方。

5）生产线净值——填写空白卡片，放净值处摆放。

6）在制品——将产品标识放置于生产线相应生产周期处。

7）各类资格——投入完成摆上相应资格卡片，未完成的摆放已经投入累计金额。

8）各类费用——在空白纸上填写金额摆放。

9）各队自行准备空白纸片（建议用细条便签条）。

20. 间谍

用户使用平台上的间谍功能，将扣除一定的现金作为信息费，计入费用表中的信息费。

企业经营大赛裁判组对以上规则享有最终解释权。

第五章　竞赛对策与实例分析

学习目标

- 理解企业经营竞赛的意义，提升自我的专业素养。
- 理解竞赛规则的运用技巧，体验企业之间残酷的竞争。
- 了解选拔参赛团队，参与指导学生参加竞赛活动。
- 了解自己，并学会分析对手。

第一节　备赛的思考与建议

因为每年企业经营项目的竞赛规则都会略有不同，并且规则在比赛前才向各参赛队公布，加之产品的市场需求量与价格变化特别大，作为指导老师与参赛学生，如何快速地做出反应，制定几套有针对性的方案与经营策略，必须在赛前就要准备好，并经过一定测试证明是比较有效的方案。

“不打无准备之仗，不打无把握之仗”，沙盘培训必须做好充分准备，方能百战不殆。这是一个不断学习，探究科学训练方法，不断积累，升华参赛队员专业能力，不断提升，拔高团队实战综合素质的过程。

一、ERP 沙盘比赛训练与团队组建

不同地区、不同学校对企业经营沙盘模拟课程的授课模式不尽相同。有的学校采用集中式授课模式，即短期培训，将课时集中在学期的某一阶段开展教学；有的学校按学期正常排课，每周分课时进行教学。无论是哪种教学模式，我们都希望挑选优秀的学生来组建比赛团队。若想取得预期的效果，我们需要认真地研究与探讨更为科学的方法。

虽然 ERP 沙盘训练及比赛充满了趣味性与挑战性，但是并不是所有学生都希望参加培训与比赛。因为训练非常艰苦与乏味，备赛时间比较长，比赛时间比其他竞赛项目要长得多，通常是两天的比赛时间，且每个比赛日都很辛苦。另外，由于比赛日程的安排与企业用人高峰期有冲突，对于参赛队员来说有时要放弃找工作的最佳时间进行培训与比赛，所以最优秀的学生也不一定是最佳的团队苗子，有时恰恰相反。赛前组织与培训包括以下方面。

1. 团队的组建

参赛团队的组建是值得研究的问题，对学生来说是一种学习和实践的过程，对于指导老师来说，是所有精力与情感的投入的过程，因为团队选错了，可能需要花更多的时

间与精力来培养，还可能带来风险。

（1）组建团队的原则

1）以自愿为基础。参加 ERP 沙盘比赛是一项艰苦的工作，赛前训练很辛苦，参赛队员需要投入大量的时间和精力。为了制定更好的方案，有时还要连续长时间地推演与检验，对于部分参赛同学来说，还可能要放弃一些就业上的选择。面对如此巨大的困难，一个具有团结和竞争性的队伍必须建立在完全自愿的基础上，只有真心热爱，积极迎接挑战，才能取得好的成绩。

2）标出框架，学生自己组队。在平时授课期间，有意识地观察并留意在 ERP 沙盘学习较好、有突出个性、掌握并运营能力较强的学生，记录学生的特点。指导老师可以让学生自己组队，因为学生之间更容易沟通，由他们自己努力构建起来的团队能产生更好的凝聚力，在培训与比赛中产生的矛盾也可以通过自己和集体的努力进行化解。

3）性别比例适当。从 2015 年开始，全国企业经营（沙盘模拟）项目竞赛规则规定每支参赛队只能有 4 名队员，每个性别人数不低于 2 人，由男女同学组成的参赛队伍，无论是团队的配合程度还是效率系数，一般优于由单一性别所组成的参赛队伍。

4）专业结构适当。ERP 沙盘训练及比赛包括了企业经营中财务、营销、生产、人力资源和各类信息数据。因此，团队成员的知识结构应涵盖一般学科的内容，如果有相应专业的学生担任对应的角色，那是最好的。

（2）确定团队成员

1）明确团队的目标和努力方向。指导老师应该向自己框架内的潜在参赛队员详细介绍该项比赛，尽可能让学生得到“底气”，让学生清楚参加比赛需要付出什么，以及会得到什么样的收获，让学生有充分的选择性。有热度才能释放激情，有激情才能全力以赴，全身心地投入，才能取得好成绩。

2）为学生营造一个良好的沟通氛围。通常情况下，具有较强的人际交往能力且有号召力的学生成为团队组建的发起者，由其召集其他同学，形成团队，营造良好的备赛氛围，让沟通更加顺畅。

3）团队成员分工。明确团队各角色的任务，尤其要求 CEO 应该具备较强的决策分析能力，有较强的人际交往能力，能听取团队的综合意见，具有相应的专业水平。除了 CEO 之外，财务总监必须具有精准核算能力，比赛预算、报表数据都必须力争精准。其他角色也同等重要，具备相应的专业能力的成员都可担任，不做重点强调。

4）比赛选拔团队成员。有条件的学校如果有组织相应的比赛，而指导老师框架内的学生又比较多，且并不是对每位学生都能特别了解，那么团队成员的选择可能有新途径。可以在最好的各团队中抽出表现出色的成员组成新团队；也可以直接将最好的团队升级为训练对象进行备赛。

2. 团队凝聚力的培养

（1）对指导老师的要求

1）精通 ERP 沙盘操作，对战略和战术有深入研究。

2）在学生中有一定威望，能使学生在系统的培训中提升能力，学有所成，学以致用。

3）有亲和力和凝聚力，尊重学生的选择与观点，了解学生的需求，读懂学生的心理。对学生循循善诱，不仅在策略和战略战术上给予指导，而且在生活中教育学生如何为人处事。

4）指导老师更应该自我学习，不断提高自我技术水平，科学地培养学生的能力。对待学生的想法与策略，应该理性分析，与自己的想法不一致时，不能片面地全盘否定。学生碰到意外或突发事件应变能力不足时，指导老师应该理解学生所处的能力水平，循序渐进地引导学生化解与预期不符的事件，培养学生独立处理问题的能力，要保留他们的个性。

（2）团队即是整体协作

在比赛过程中，每一个小组成员都是战斗力的体现，队员之间的沟通非常重要。只有不断地沟通，才能形成默契的协作能力；只有共同协商，才能化解比赛中遇到的各个难题；只有达成全体成员认可的战略，才能作为整体的行动目标，并严格地成为每个队员的执行力。

1）培养团队精神，使队员学会互相尊重、包容、忍让与沟通。

2）事先制定几个策略预案，确保在激烈的争论后能迅速地做出高质量的决策，把每个队员的想法结合成集体的智慧，达到理想的效果。

3）成功的团队应该是智商、情商、商业智慧与经验的结合体。首先，只有具备灵活的思维，才能在比赛中随机应变、处乱不惊，要善于把自己所学的专业知识应用到实践上，才能使自己立于不败之地。其次，团队的每个成员必须学会沟通和换位思考，才能形成默契的团队协作，增强团队的凝聚力。然后，要拥有像街头小贩一样的商业智慧，先让企业存活下去，再使其发展壮大，科学地解决企业流动资金的管理问题。最后，要谦虚地学习，认真钻研比赛的战略战术，将前人留下的宝贵知识经验变成自己的财富。

3. 科学的训练方法

（1）赛前训练

1）收集比赛对手资料和近年比赛案例与数据，认真研究，学习他人的优点，弥补自己的不足。

2）认真、细致地研究比赛规则，并理解每一条规则，不能因为规则理解不透彻而导致失误，错失战机。

3）讨论方案，每位队员将自己的想法形成方案，在各种假设情况下，寻找他人意想不到的好点子，并不断地进行模拟操作，验证方案的可行性，最后确定理想的预案作为比赛备案。

（2）赛后总结

每次参加比赛，都是一次学习的好机会，是提升与增强专业技术水平的平台。无论成绩好与坏，我们都需要好好总结经验，将比赛的得与失形成宝贵的资料和数据，为下次组队参赛做好准备。

二、比赛策略与战术技巧

企业经营（沙盘模拟）项目的比赛，充满挑战性，比赛结果具有不可复制性，没有固定的模式，因为同样的策略、同样的参赛队伍，不可能取得同样的成绩。只有针对不同的规则、不同的竞争对手，灵活地应对现场出现的各种状况，采取最有效的战略和战术，才能使自己立于不败之地。

在实战中，我们根据比赛规则做出企业经营多年发展计划，并采取最适合本团队的策略与方案（统称战略）。依据比赛规则，我们可以在不同经营环节采用不同的战略。

1. 营销产品战略

（1）专营战略

专营是指以一种产品为主进行生产与销售，以减少开发费用及其他开销。该战略的优点是可集中企业所有资源，增加企业在该产品的市场竞争力；缺点是企业竞争面狭窄，容易因获取产品订单不足，而给经营带来巨大风险。

该战略的运用一般在企业经营前期，还必须结合单一产品的市场需求量。如果市场需求量比较可观，专营战略极容易为企业在经营前期带来巨大的利润，并为中后期的进一步发展提供扎实的经济基础。

（2）兼营战略

兼营是指两种或两种以上产品同时进行生产与销售，此战略比较稳妥，容易在市场上获取订单，但多种产品同时营销会增加企业的经营费用，给企业带来较大的资金压力。该战略的优点是企业经营可以有的放矢，根据现场情况，在市场和产品上灵活地进行选择；缺点是企业经营成本增加，资金压力大，特别是企业经营前期竞争力较小，表现为单一产品的产量较低，并且稍有不慎将带来巨大风险。

该战略在企业经营中后期比较盛行，在有一定经济基础之后，多种产品会更加容易选择合理的广告投放组合，使企业始终处于优势地位。

2. 合理产能战略

（1）转产战术

转产战术是指在一种新产品研发出来后，原来生产某产品的设备转而生产该新产品，以快速提高新产品的产量，增加市场竞争力。这种战术在经营上具有灵活多变的特点，在近年的大赛中，优秀参赛队伍经常运用该战术，多表现为前期以单产品开局，中后期发展为经营产品多元化。在生产线的选择上，柔性线显然是灵活性和产能最高的设备，但一般购买价格比较昂贵，有必要时可配备，但不宜过多，根据经验一般不超过两条；另外，还需要认真研究比赛规则，确定其性价比。

（2）手工线战术

手工线具有即买即用和无转产周期两大优点，虽然在大多数比赛规则中，手工线的性价比没有优势，但是在实际的比赛过程中适当的使用手工线，可以带来出其不意的效果。

在获取市场产品订单时，如果本队选单排名靠前，且市场中有性价比高的订单，在预计最大产能的情况下，可以选取一两个产品的市场订单。然后，购买相应数量的手工线，上线生产，等待产品完工入库后，出售手工线。此战术不仅可以使企业经营利润最大化，也可以在一定程度上打压直接的竞争对手。要实现此战术的前提是必须在上一年末期，有意识地多下一到两个产品所需的原材料。

3. 企业融资战略

企业的经营离不开资金正常运作，如果出现资金短缺或资金断链，那么给企业带来的将是巨大的损失，有可能使企业退出竞争的行列，甚至是破产。在比赛中，参赛团队应根据预先制订的经营策略和战术，最大化地使用企业资金，让经营快速地进入一个良性循环，占据竞争的制高点。

（1）大额借贷战略

在第 1 年借入大额长期贷款，以备以后各年之用。理由是以后各年权益值可能急剧下降，再筹借时会有困难。虽然这种战术有一定道理，也有一些参赛队会采用，但是此战略弊端明显，并存在巨大的风险。如果经营出现各年权益下降，那么经营就将更加困难，大量的长期贷款利息会使企业每年的净利润所剩无几，并且在长期贷款到期时无力归还，最终导致破产。

（2）长贷与短贷相结合战略

企业资金充足不等于资金浪费，即有部分资金长时间不参与企业经营流转。我们将以资金周转效率来衡量一个企业对资金的使用效率，来体现企业经过资金运作后，为企业赚取的利润。

方法一，第 1 年借入适当的短期贷款，第 2 年借入一定数量长期贷款，并循环地归还到期短期贷款，同时再借入短期贷款，即俗称的“倒短贷”。此法有利于企业充分利用资金，并在节省一定长期贷款利息的基础上，抵制大量长期贷款到期无力归还的风险。

方法二，根据企业经营方案预计实现利润的周期长短，第 1 年按比例借入长期贷款和短期贷款，并在第 2 年同样按比例借入长期贷款和短期贷款，以达到经营资金收支平衡，资金使用效率的最大化。

对于企业融资贷款来说，不可能一味地使用一种融资方式，虽然长期贷款与短期贷款有着利息方式的差异性，但是两者对企业经营来说，偿债的风险系数也不一样。在实际比赛中，还需要明确企业贷款的直接目的是什么，该融资资金准备用于哪一方面的投资，是收益周期长的固定资金，还是收益周期短的流动资产。所以，长中有短，短中有长，长短结合，合理分配两者的比例，做好融资类型的先后顺序，才能使资金的使用效率最大化，使企业经营利润最大化，让自己永远占据激烈竞争中的有利位置。

4. 企业广告策略

在实战中，认真研究比赛规则，并确认市场订单获取先后顺序，是否有市场领导者等规则。对于没有市场领导者地位的规则而言，在广告费用投放时需要注意以下几点：

第一，广告费投入要有一个限度。随着比赛时间的推进，市场竞争会越来越激烈，必须很好地研究直接竞争对手情况，分析自己团队的优势，以较合理的广告费用获取市场订单。因为广告费和权益值成反比关系，所以广告费过多会得不偿失。

第二，广告费投入必须与产能相配合。如果产能较高，则需适当地提高广告费，以便占据较有利的选单顺序。在细分市场上，根据需求量和价格，可以有的放矢地采用大额广告费用和小额广告费用等方式。如果产能较低，采用集中投放，以降低总广告费用和提高选单成功率。

第三，在比赛中后期，所有参赛团队的总产能一般都会大于市场产品的需求量，那么竞争将非常激烈，适当地采用大额广告费用和集中投放的策略，比较容易获得成功，如果有多种产品组合的团队，采用集中投放在同一个市场，不同产品也能提升获取订单的成功率。

5. 合理避税

根据比赛规则，计算所得税采用“四舍五入”，我们可以根据这一规则进行合理避税。例如：某年的应税利润是 18W（4W 的整倍数＋2W），那么所得税为 5W；如果在当年主动进行一次贴现处理，增加 1W 的贴息，将应税利润减少到 17W（4W 的整倍数＋1W），所得税为 4W。该操作的结果是将 1W 的税金变成了 1W 的财务费用，当年权益没有受影响，但通过贴现增加了资金的流动性。

6. 交单技巧

合理安排订单交货顺序，可以在一定程度上缓解资金压力，尽量减少由于应收账款贴现而发生的财务费用支出。在选择订单交货顺序时，应结合企业事先编制的现金预算，计算出在某季度某个流程环节需要的现金量，使应收账款在此环节前到期收现，从而避免贴现，降低费用。

（1）看账期

相同数量的两张订单，由于账期不同，订单交货顺序会直接影响企业的现金回笼情况。在现金暂时无忧的情况下，可以先交账期长的订单，后交账期短的订单；在现金非常紧张、急需现金回笼时，就应先交账期短的订单，以便缓解短期的资金压力，尽可能减少贴现。但是，如果只有靠贴现才能解决现金断流，应考虑先交账期长的订单。

（2）看数量

通常情况下，企业每季能交多少就交多少，尽可能多地交货。但有些时候，也可以考虑将产品囤积一个季度，与下季度生产出的产品加起来，交数量大的订单，因为数量大的订单总金额也高。

（3）看金额

如果企业资金非常紧张，订单交货之后的应收账款均不能及时回笼，那么根据贴息“向上取整”规则，1 账期和 2 账期的应收账款应以 10W 的整倍数进行贴现较为有利，而 3 账期和 4 账期的应收账款应以 8W 的整倍数进行贴现较为有利。

三、合理运用战略战术的原则

不同的比赛规则，应该使用不同的方案策略，采用最恰当的战略战术，以增加自我团队的竞争力和压制直接竞争对手。

1. 权益原则

权益是比赛规则中评分的首要判定标准，一般情况下，参赛团队的所有决策都应该围绕权益而进行。第 2 年的企业融资额度必须在当前经营年权益数额展开，费用过多，或权益值不符合预期都将对第 2 年的经营带来严重的影响。所以，我们在实战中需要充分地考量每一个经营环节。如购买厂房还是租用厂房，若购买厂房对当前经营年的资金流动带来压力，但为第 2 年的融资贷款增加一定的额度；若租用厂房对当前经营年的资金流动显然更加宽裕，但当前经营年结束后，企业权益值为会下降厂房租金数额，带来第 2 年的融资额度的相应减少。产品研发、市场开拓、ISO 认证的投资甚至是生产线的投资都必须合理地规划，不能盲目地扩张，以免权益值下降到融资困难、资金链中断的危险境地。

2. 风险均衡分散原则

参赛团队在实战中，最禁忌经营计划正常进行过程中，突然资金中断了，或是贷款到期，或是大量原材料订单到库，无法提供足够的现金用于支付。这时，可采取分散风险的策略，即大额度的资金运作化为多个小额度的资金运作。例如，某一年准备借入 80M 的短期贷款，不提倡一次性贷款 80M，而建议分为 4 个季度进行贷款操作，或是分为 3 个季度进行贷款操作。分散贷款的好处在于相同的融资效果，在归还到期款项的时候不会出现大量预留现金导致的局部经营困难，此外，小额度的还款相对比较容易实现。

3. 避免惨烈竞争和把握时机挑战竞争对手原则

比赛中，竞争是多方位的，不仅是与他人竞争，还要同自己竞争，在激烈的对抗中不断地增强团队的自身竞争力，最大限度地保护自己。快速地收集资料，准确地分析对手，狠狠地打击竞争者，要做到快、准、狠，就必须学会观察对手经营盘面，快速地分析对手情况。如对手的主打市场及产品、产能情况、资金状况、可能的广告费用投放情况等，只有“知己知彼”，才可能在激烈的竞争中全身而退，既取得企业的大发展，又可遏制竞争对手的发展。

4. 倡导全面决策，避免局部思维

企业的发展规划必须具有整体性，注重企业各部分的内在联系，环环相扣，资金预算全面。当竞争对手战略或战术发生变化时，要根据实际情况及时调整，重新修订经营方案，不可以随意、草率地进行局部调整。

一个人的思维总是有一定的局限性，多个人的智慧将会使团队的竞争力提升到新的高度。企业经营没有固定的模式，永远不能用一套所谓成功的方案，应对所有的比赛，

规则有变化，决策方案也应该随之而变，就算规则不变，不同的竞争者也将出现不一样的经营效果。

第二节　比赛实例分析

上一节已经讲过，要想在竞争中取胜，必须透彻理解比赛规则，研究对策，分析竞争对手，认清本团队的实力水平，做到知己知彼。作为竞赛指导老师，学生竞赛成绩突出固然是好，如果“苗子”质量不好，那么制定过高目标显然会适得其反，所以科学的训练方法、合理的自我定位很有必要。下面将以2014年和2015年比赛规则为案例进行剖析，并从不同的定位角度来讨论。

一、2014年比赛规则对策分析

1. 制订方案框架

要想快速、有效地从比赛规则中提取主干信息，拟定测试方案是参赛团队必须掌握的基本要求。一般情况下，比赛规则的变化多数集中在生产线、产品研发及所需原材料组成上。

（1）生产线分析

2014年比赛规则中只有3种生产线，即手工线、自动线和柔性线。其中自动线与柔性线的对比一般都比较固定，主要从多种产品之间的转产方面进行考虑，所以，企业一般都有固定模式，转产情况多，则在经营前期可以投资柔性线，否则，选择自动线。

根据生产线的规则要求，我们进行手工线与自动线（表5-1和表5-2）、手工线与柔性线（表5-3）之间的比较，分析其性价比，能帮助企业快速在生产线选择中进行决策。

表5-1　手工线与自动线综合比较1

生产线	购置费/W	安装周期/Q	产能/个	总转产费/W	维修费/W	折旧/W	占用机位/个
手工线	5W×2	无	2个×2	0	1W×2	1W×2	2
自动线	15	3	4	2	2	3	1

1条自动线的产能与2条手工线的产能相同，且资金还将节省5W；同时，每年影响权益值方面还可以减少1W的计提折旧费用，另外，多种产品组合经营参赛团队，还可以增加不同产品之间转产的灵活性。

表5-2　手工线与自动线综合比较2

生产线	产能/个	购置费/W	维修费/W	折旧/W	占用机位/个	购买厂房/W	厂房租金/W
手工线	20	5W×10	1W×10	1W×10	10	70	5+3
自动线	20	15W×5	2W×5	3W×5	5	40	5

如果以10条手工线配备所有的生产线机位时，每年最多可以产出20个产品，也就是相当于5条自动线的产能，从表格对比数据可以看出，购买厂房的情况下，10条手工

线所支付的费用与 5 条自动线所支付的费用相比，手工线多出 5W，但是每年可以减少 5W 的折旧费用。如果采用厂房租用的方式，那么 10 条手工线比与 5 条自动线所支付的费用少 25W 且每年节省 2W 的权益值（5W 折旧费用，3W 小厂房租金）。

表 5-3 手工线与柔性线综合比较

生产线	购置费/W	安装周期/Q	产能/个	总转产费/W	维修费/W	折旧/W	占用机位/个
手工线	5W×2	无	2 个×2	0	1W×2	1W×2	2
柔性线	20	4	4	0	2	4	1

综上所述，本比赛规则采用 10 条手工线策略效果是否好于采用自动线？答案是否定的。因为，10 条手工线每年的产能最多 20 个，在经营中后期就会出现产能不足，容易被其队伍赶超，所以，可以在比赛前半段采用手工线策略稳定权益值，从而快速增加净利润，后半段转换为产能更高的自动线。

如果参赛队伍综合实力没有达到竞争名次靠前甚至是第一名的实力，采用稳健的策略，尽可能地重中求胜，采用 10 条手工线这一类较保守策略，同时注意控制好经营费用成本，完全可以取得较好的成绩。综合实力较强的参赛队伍，如果过多地使用手工线会略显保守，容易造成在经营中后期出现产能不足，在竞争中处于劣势，故在本规则中要想争夺较好名次，必须选择自动线为主要策略。

手工线与柔性线之间的对比，关注点在于都可以灵活转产多种产品的情况下，哪种生产线的价性比更高，哪种生产线更合适于我们的比赛方案。如表 5-3 所示，我们选择 1 条柔性线与相同产能的 2 条手工线作比较，很明显地发现，购买 2 条手工线生产线支付的费用比 1 条柔性线支付的费用节省 10W，且每年可以减少 2W 的折旧费用，但是需要占用 2 个厂房机位。

结论是，如果经营中后期发展势头强劲，需要提供较大产量以配合获取的销售订单时，建议选择柔性线，理由是手工线占用 2 个机位，换成 1 条柔性线与 1 条自动线时，每年产能将增加 4 个产品。根据市场研究发现，中后期市场产能需求量比较紧张的情况下，选择手工线将会更加稳健。

（2）产品组合分析

选择经营产品的时候应该结合市场需求量与价格这一主要思路，配合产品的研发周期、研发费用，以及分析竞争对手可能选择的产品。在经营前期如果能顺利规避强烈的竞争，那么就将使自己处于非常有利的地位。

本次比赛规则中 4 种产品的研发费用和研发周期差距不大，使得方案开局对产品研发的选择更加多样化，产品可以选择专营产品开局，也可以选择兼营产品开局。因此，在备赛的时候，可以有多种预案，比赛当天根据市场预测数据确定最后的经营方案。

（3）融资策略探讨

如何最大化地使用企业自有资金和融资资金，将对企业经营和发展起到非常关键的作用。我们要求参赛团队必须拥有制订 3 年资金预算的能力，将未来 3 年企业经营、发展的资金使用情况做出一个全面的预算，从中发现资金的缺口如何，并合理地进行融资，用好用足每一分钱，不使资金闲置，使资金的使用效率最大化，为企业带来最大化的利润。

案例解析：根据 2014 年比赛规则，结合当天市场预测数据，如果采用专营 P1 产品开局，启用大厂房，投资 6 条自动线，并以较大产能联合第 2 年准确的广告费用，尽可能地换取第 2 年更高利润增长，使得 3 年融资的限额提高。

如表 5-4 所示，如果比赛初始资金为 60W 的情况下，第 1 年经营的资金缺口应该为 83W，也就是说第 1 年需要至少融资 90W，可以选择部分长期贷款和部分短期贷款组合，也可以选择全部短期贷款。以最合理节省利息的方案，选择 100W 短期贷款的情况，第 2 年需要支付 5W 的短期贷款利息。

表 5-4　资金预测分析表

第 1 年		第 2 年		第 3 年	
项目	资金/W	项目	资金/W	项目	资金/W
广告费用		广告费用	未确定	广告费用	未确定
生产线投资	90	生产线投资	未确定	生产线投资	未确定
产品研发	2	产品研发	未确定	产品研发	未确定
原材料入库		原材料入库	24	原材料入库	24
加工费用		加工费用	24	加工费用	24
管理费用	4	管理费用	4	管理费用	4
维修费用		维修费用	12	维修费用	12
利息		利息	5	利息	11
到期还款		到期还款	100	到期还款	100
厂房	40	厂房		厂房	
市场开拓	5	市场开拓	3	市场开拓	2
ISO 认证	2	ISO 认证	2	ISO 认证	1
合计	143	合计	174	合计	178

第 2 年经营如果暂不计算广告费用，没有投资新生产线和产品的情况下，总共需要 174W 的经营费用，第 1 年结束后现金是 17W，也就是说资金缺口在 157W 以上。第 2 年年初可以再借入长期贷款额度为 47W×3－100W＝61W，即长贷 60W，并顺利地重新借入 100W 短期贷款，加上第 2 年应该有一定的利润收入，以此类推可以大致推算出第 3 年的资金需求情况，以及决定是否要开拓生产线和产品的投资。

在实战过程中，厂房除了直接购买之外，还可以采取租金的方式；而融资除了贷款还可以采用厂房贴现的方式，参赛团队必须在尽可能赚取更高利润的情况下，让资金利用效率最大化，节省相应的费用支出。

结论是，参赛团队需要随时根据第 2 年的订单获取情况、第 2 年的利润结果重新修正资金预算表，随机应变，采用最得当的策略。

（4）其他规则分析

市场开拓和 ISO 认证投资，没有统一的套路可言，没有规定要将所有的市场和认证都进行投资，我们必须根据比赛当天的市场预测来做出取舍。恰当的市场开拓和 ISO 认证可以帮助企业在前期资金压力紧张的情况下，节省资金，增加第 2 年的贷款额度。

2. 比赛数据统计与分析

这一部分通过联合上一部分的分析思路，并依据图 5-1 市场预测数据和图 5-2 系统参数所提供的初始资金，选择合理的经营方案。如果你是参赛队伍之一，你会采用什么竞争策略与其他参赛队竞争，理由是什么？

需求量	本地	区域	国内	亚洲	国际	总计
第2年	**230**	**211**				**441**
P1	98	90				188
P2	76	66				142
P3	41	42				83
P4	15	13				28
第3年	**227**	**225**	**114**			**566**
P1	76	72	26			174
P2	70	62	40			172
P3	50	59	30			139
P4	31	32	18			81
第4年	**173**	**176**	**120**	**75**		**544**
P1	58	50	44	26		178
P2	53	46	41	21		161
P3	43	49	35	15		142
P4	19	31		13		63
第5年	**130**	**148**	**143**	**133**	**123**	**677**
P1	73	43	34	29	22	201
P2	57	38	54	41	15	205
P3		42	31	35	49	157
P4		25	24	28	37	114
第6年	**121**	**97**	**164**	**149**	**120**	**651**
P1	51	45	59	28		183
P2	40	36	44	32		152
P3	30		24	41	62	157
P4		16	37	48	58	159
总计	881	857	541	357	243	2879

均价	本地	区域	国内	亚洲	国际	总计
第2年	**6.87**	**7.00**				**6.94**
P1	5.17	5.12				5.15
P2	7.03	7.14				7.08
P3	8.27	8.33				8.30
P4	10.75	11.11				10.93
第3年	**7.27**	**7.46**	**8.02**			**7.50**
P1	5.12	5.10	5.33			5.15
P2	6.92	7.13	7.35			7.10
P3	8.17	8.21	8.65			8.29
P4	10.83	10.74	11.32			10.91
第4年	**7.17**	**7.42**	**6.90**	**8.12**		**7.34**
P1	5.20	5.12	5.41	5.51		5.28
P2	7.05	7.07	7.23	7.53		7.18
P3	8.39	8.04	8.28	8.83		8.31
P4	10.42	10.21		11.56		10.63
第5年	**6.35**	**7.55**	**8.08**	**8.38**	**8.90**	**7.88**
P1	5.38	5.37	5.29	5.67	5.58	5.43
P2	7.49	7.35	7.54	7.95	8.10	7.62
P3		8.22	8.44	8.86	8.88	8.62
P4		10.70	11.35	11.07	11.16	11.09
第6年	**7.59**	**7.46**	**8.33**	**9.27**	**11.00**	**8.72**
P1	5.74	5.35	5.58	5.74		5.58
P2	8.27	8.37	8.41	8.45		8.38
P3	9.21		9.28	9.51	9.81	9.52
P4		10.78	11.46	11.88	12.26	11.77
总计	7.06	7.35	7.88	8.68	9.86	7.75

图 5-1　2014 年年度广州省中等职业学校企业经营大赛市场预测

系统参数

参数	值	单位	参数	值	单位
违约扣款百分比	25	%	最大长贷年限	5	年
库存折价率(产品)	100	%	库存折价率(原料)	80	%
长期贷款利率	10	%	短期贷款利率	5	%
贷款额倍数	3	倍	初始现金(股东资本)	60	W
贴现率(1,2期)	10	%	贴现率(3,4期)	12.5	%
管理费	1	W	信息费	1	W
紧急采购倍数(原料)	2	倍	紧急采购倍数(产品)	3	倍
所得税率	25	%	最大经营年限	6	年
选单时间	40	秒	选单补时时间	25	秒
间谍有效时间	600	秒	间谍使用间隔	3000	秒
竞拍时间	90	秒	竞拍同拍数	3	
市场老大	○有 ◉无				

确定

图 5-2　2014 年比赛系统参数

表 5-5～表 5-13 中的数据是 2014 年比赛中参赛队伍的前 3 年综合费用、利润表、资产负债表等数据，希望可以给读者们带来一定的启发。其中 U12、U14、U16、U19 及 U27 等参赛队伍所采用的策略，读者们也可以借鉴，但没有哪一种策略能保证在所有比赛中成功，只有不断地根据实际情况不断地变化，才可以处于优势地位。

表 5-5 第 1 年综合费用表

单位：W

项目＼用户名	U01	U02	U03	U04	U05	U06	U07	U08	U09	U10	U11	U12	U13	U14	U15	U16	U17	U18	U19	U20	U21	U22	U23	U24	U25	U26	U27	U28
管理费	4	4	4	4	4	4	4	4	4	4	4	4	4	4	4	4	4	4	4	4	4	4	4	4	4	4	4	4
广告费	0	0	0	0	0	0	0	0	0	0	0	0	0	0	0	0	0	0	0	0	0	0	0	0	0	0	0	0
维修费	0	0	0	0	0	0	0	0	0	4	6	0	0	0	0	0	0	0	2	3	5	0	0	0	0	3	0	2
损失	0	0	0	0	0	0	0	0	0	0	0	0	0	0	0	0	0	0	0	0	0	0	0	0	0	0	0	0
转产费	0	0	0	0	0	0	0	0	0	0	0	0	0	0	0	0	0	0	0	0	0	0	0	0	0	0	0	0
厂房租金	0	0	0	0	0	0	0	0	0	0	0	0	0	0	0	0	0	0	0	0	5	0	0	0	0	5	0	0
新市场开拓	4	5	5	5	5	5	5	5	5	5	3	5	5	5	5	5	5	5	5	5	4	5	5	5	5	1	5	5
ISO 资格认证	2	2	2	2	2	2	1	2	2	1	2	2	2	2	2	2	2	2	2	2	2	2	2	2	2	1	2	2
产品研发	9	6	7	8	9	5	6	9	5	6	5	5	7	5	5	2	5	5	6	6	9	8	5	6	7	4	9	7
信息费	0	0	1	0	0	0	0	0	0	0	0	0	0	0	0	0	0	0	0	0	0	1	0	0	0	0	0	0
合计	19	17	19	19	20	16	16	20	16	20	20	16	18	16	16	13	16	16	19	20	29	20	16	17	18	18	20	20

表 5-6　第 1 年利润表

单位：W

项目＼用户名	U01	U02	U03	U04	U05	U06	U07	U08	U09	U10	U11	U12	U13	U14	U15	U16	U17	U18	U19	U20	U21	U22	U23	U24	U25	U26	U27	U28
销售收入	0	0	0	0	0	0	0	0	0	0	0	0	0	0	0	0	0	0	0	0	0	0	0	0	0	0	0	0
直接成本	0	0	0	0	0	0	0	0	0	0	0	0	0	0	0	0	0	0	0	0	0	0	0	0	0	0	0	0
毛利	0	0	0	0	0	0	0	0	0	0	0	0	0	0	0	0	0	0	0	0	0	0	0	0	0	0	0	0
综合费用	19	17	19	19	20	16	16	20	16	20	20	16	18	16	16	13	16	16	19	20	29	20	16	17	18	18	20	20
折旧前利润	−19	−17	−19	−19	−20	−16	−16	−20	−16	−20	−20	−16	−18	−16	−16	−13	−16	−16	−19	−20	−29	−20	−16	−17	−18	−18	−20	−20
折旧	0	0	0	0	0	0	0	0	0	0	0	0	0	0	0	0	0	0	0	0	0	0	0	0	0	0	0	0
支付利息前利润	−19	−17	−19	−19	−20	−16	−16	−20	−16	−20	−20	−16	−18	−16	−16	−13	−16	−16	−19	−20	−29	−20	−16	−17	−18	−18	−20	−20
财务费用	0	0	0	0	0	0	0	0	0	0	0	0	0	0	0	0	0	0	0	0	0	0	0	0	0	0	0	0
税前利润	−19	−17	−19	−19	−20	−16	−16	−20	−16	−20	−20	−16	−18	−16	−16	−13	−16	−16	−19	−20	−29	−20	−16	−17	−18	−18	−20	−20
所得税	0	0	0	0	0	0	0	0	0	0	0	0	0	0	0	0	0	0	0	0	0	0	0	0	0	0	0	0
年度净利润	−19	−17	−19	−19	−20	−16	−16	−20	−16	−20	−20	−16	−18	−16	−16	−13	−16	−16	−19	−20	−29	−20	−16	−17	−18	−18	−20	−20

表 5-7　第 1 年资产负债表

单位：W

项目＼用户名	U01	U02	U03	U04	U05	U06	U07	U08	U09	U10	U11	U12	U13	U14	U15	U16	U17	U18	U19	U20	U21	U22	U23	U24	U25	U26	U27	U28
现金	16	13	16	6	10	24	14	25	34	12	58	19	12	14	24	12	14	14	12	29	21	10	19	13	17	20	15	19
应收款	0	0	0	0	0	0	0	0	0	0	0	0	0	0	0	0	0	0	0	0	0	0	0	0	0	0	0	0
在制品	0	0	0	0	0	0	0	0	0	8	12	0	0	0	0	0	0	0	4	6	10	0	0	0	0	6	0	6
产成品	0	0	0	0	0	0	0	0	0	0	0	0	0	0	0	0	0	0	0	0	0	0	0	0	0	0	0	0
原料	0	0	0	0	0	0	0	0	0	0	0	0	0	0	0	0	0	0	0	0	0	0	0	0	0	1	0	0
流动资产合计	16	13	16	6	10	24	14	25	34	20	70	19	12	14	24	12	14	14	16	35	31	10	19	13	17	27	15	25
厂房	40	40	30	40	40	40	40	30	40	40	40	40	40	40	40	40	40	40	40	30	0	30	40	40	40	0	40	40
机器设备	0	0	0	0	0	0	0	0	0	20	30	0	0	0	0	0	0	0	10	15	25	0	0	0	0	15	0	10
在建工程	45	70	75	35	50	60	70	55	30	40	0	75	70	80	70	95	70	60	35	20	15	60	65	70	65	0	65	45
固定资产合计	85	110	105	75	90	100	110	85	70	100	70	115	110	120	110	135	110	100	85	65	40	90	105	110	105	15	105	95
资产总计	101	123	121	81	100	124	124	110	104	120	140	134	122	134	134	147	124	114	101	100	71	100	124	123	122	42	120	120
长期负债	20	0	0	0	0	0	0	30	40	0	0	10	0	10	30	0	0	10	0	0	0	0	0	0	0	0	0	0
短期负债	40	80	80	40	60	80	80	40	20	80	100	80	80	80	60	100	80	60	60	60	40	60	80	80	80	0	80	80
所得税	0	0	0	0	0	0	0	0	0	0	0	0	0	0	0	0	0	0	0	0	0	0	0	0	0	0	0	0
负债合计	60	80	80	40	60	80	80	70	60	80	100	90	80	90	90	100	80	70	60	60	40	60	80	80	80	0	80	80
股东资本	60	60	60	60	60	60	60	60	60	60	60	60	60	60	60	60	60	60	60	60	60	60	60	60	60	60	60	60
利润留存	0	0	0	0	0	0	0	0	0	0	0	0	0	0	0	0	0	0	0	0	0	0	0	0	0	0	0	0
年度净利	−19	−17	−19	−19	−20	−16	−16	−20	−16	−20	−20	−16	−18	−16	−16	−13	−16	−16	−19	−20	−29	−20	−16	−17	−18	−18	−20	−20
所有者权益合计	41	43	41	41	40	44	44	40	44	40	40	44	42	44	44	47	44	44	41	40	31	40	44	43	42	42	40	40
负债和所有者权益总计	101	123	121	81	100	124	124	110	104	120	140	134	122	134	134	147	124	114	101	100	71	100	124	123	122	42	120	120

表 5-8　第 2 年综合费用表

单位：W

项目＼用户名	U01	U02	U03	U04	U05	U06	U07	U08	U09	U10	U11	U12	U13	U14	U15	U16	U17	U18	U19	U20	U21	U22	U23	U24	U25	U26	U27	U28
管理费	4	4	4	4	4	4	4	4	4	4	4	4	4	4	4	4	4	4	4	4	4	4	4	4	4	4	4	4
广告费	14	10	9	4	5	13	12	15	12	12	12	12	11	11	15	6	11	11	10	12	6	10	12	9	10	3	12	12
维修费	6	8	8	6	6	10	8	7	7	8	6	10	8	10	8	12	8	10	9	5	7	6	8	8	8	3	10	8
损失	0	0	0	0	0	0	0	0	0	0	0	0	0	0	0	0	0	0	0	0	0	0	0	4	0	0	0	0
转产费	0	0	0	0	0	0	0	0	0	0	0	0	0	0	0	0	0	0	0	0	0	0	0	0	0	0	0	0
厂房租金	0	0	0	0	0	0	0	0	0	0	0	0	0	0	0	0	0	0	3	0	5	0	0	0	0	5	5	0
新市场开拓	2	3	3	3	3	3	3	3	3	3	1	3	3	3	3	3	3	3	3	3	2	3	3	3	3	1	3	3
ISO 资格认证	2	2	2	2	2	2	2	2	2	2	2	2	2	2	2	2	2	2	2	2	2	2	2	2	2	1	2	2
产品研发	0	0	0	1	1	0	3	4	4	3	0	0	1	0	1	2	3	1	4	1	0	1	1	0	0	4	0	1
信息费	0	0	0	0	0	0	0	0	0	0	0	0	1	0	0	0	0	0	0	0	0	0	0	0	0	0	0	0
合计	28	27	26	20	21	32	32	35	32	32	25	31	30	30	33	29	31	31	35	27	26	26	30	30	27	21	36	30

表 5-9 第 2 年利润表

单位：W

项目＼用户名	U01	U02	U03	U04	U05	U06	U07	U08	U09	U10	U11	U12	U13	U14	U15	U16	U17	U18	U19	U20	U21	U22	U23	U24	U25	U26	U27	U28
销售收入	63	81	95	59	57	94	91	86	49	74	70	86	90	92	72	93	72	76	87	71	75	76	74	98	92	11	104	96
直接成本	27	38	45	27	25	39	42	36	20	30	30	36	40	38	30	36	29	33	37	30	33	35	32	48	43	4	45	43
毛利	36	43	50	32	32	55	49	50	29	44	40	50	50	54	42	57	43	43	50	41	42	41	42	50	49	7	59	53
综合费用	28	27	26	20	21	32	32	35	32	32	25	31	30	30	33	29	31	31	35	27	26	26	30	30	27	21	36	30
折旧前利润	8	16	24	12	11	23	17	15	−3	12	15	19	20	24	9	28	12	12	15	14	16	15	12	20	22	−14	23	23
折旧	0	0	0	0	0	0	0	0	0	4	6	0	0	0	0	0	0	0	2	3	5	0	0	0	0	3	0	2
支付利息前利润	8	16	24	12	11	23	17	15	−3	8	9	19	20	24	9	28	12	12	13	11	11	15	12	20	22	−17	23	21
财务费用	5	5	5	2	3	7	4	5	8	4	5	8	7	11	6	6	6	5	3	3	2	5	4	11	7	0	11	8
税前利润	3	11	19	10	8	16	13	10	−11	4	4	11	13	13	3	22	6	7	10	8	9	10	8	9	15	−17	12	13
所得税	0	0	0	0	0	0	0	0	0	0	0	0	0	0	0	2	0	0	0	0	0	0	0	0	0	0	0	0
年度净利润	3	11	19	10	8	16	13	10	−11	4	4	11	13	13	3	20	6	7	10	8	9	10	8	9	15	−17	12	13

表 5-10 第 2 年资产负债表

单位：W

项目＼用户名	U01	U02	U03	U04	U05	U06	U07	U08	U09	U10	U11	U12	U13	U14	U15	U16	U17	U18	U19	U20	U21	U22	U23	U24	U25	U26	U27	U28
现金	31	0	18	5	14	24	10	27	41	19	21	5	1	5	19	15	3	32	18	31	24	16	31	2	14	27	5	28
应收款	29	33	41	47	42	35	51	35	0	21	41	49	33	34	34	47	37	20	34	43	17	30	11	29	28	11	73	19
在制品	9	16	16	14	10	18	16	18	12	18	18	13	16	13	12	12	12	16	21	20	20	15	10	16	15	6	19	23
产成品	0	0	0	5	2	3	0	0	0	10	0	3	0	0	2	0	3	3	0	0	4	4	0	0	0	8	0	5
原料	0	0	0	0	0	0	0	0	0	0	0	0	0	0	0	0	0	0	0	2	0	0	0	0	0	1	0	0
流动资产合计	69	49	75	71	68	80	77	80	53	68	80	70	50	52	67	74	55	71	73	96	65	65	52	47	57	53	97	75
厂房	40	40	30	40	40	40	40	30	40	40	40	40	40	40	40	40	40	40	40	30	0	30	40	40	40	0	0	40
机器设备	45	70	75	45	50	70	70	60	50	56	24	75	70	80	70	95	70	70	58	32	35	60	65	70	65	12	75	58
在建工程	10	15	0	15	10	0	0	0	20	0	0	0	15	15	0	0	15	0	0	0	0	15	25	15	15	0	0	0
固定资产合计	95	125	105	100	100	110	110	90	110	96	64	115	125	135	110	135	125	110	98	62	35	105	130	125	120	12	75	98
资产总计	164	174	180	171	168	190	187	170	163	164	144	185	175	187	177	209	180	181	171	158	100	170	182	172	177	65	172	173
长期负债	40	40	40	40	40	50	50	60	90	40	20	50	40	50	70	40	50	30	20	30	20	40	30	40	40	0	40	40
短期负债	80	80	80	80	80	80	80	60	40	80	80	80	80	80	60	100	80	100	100	80	40	80	100	80	80	40	80	80
所得税	0	0	0	0	0	0	0	0	0	0	0	0	0	0	0	2	0	0	0	0	0	0	0	0	0	0	0	0
负债合计	120	120	120	120	120	130	130	120	130	120	100	130	120	130	130	142	130	130	120	110	60	120	130	120	120	40	120	120
股东资本	60	60	60	60	60	60	60	60	60	60	60	60	60	60	60	60	60	60	60	60	60	60	60	60	60	60	60	60
利润留存	−19	−17	−19	−19	−20	−16	−16	−20	−16	−20	−20	−16	−18	−16	−16	−13	−16	−16	−19	−20	−29	−20	−16	−17	−18	−18	−20	−20
年度净利	3	11	19	10	8	16	13	10	−11	4	4	11	13	13	3	20	6	7	10	8	9	10	8	9	15	−17	12	13
所有者权益合计	44	54	60	51	48	60	57	50	33	44	44	55	55	57	47	67	50	51	51	48	40	50	52	52	57	25	52	53
负债和所有者权益总计	164	174	180	171	168	190	187	170	163	164	144	185	175	187	177	209	180	181	171	158	100	170	182	172	177	65	172	173

表 5-11 第 3 年综合费用表

单位：W

项目\用户名	U01	U02	U03	U04	U05	U06	U07	U08	U09	U10	U11	U12	U13	U14	U15	U16	U17	U18	U19	U20	U21	U22	U23	U24	U25	U26	U27	U28
管理费	4	4	4	4	4	4	4	4	4	4	4	4	4	4	4	4	4	4	4	4	4	4	4	4	4	4	4	4
广告费	13	14	17	10	6	16	14	22	14	10	11	12	19	11	9	7	14	15	19	9	8	14	19	12	19	4	15	10
维修费	8	10	10	8	6	12	8	9	9	8	8	11	10	14	8	12	10	13	9	7	7	8	12	10	10	3	13	8
损失	0	0	2	0	0	0	0	0	-40	0	0	0	0	0	0	0	0	0	0	4	0	0	0	8	0	0	0	0
转产费	2	0	0	0	0	0	0	0	0	0	0	0	0	0	0	0	0	0	0	0	0	0	0	0	0	0	0	0
厂房租金	0	0	5	5	0	3	0	5	5	0	3	3	0	3	5	3	0	3	3	5	5	0	0	0	0	5	8	3
新市场开拓	1	2	2	2	2	2	2	2	2	2	0	2	2	2	2	2	2	2	2	2	1	2	2	2	2	1	2	2
ISO 资格认证	1	1	1	1	1	1	1	1	1	1	1	1	1	1	1	1	1	1	1	1	1	1	1	1	1	1	1	1
产品研发	0	5	1	3	0	3	1	1	0	1	0	0	4	1	5	3	2	8	0	0	0	0	4	0	2	4	2	4
信息费	0	0	0	0	0	0	0	0	0	0	0	0	0	0	0	0	0	0	0	0	0	0	0	0	0	0	0	0
合计	29	36	42	33	19	41	30	44	-5	26	27	33	40	36	34	32	33	46	38	32	26	29	42	37	38	22	45	32

表 5-12 第 3 年利润表

单位：W

项目＼用户名	U01	U02	U03	U04	U05	U06	U07	U08	U09	U10	U11	U12	U13	U14	U15	U16	U17	U18	U19	U20	U21	U22	U23	U24	U25	U26	U27	U28
销售收入	88	138	152	138	72	166	103	157	100	86	84	142	178	158	114	122	144	153	152	125	102	161	138	161	148	40	167	164
直接成本	39	68	72	65	29	69	48	69	43	38	36	58	79	64	50	48	64	64	70	59	49	79	56	76	69	16	74	74
毛利	49	70	80	73	43	97	55	88	57	48	48	84	99	94	64	74	80	89	82	66	53	82	82	85	79	24	93	90
综合费用	29	36	42	33	19	41	30	44	−5	26	27	33	40	36	34	32	33	46	38	32	26	29	42	37	38	22	45	32
折旧前利润	20	34	38	40	24	56	25	44	62	22	21	51	59	58	30	42	47	43	44	34	27	53	40	48	41	2	48	58
折旧	9	14	15	9	10	14	14	12	10	12	6	15	14	16	14	19	14	14	12	7	8	12	13	14	13	3	15	12
支付利息前利润	11	20	23	31	14	42	11	32	52	10	15	36	45	42	16	23	33	29	32	27	19	41	27	34	28	−1	33	46
财务费用	13	12	10	13	12	19	10	16	20	15	6	16	16	13	16	9	18	14	13	9	4	13	13	16	11	2	15	20
税前利润	−2	8	13	18	2	23	1	16	32	−5	9	20	29	29	0	14	15	15	19	18	15	28	14	18	17	−3	18	26
所得税	0	0	3	2	0	5	0	1	1	0	0	3	6	6	0	3	1	1	2	1	0	4	1	2	3	0	2	4
年度净利润	−2	8	10	16	2	18	1	15	31	−5	9	17	23	23	0	11	14	14	17	17	15	24	13	16	14	−3	16	22

表 5-13　第 3 年资产负债表

单位：W

项目＼用户名	U01	U02	U03	U04	U05	U06	U07	U08	U09	U10	U11	U12	U13	U14	U15	U16	U17	U18	U19	U20	U21	U22	U23	U24	U25	U26	U27	U28
现金	31	3	7	48	17	33	44	26	35	20	47	3	6	24	7	43	12	17	22	14	25	14	17	20	0	21	17	1
应收款	32	65	95	54	40	96	43	61	41	27	50	66	91	83	72	50	62	48	70	43	78	98	61	54	85	29	100	71
在制品	15	20	21	18	10	28	14	28	16	18	18	16	21	20	12	12	15	25	27	24	21	20	16	20	19	6	28	23
产成品	3	8	0	8	13	0	16	3	3	20	0	0	0	0	0	0	0	0	0	0	4	0	0	0	3	4	0	3
原料	0	0	0	0	0	0	0	0	0	0	0	0	0	0	0	0	0	0	0	0	0	3	0	0	0	3	0	0
流动资产合计	81	96	123	128	80	157	117	118	95	85	115	85	118	127	91	105	89	90	119	81	128	135	94	94	107	63	145	98
厂房	40	40	30	0	40	40	40	30	0	40	40	40	40	40	0	40	40	40	40	30	0	30	40	40	40	0	0	40
机器设备	51	71	70	51	40	66	56	58	60	44	28	65	71	89	56	76	71	71	46	35	27	63	82	71	67	9	75	46
在建工程	0	15	30	20	30	0	15	10	0	0	0	45	15	0	40	60	15	15	15	60	0	0	0	15	20	0	0	45
固定资产合计	91	126	130	71	110	106	111	98	60	84	68	150	126	129	96	176	126	126	101	125	27	93	122	126	127	9	75	131
资产总计	172	222	253	199	190	263	228	216	155	169	183	235	244	256	187	281	215	216	220	206	155	228	216	220	234	72	220	229
长期负债	50	80	100	70	60	80	90	70	90	50	50	80	60	70	80	100	70	50	50	60	20	70	50	70	80	30	70	70
短期负债	80	80	80	60	80	100	80	80	0	80	80	80	100	100	60	100	80	100	100	80	80	80	100	80	80	20	80	80
所得税	0	0	3	2	0	5	0	1	1	0	0	3	6	6	0	3	1	1	2	1	0	4	1	2	3	0	2	4
负债合计	130	160	183	132	140	185	170	151	91	130	130	163	166	176	140	203	151	151	152	141	100	154	151	152	163	50	152	154
股东资本	60	60	60	60	60	60	60	60	60	60	60	60	60	60	60	60	60	60	60	60	60	60	60	60	60	60	60	60
利润留存	−16	−6	0	−9	−12	0	−3	−10	−27	−16	−16	−5	−5	−3	−13	7	−10	−9	−9	−12	−20	−10	−8	−8	−3	−35	−8	−7
年度净利	−2	8	10	16	2	18	1	15	31	−5	9	17	23	23	0	11	14	14	17	17	15	24	13	16	14	−3	16	22
所有者权益合计	42	62	70	67	50	78	58	65	64	39	53	72	78	80	47	78	64	65	68	65	55	74	65	68	71	22	68	75
负债和所有者权益总计	172	222	253	199	190	263	228	216	155	169	183	235	244	256	187	281	215	216	220	206	155	228	216	220	234	72	220	229

二、2015 年比赛规则对策分析

1. 制订方案框架

2015 年竞赛规则的分析思路与 2014 年竞赛规则的分析思路一致，也是先从主干几个规则展开。如分析生产线的性价比，根据激进策略还是稳健策略，采用不同的生产线组合；产品的研发规则，是否采用专营产品或兼营产品开局，以及合适的融资战术。

（1）生产线分析

2015 年竞赛规则中也是 3 种生产线，即手工线、自动线和柔性线。其中自动线与柔性线的对比一般都比较固定，主要从多种产品之间的转产方面进行考虑，所以，我们一般都有固定模式，转产情况多，则在经营前期可以投资柔性线，不宜多，否则，选择自动线。

根据生产线的规则要求，在每年同等产能的情况下，我们进行手工线与自动线（表 5-14 和表 5-15）、手工线与柔性线之间的比较，分析其性价比。

表 5-14　手工线与自动线综合比较 1

生产线	购置费/W	安装周期/Q	转产费/W	维修费/W	年折旧/W	总折旧/W	占用机位/个
手工线	3W×2	无	0	1W×2	1W×2	2	2
自动线	15	3	2	2	3	12	1

2 条手工线的产能与 1 条自动线的产能相同，而 2 条手工线的购买费用却节省 9W；同时，每年影响权益值方面手工线还可以减少 1W 的计提折旧费用，另外，对多种产品组合经营参赛团队，还可以增加不同产品之间转产的灵活性。

表 5-15　手工线与自动线综合比较 2

生产线	产能/个	购置费/W	维修费/W	总折旧/W	占用机位/个	购买厂房/W	厂房租金/W
手工线	20	3W×10	1W×10	1W×10×2	10	70	5+3
自动线	20	15W×5	2W×5	3W×5×4	5	40	5

如果以 10 条手工线配备所有的生产线机位时，每年最多可以产出 20 个产品，也就是相当于 5 条自动线的产能。从表格对比数据可以看出，购买厂房的情况下，10 条手工线的所支付的费用与 5 条自动线的所支付的费用，手工线节省 45W，超过大厂房的价值，且每年可以减少 5W 的折旧费用，多年经营之后的总折旧费用更是节省 40W；如果采用厂房租用的方式，那么 10 条手工线虽然需要多支付一个小厂房的租金，但整体来说，手工线的性价比还是非常的优越。

综上所述，本比赛规则采用 10 条手工线策略效果是否好于采用自动线？答案需要根据市场预测来分析，如果市场需求量较紧张，手工线优势明显，如果市场需求量较充裕，自动线的高产能将发挥最大作用。从减少经营费用方面来看，手工线在与自动线的竞争中并不落下风，在 6 年的经营中，手工线 40W 的折旧费用，相当于采用自动线的方案中必须净利润要比手工线增加 40W，两种策略的权益值才相等，此外，因为购买手工线可以节省大量资金，相当于不需要借入较大额的贷款就可以满足企业经营，由于产能中后期较自动线小，故广告费用的投入也可以相对减少。折旧费用、利息、广告费用、维修费用多方面综合起来比较，手工线还是有相当的竞争力。

最后，由于手工线的高性价比，从而大大弱化了柔性线的特点，且使得柔性线昂贵的购买价格更显得性价比较低。

（2）产品组合分析

2015 年竞赛规则将 4 种产品的研发费用和研发周期差距拉大，且产品的原材料组成使得参赛团队必须更加透彻地分析，理性思考，结合市场需求量与价格这一主要思路，分析竞争对手可能选择的产品，在经营前期如果能顺利规避强烈的竞争，那么就将使自己处于非常有利的地位。

参赛团队可以从产品研发难易度出发，如果是兼营产品方案还将从多种产品的相同原材料组合等方面来考虑，转产频率较高的情况下，相同原材料可以使企业在经营方面灵活度更高。

（3）融资策略探讨

关于融资方面的内容，与 2014 年规则分析的总体思路一致，这里不作重复的解析。根据多年的经验，参赛团队成员都应该了解并掌握全面资金预算的重要性，拥有制订 3 年资金预算的能力，能熟练地运用资金预算技巧，发现经营的资金缺口，合理地进行融资，用好用足每一分钱，不使资金闲置，使资金的使用效率最大化，为企业带来最大化的利润。

（4）其他规则分析

在广告费用投放方面，总体原则是需求量少且价格高的市场广告费多投，需求量多且价格低的市场广告费少投。但在实战中，所有参赛团队运用一致的原则，情况就将变得比较微妙，所以，如果在这场“无硝烟的战争”中取胜，更需要随机应变，多方面博弈，灵活出招才能克敌制胜。

2. 比赛数据统计与分析

依据图 5-3 市场预测数据和图 5-4 系统参数所提供的初始资金，选择合理的经营方案。

如果你是参赛队伍之一，你会采用什么竞争策略与其他参赛队竞争，理由是什么？

表 5-16～表 5-24 是 2015 年比赛中参赛队伍的前 3 年综合费用、利润表、资产负债表等数据，希望可以给读者们带来一定的启发。其中 U14、U20、U26 均为 10 条手工线开局的参赛团队，整体表现不错。U02 采用 8 条手工线加 2 条自动线开局，前期虽然广告费用上投放方面有失误，但总体来看，此策略还是具备相当的竞争力，若不是出现第 5 年忘记产品上线生产的低级失误，将可以取得较好的名次。另外，U10 是广东省内企业经营（沙盘模拟）项目的传统强队。

2015 年广东省中等职业学校沙盘模拟经营大赛

市场预测-需求量						
年份	市场	P1	P2	P3	P4	总计
第2年	本地	105	92	50	20	267
	区域	80	84	31	36	231
第2年 汇总		185	176	81	56	498
第3年	本地	73	65	71	48	257
	区域	59	69	47	63	238
	国内	28	30	39	34	131
第3年 汇总		160	164	157	145	626
第4年	本地	57	50	83	30	220
	区域	53	58	32	79	222
	国内	39	49	61	71	220
	亚洲		18	39	29	86
第4年 汇总		149	175	215	209	748
第5年	本地	66	52	56		174
	区域	44	43		53	140
	国内	28	54	46	49	177
	亚洲		36	53	40	129
	国际	22		36	26	84
第5年 汇总		160	185	191	168	704
第6年	本地	64	53	43		160
	区域	51	41		25	117
	国内	34	49	30	37	150
	亚洲		32	41	49	122
	国际	40		54	41	135
第6年 汇总		189	175	168	152	684
总计		843	875	812	730	3260

市场预测-均价						
年份	市场	P1	P2	P3	P4	总计
第2年	本地	5.14	6.88	9.50	11.00	7.00
	区域	5.24	7.02	9.35	11.22	7.37
第2年 汇总		5.18	6.95	9.44	11.14	7.17
第3年	本地	5.11	7.08	9.04	10.44	7.69
	区域	5.17	7.01	9.11	10.65	7.93
	国内	5.25	7.23	8.87	10.82	8.23
第3年 汇总		5.16	7.08	9.02	10.62	7.89
第4年	本地	5.16	7.12	8.51	10.33	7.57
	区域	5.19	6.98	8.63	10.27	7.96
	国内	5.23	7.18	8.21	10.03	8.04
	亚洲		7.67	8.31	10.38	8.87
第4年 汇总		5.19	7.15	8.40	10.21	7.97
第5年	本地	5.21	7.04	8.16		6.71
	区域	5.11	6.86		10.28	7.61
	国内	5.18	6.96	8.22	10.24	7.92
	亚洲		7.08	8.15	9.95	8.41
	国际	5.09		7.97	10.08	7.87
第5年 汇总		5.16	6.98	8.14	10.16	7.64
第6年	本地	5.16	7.08	8.00		6.56
	区域	5.08	6.51		9.80	6.59
	国内	5.03	6.76	7.90	10.03	7.40
	亚洲		6.84	8.17	9.88	8.51
	国际	5.20		8.20	9.46	7.70
第6年 汇总		5.12	6.81	8.09	9.79	7.32
总计		5.16	6.99	8.50	10.26	7.63

图 5-3　2015 年比赛市场预测数据

▶ 系统参数

参数	值	单位	参数	值	单位
违约扣款百分比	25	%	最大长贷年限	5	年
库存折价率(产品)	100	%	库存折价率(原料)	80	%
长期贷款利率	10	%	短期贷款利率	5	%
贷款额倍数	3	倍	初始现金(股东资本)	65	W
贴现率(1,2期)	10	%	贴现率(3,4期)	12.5	%
管理费	1	W	信息费	1	W
紧急采购倍数(原料)	2	倍	紧急采购倍数(产品)	3	倍
所得税率	25	%	最大经营年限	6	年
选单时间	45	秒	选单补时时间	25	秒
间谍有效时间	600	秒	间谍使用间隔	3000	秒
竞拍时间	90	秒	竞拍同拍数	3	
市场老大	○有 ◉无				

确定

图 5-4　2015 年比赛系统参数

通过 3 年的数据比较，可以发现由于手工线启用较早，折旧费用也是提前一年开始，前期压力突然增大，市场订单如果能够达到预期，风险就将快速地被释放，但没有哪一种策略能保证在所有比赛中可以成功，只有不断地根据实际情况不断地变化，才可以处于优势地位。

表 5-16 第 1 年综合费用表

单位：W

项目＼用户名	U01	U02	U03	U04	U05	U06	U07	U08	U09	U10	U11	U12	U13	U14	U15	U16	U17	U18	U19	U20	U21	U22	U23	U24	U25	U26	U27	U28
管理费	4	4	4	4	4	4	4	4	4	4	4	4	4	4	4	4	4	4	4	4	4	4	4	4	4	4	4	4
广告费	0	0	0	0	0	0	0	0	0	0	0	0	0	0	0	0	0	0	0	0	0	0	0	0	0	0	0	0
维修费	0	4	0	0	0	0	0	0	0	4	0	0	0	10	4	0	0	0	3	10	0	0	6	0	2	10	3	0
损失	0	0	0	0	0	0	0	0	0	0	0	0	0	0	0	0	0	0	0	0	0	0	0	0	0	0	0	0
转产费	0	0	0	0	0	0	0	0	0	0	0	0	0	0	0	0	0	0	0	0	0	0	0	0	0	0	0	0
厂房租金	0	0	5	0	0	0	0	0	0	0	0	0	0	8	0	0	0	0	0	0	5	0	8	0	5	8	0	0
新市场开拓	5	5	5	5	5	5	5	5	5	5	5	5	5	5	3	5	4	4	5	5	5	5	5	5	5	5	5	4
ISO 资格认证	2	2	2	2	2	2	2	2	2	2	2	2	2	2	0	2	2	2	2	2	2	2	2	2	2	2	2	2
产品研发	4	6	8	10	8	6	6	6	10	8	8	10	6	6	10	8	8	8	6	10	9	10	14	6	6	6	7	8
信息费	0	0	0	0	0	0	1	0	0	0	0	0	0	0	0	0	0	0	0	0	0	0	0	0	0	0	0	0
合计	15	21	24	21	19	17	18	17	21	23	19	21	17	35	21	19	18	18	20	31	25	21	39	17	24	35	21	18

表 5-17 第 1 年利润表

单位：W

项目＼用户名	U01	U02	U03	U04	U05	U06	U07	U08	U09	U10	U11	U12	U13	U14	U15	U16	U17	U18	U19	U20	U21	U22	U23	U24	U25	U26	U27	U28
销售收入	0	0	0	0	0	0	0	0	0	0	0	0	0	0	0	0	0	0	0	0	0	0	0	0	0	0	0	0
直接成本	0	0	0	0	0	0	0	0	0	0	0	0	0	0	0	0	0	0	0	0	0	0	0	0	0	0	0	0
毛利	0	0	0	0	0	0	0	0	0	0	0	0	0	0	0	0	0	0	0	0	0	0	0	0	0	0	0	0
综合费用	15	21	24	21	19	17	18	17	21	23	19	21	17	35	21	19	18	18	20	31	25	21	39	17	24	35	21	18
折旧前利润	−15	−21	−24	−21	−19	−17	−18	−17	−21	−23	−19	−21	−17	−35	−21	−19	−18	−18	−20	−31	−25	−21	−39	−17	−24	−35	−21	−18
折旧	0	0	0	0	0	0	0	0	0	0	0	0	0	0	0	0	0	0	0	0	0	0	0	0	0	0	0	0
支付利息前利润	−15	−21	−24	−21	−19	−17	−18	−17	−21	−23	−19	−21	−17	−35	−21	−19	−18	−18	−20	−31	−25	−21	−39	−17	−24	−35	−21	−18
财务费用	0	0	0	0	0	0	0	0	0	0	0	0	0	0	0	0	0	0	0	0	0	0	0	0	0	0	0	0
税前利润	−15	−21	−24	−21	−19	−17	−18	−17	−21	−23	−19	−21	−17	−35	−21	−19	−18	−18	−20	−31	−25	−21	−39	−17	−24	−35	−21	−18
所得税	0	0	0	0	0	0	0	0	0	0	0	0	0	0	0	0	0	0	0	0	0	0	0	0	0	0	0	0
年度净利润	−15	−21	−24	−21	−19	−17	−18	−17	−21	−23	−19	−21	−17	−35	−21	−19	−18	−18	−20	−31	−25	−21	−39	−17	−24	−35	−21	−18

表 5-18 第 1 年资产负债表

单位：W

项目＼用户名	U01	U02	U03	U04	U05	U06	U07	U08	U09	U10	U11	U12	U13	U14	U15	U16	U17	U18	U19	U20	U21	U22	U23	U24	U25	U26	U27	U28
现金	20	14	26	14	11	18	17	28	19	12	11	14	13	20	44	16	17	22	10	104	25	24	106	13	16	20	24	27
应收款	0	0	0	0	0	0	0	0	0	0	0	0	0	0	0	0	0	0	0	0	0	0	0	0	0	0	0	0
在制品	0	8	0	0	0	0	0	0	0	8	0	0	0	20	8	0	0	0	6	20	0	0	12	0	4	20	6	0
产成品	0	0	0	0	0	0	0	0	0	0	0	0	0	0	0	0	0	0	0	0	0	0	0	0	0	0	0	0
原料	0	0	0	0	0	0	0	0	0	0	0	0	0	0	0	0	0	0	0	0	0	0	0	0	0	0	0	0
流动资产合计	20	22	26	14	11	18	17	28	19	20	11	14	13	40	52	16	17	22	16	124	25	24	118	13	20	40	30	27
厂房	40	40	0	40	30	40	40	40	40	40	40	40	40	0	40	30	40	40	40	70	0	40	0	40	0	0	40	40
机器设备	0	12	0	0	0	0	0	0	0	12	0	0	0	30	12	0	0	0	9	30	0	0	18	0	6	30	9	0
在建工程	90	10	95	80	65	80	80	80	75	30	75	70	95	0	0	80	80	85	60	0	95	60	80	95	75	0	45	80
固定资产合计	130	62	95	120	95	120	120	120	115	82	115	110	135	30	52	110	120	125	109	100	95	100	98	135	81	30	94	120
资产总计	150	84	121	134	106	138	137	148	134	102	126	124	148	70	104	126	137	147	125	224	120	124	216	148	101	70	124	147
长期负债	0	0	0	10	20	10	10	0	10	0	0	0	0	0	0	0	10	0	0	190	0	0	190	0	0	0	0	0
短期负债	100	40	80	80	40	80	80	100	80	60	80	80	100	40	60	80	80	100	80	0	80	80	0	100	60	40	80	100
所得税	0	0	0	0	0	0	0	0	0	0	0	0	0	0	0	0	0	0	0	0	0	0	0	0	0	0	0	0
负债合计	100	40	80	90	60	90	90	100	90	60	80	80	100	40	60	80	90	100	80	190	80	80	190	100	60	40	80	100
股东资本	65	65	65	65	65	65	65	65	65	65	65	65	65	65	65	65	65	65	65	65	65	65	65	65	65	65	65	65
利润留存	0	0	0	0	0	0	0	0	0	0	0	0	0	0	0	0	0	0	0	0	0	0	0	0	0	0	0	0
年度净利	−15	−21	−24	−21	−19	−17	−18	−17	−21	−23	−19	−21	−17	−35	−21	−19	−18	−18	−20	−31	−25	−21	−39	−17	−24	−35	−21	−18
所有者权益合计	50	44	41	44	46	48	47	48	44	42	46	44	48	30	44	46	47	47	45	34	40	44	26	48	41	30	44	47
负债和所有者权益总计	150	84	121	134	106	138	137	148	134	102	126	124	148	70	104	126	137	147	125	224	120	124	216	148	101	70	124	147

表 5-19 第 2 年综合费用表

单位：W

项目 \ 用户名	U01	U02	U03	U04	U05	U06	U07	U08	U09	U10	U11	U12	U13	U14	U15	U16	U17	U18	U19	U20	U21	U22	U23	U24	U25	U26	U27	U28
管理费	4	4	4	4	4	4	4	4	4	4	4	4	4	4	4	4	4	4	4	4	4	4	4	4	4	4	4	4
广告费	10	8	17	7	9	17	8	13	12	10	11	12	10	15	6	13	14	14	9	17	14	10	16	7	12	12	15	14
维修费	13	12	12	8	8	10	9	10	10	12	10	8	11	10	6	8	8	11	9	10	11	11	14	10	10	10	9	10
损失	0	0	−20	0	0	0	0	0	0	0	0	0	0	0	0	0	0	0	0	4	0	0	0	0	0	0	4	3
转产费	0	0	0	0	0	0	0	0	0	0	0	0	0	0	0	0	0	0	0	0	0	0	0	0	0	0	0	0
厂房租金	3	3	5	0	0	0	0	0	0	3	0	0	0	8	0	0	0	0	0	0	5	3	8	0	8	8	0	0
新市场开拓	3	3	3	3	2	3	3	2	3	3	3	3	3	3	0	3	3	3	3	3	3	3	3	3	3	3	3	2
ISO 资格认证	2	2	2	2	2	2	2	2	2	2	2	2	2	2	0	2	2	2	2	2	2	2	2	2	2	2	2	2
产品研发	2	2	1	2	3	4	4	2	2	4	2	2	2	4	2	2	4	3	2	2	5	2	4	3	3	4	1	2
信息费	0	0	0	0	0	0	0	0	0	0	0	0	0	0	0	0	0	0	0	0	0	0	0	0	0	0	0	0
合计	37	34	24	26	28	40	30	33	33	38	32	31	32	46	18	32	35	37	29	42	44	35	51	29	42	43	38	37

表 5-20 第 2 年利润表

单位：W

项目＼用户名	U01	U02	U03	U04	U05	U06	U07	U08	U09	U10	U11	U12	U13	U14	U15	U16	U17	U18	U19	U20	U21	U22	U23	U24	U25	U26	U27	U28
销售收入	127	83	103	91	69	87	89	92	94	102	101	85	105	116	39	94	101	110	84	133	122	96	150	90	104	114	80	93
直接成本	57	32	40	42	29	36	38	36	40	43	42	35	42	45	16	40	44	47	32	52	52	40	64	36	41	45	33	42
毛利	70	51	63	49	40	51	51	56	54	59	59	50	63	71	23	54	57	63	52	81	70	56	86	54	63	69	47	51
综合费用	37	34	24	26	28	40	30	33	33	38	32	31	32	46	18	32	35	37	29	42	44	35	51	29	42	43	38	37
折旧前利润	33	17	39	23	12	11	21	23	21	21	27	19	31	25	5	22	22	26	23	39	26	21	35	25	21	26	9	14
折旧	0	4	0	0	0	0	0	0	0	4	0	0	0	10	4	0	0	0	3	10	0	0	6	0	2	10	3	0
支付利息前利润	33	13	39	23	12	11	21	23	21	17	27	19	31	15	1	22	22	26	20	29	26	21	29	25	19	16	6	14
财务费用	12	4	4	9	4	8	7	11	8	9	9	4	10	5	3	4	5	13	6	19	11	8	22	8	6	2	6	13
税前利润	21	9	35	14	8	3	14	12	13	8	18	15	21	10	−2	18	17	13	14	10	15	13	7	17	13	14	0	1
所得税	1	0	2	0	0	0	0	0	0	0	0	0	1	0	0	0	0	0	0	0	0	0	0	0	0	0	0	0
年度净利润	20	9	33	14	8	3	14	12	13	8	18	15	20	10	−2	18	17	13	14	10	15	13	7	17	13	14	0	1

表 5-21　第 2 年资产负债表

单位：W

项目＼用户名	U01	U02	U03	U04	U05	U06	U07	U08	U09	U10	U11	U12	U13	U14	U15	U16	U17	U18	U19	U20	U21	U22	U23	U24	U25	U26	U27	U28
现金	5	1	39	4	24	11	18	13	25	4	4	6	0	46	41	2	11	19	7	33	0	5	8	1	5	34	10	4
应收款	62	52	43	44	55	36	35	41	18	50	43	48	48	38	19	66	46	29	52	71	53	43	79	49	39	53	49	28
在制品	21	40	15	20	10	15	25	20	23	24	23	15	21	26	15	16	12	21	20	40	24	24	38	18	21	27	18	17
产成品	0	0	4	0	0	9	0	0	0	2	3	0	2	0	0	0	0	3	4	0	0	0	6	2	0	0	6	0
原料	0	0	0	0	0	0	0	0	0	0	0	0	0	0	3	0	0	0	0	0	0	0	0	0	0	0	0	4
流动资产合计	88	93	101	68	89	71	78	74	66	80	73	69	71	110	78	84	69	72	83	144	77	72	131	70	65	114	83	53
厂房	40	40	0	40	30	40	40	40	40	40	40	40	40	0	40	30	40	40	40	70	0	40	0	40	0	0	40	40
机器设备	93	50	95	80	65	80	83	86	81	50	81	70	98	20	14	80	80	88	66	20	98	75	92	95	79	20	51	80
在建工程	0	0	0	0	0	0	0	0	0	0	0	10	0	0	0	0	15	0	0	0	0	0	0	0	30	0	0	15
固定资产合计	133	90	95	120	95	120	123	126	121	90	121	120	138	20	54	110	135	128	106	90	98	115	92	135	109	20	91	135
资产总计	221	183	196	188	184	191	201	200	187	170	194	189	209	130	132	194	204	200	189	234	175	187	223	205	174	134	174	188
长期负债	50	30	20	50	50	60	60	40	50	20	30	50	40	10	50	30	40	40	30	190	40	50	190	40	20	10	50	0
短期负债	100	100	100	80	80	80	80	100	80	100	100	80	100	80	40	100	100	100	100	0	80	80	0	100	100	80	80	140
所得税	1	0	2	0	0	0	0	0	0	0	0	0	1	0	0	0	0	0	0	0	0	0	0	0	0	0	0	0
负债合计	151	130	122	130	130	140	140	140	130	120	130	130	141	90	90	130	140	140	130	190	120	130	190	140	120	90	130	140
股东资本	65	65	65	65	65	65	65	65	65	65	65	65	65	65	65	65	65	65	65	65	65	65	65	65	65	65	65	65
利润留存	−15	−21	−24	−21	−19	−17	−18	−17	−21	−23	−19	−21	−17	−35	−21	−19	−18	−18	−20	−31	−25	−21	−39	−17	−24	−35	−21	−18
年度净利	20	9	33	14	8	3	14	12	13	8	18	15	20	10	−2	18	17	13	14	10	15	13	7	17	13	14	0	1
所有者权益合计	70	53	74	58	54	51	61	60	57	50	64	59	68	40	42	64	64	60	59	44	55	57	33	65	54	44	44	48
负债和所有者权益总计	221	183	196	188	184	191	201	200	187	170	194	189	209	130	132	194	204	200	189	234	175	187	223	205	174	134	174	188

表 5-22 第 3 年综合费用表

单位：W

项目＼用户名	U01	U02	U03	U04	U05	U06	U07	U08	U09	U10	U11	U12	U13	U14	U15	U16	U17	U18	U19	U20	U21	U22	U23	U24	U25	U26	U27	U28
管理费	4	4	4	4	4	4	4	4	4	4	4	4	4	4	4	4	4	4	4	4	4	4	4	4	4	4	4	4
广告费	14	18	6	18	27	16	12	21	16	14	18	16	17	19	13	17	25	16	17	15	24	24	13	13	15	15	9	17
维修费	13	10	12	9	11	11	9	11	10	12	14	13	13	10	6	8	10	15	11	10	14	13	14	15	14	10	13	12
损失	0	2	0	0	0	0	0	0	0	4	0	3	8	0	0	0	0	0	0	0	19	0	1	0	0	0	0	0
转产费	0	0	0	0	0	0	0	0	0	0	0	0	0	0	0	0	0	0	0	0	0	0	0	0	0	0	0	0
厂房租金	3	8	8	3	5	0	3	3	3	3	3	3	3	8	0	5	0	3	3	0	8	3	8	3	8	3	3	5
新市场开拓	2	2	2	2	3	2	2	2	2	2	2	2	2	2	1	2	2	2	2	2	2	2	2	2	2	2	2	1
ISO 资格认证	1	1	1	1	1	1	1	1	1	1	1	1	1	1	2	1	1	1	1	1	1	1	1	1	1	1	1	1
产品研发	4	0	3	0	1	2	4	3	4	0	4	4	4	2	0	0	4	4	0	4	3	4	0	4	4	2	0	0
信息费	0	0	0	0	0	0	0	0	0	0	0	0	0	0	0	0	0	0	0	0	0	0	0	0	0	0	0	0
合计	41	45	36	37	52	36	35	45	40	40	46	46	52	46	26	37	46	45	38	36	75	51	43	42	48	37	32	40

表 5-23 第 3 年利润表

单位：W

项目＼用户名	U01	U02	U03	U04	U05	U06	U07	U08	U09	U10	U11	U12	U13	U14	U15	U16	U17	U18	U19	U20	U21	U22	U23	U24	U25	U26	U27	U28
销售收入	140	208	109	181	131	169	174	157	153	189	213	181	228	126	60	144	176	193	164	164	240	186	262	191	213	130	117	127
直接成本	60	92	43	83	55	72	80	66	67	78	95	80	99	51	27	64	83	83	68	70	108	81	118	88	96	51	48	56
毛利	80	116	66	98	76	97	94	91	86	111	118	101	129	75	33	80	93	110	96	94	132	105	144	103	117	79	69	71
综合费用	41	45	36	37	52	36	35	45	40	40	46	46	52	46	26	37	46	45	38	36	75	51	43	42	48	37	32	40
折旧前利润	39	71	30	61	24	61	59	46	46	71	72	55	77	29	7	43	47	65	58	58	57	54	101	61	69	42	37	31
折旧	19	12	19	16	13	16	17	18	17	14	17	14	20	10	6	16	16	18	15	10	20	17	22	19	17	10	12	16
支付利息前利润	20	59	11	45	11	45	42	28	29	57	55	41	57	19	1	27	31	47	43	48	37	37	79	42	52	32	25	15
财务费用	15	17	7	22	15	22	20	13	10	11	19	18	17	6	7	11	11	19	18	24	31	16	32	17	22	5	18	23
税前利润	5	42	4	23	−4	23	22	15	19	46	36	23	40	13	−6	16	20	28	25	24	6	21	47	25	30	27	7	−8
所得税	1	7	1	4	0	2	4	2	2	7	8	4	10	0	0	3	4	5	4	0	0	3	3	6	4	1	0	0
年度净利润	4	35	3	19	−4	21	18	13	17	39	28	19	30	13	−6	13	16	23	21	24	6	18	44	19	26	26	7	−8

表 5-24 第 3 年资产负债表

单位：W

项目＼用户名	U01	U02	U03	U04	U05	U06	U07	U08	U09	U10	U11	U12	U13	U14	U15	U16	U17	U18	U19	U20	U21	U22	U23	U24	U25	U26	U27	U28
现金	28	23	24	20	6	3	12	32	20	12	77	12	4	19	46	16	14	30	26	68	1	1	63	7	7	24	24	21
应收款	74	132	41	54	88	91	80	46	67	120	57	83	122	101	26	99	104	68	91	70	68	102	88	104	81	77	33	35
在制品	21	32	17	25	25	20	25	24	21	38	39	31	28	40	30	16	17	36	32	40	41	38	46	38	34	50	24	22
产成品	18	4	18	0	0	3	10	0	4	0	0	0	0	3	6	0	0	12	2	0	10	3	3	0	10	0	9	22
原料	0	0	2	0	0	0	0	7	0	0	1	1	0	0	0	0	0	0	6	0	4	0	0	0	0	0	0	1
流动资产合计	141	191	102	99	119	117	127	109	112	170	174	127	154	163	108	131	135	146	157	178	124	144	200	149	132	151	90	101
厂房	40	0	0	40	30	40	40	40	40	40	40	40	40	0	40	30	40	40	40	70	0	40	0	40	0	40	40	0
机器设备	74	34	76	67	61	67	66	71	64	36	76	80	84	10	8	64	79	82	57	10	87	64	70	91	92	10	51	79
在建工程	30	20	60	45	0	0	30	35	30	0	0	5	30	0	0	45	20	0	0	0	10	0	0	0	20	0	0	0
固定资产合计	144	54	136	152	91	107	136	146	134	76	116	125	154	10	48	139	139	122	97	80	97	104	70	131	112	50	91	79
资产总计	285	245	238	251	210	224	263	255	246	246	290	252	308	173	156	270	274	268	254	258	221	248	270	280	244	201	181	180
长期负债	90	50	40	70	80	70	80	80	90	50	90	70	80	40	60	70	90	80	70	190	80	70	190	90	40	30	50	0
短期负债	120	100	120	100	80	80	100	100	80	100	100	100	120	80	60	120	100	100	100	0	80	100	0	100	120	100	80	140
所得税	1	7	1	4	0	2	4	2	2	7	8	4	10	0	0	3	4	5	4	0	0	3	3	6	4	1	0	0
负债合计	211	157	161	174	160	152	184	182	172	157	198	174	210	120	120	193	194	185	174	190	160	173	193	196	164	131	130	140
股东资本	65	65	65	65	65	65	65	65	65	65	65	65	65	65	65	65	65	65	65	65	65	65	65	65	65	65	65	65
利润留存	5	−12	9	−7	−11	−14	−4	−5	−8	−15	−1	−6	3	−25	−23	−1	−1	−5	−6	−21	−10	−8	−32	0	−11	−21	−21	−17
年度净利	4	35	3	19	−4	21	18	13	17	39	28	19	30	13	−6	13	16	23	21	24	6	18	44	19	26	26	7	−8
所有者权益合计	74	88	77	77	50	72	79	73	74	89	92	78	98	53	36	77	80	83	80	68	61	75	77	84	80	70	51	40
负债和所有者权益总计	285	245	238	251	210	224	263	255	246	246	290	252	308	173	156	270	274	268	254	258	221	248	270	280	244	201	181	180

想一想

对于2014年和2015年比赛规则与市场预测数据，你如果是参赛团队之一，是否有更好的方案与策略？请将方案写下来，并进行实操演练，检验方案的可行性与实战性。

附录一　2016 年全国职业院校技能大赛（中职组）

——“企业经营沙盘模拟”规则（国赛正题）

一、参赛队员分工

比赛采取团队竞赛方式，每支参赛队设 4 名参赛选手，1～2 名指导老师。每支代表队模拟一家生产制造型企业，与其他参赛队模拟的同质企业在同一市场环境中展开企业经营竞争。参赛选手分别担任如下角色：总经理、财务总监、运营总监、营销总监。

二、运行方式及监督

本次大赛采用“新道新创业者沙盘系统”（以下简称“系统”）与企业经营管理沙盘和手工记录相结合的方式运作企业，即所有的决策及计划执行在实物沙盘上进行，并进行手工台账记录，最后的运行确认在系统中确定，最终结果以系统为准。运行中的销售订货会在电子沙盘系统中进行，各队在本队计算机上参加销售订货会，交易活动，包括贷款、原材料入库、交货、应收账款贴现及回收，均在本地计算机上完成选单。

各参赛队只允许用主办方提供的电脑接入操作比赛系统，主办方提供电脑和录屏幕软件，比赛过程中，学生端必须启动录屏文件，全程录制经营过程，建议每一年经营录制为一个独立的文件。一旦发生问题，以录屏结果为证，裁决争议。如果擅自停止录屏过程，按系统的实际运行状态执行。

竞赛过程中，如有疑问，参赛选手应持“咨询”示意牌示意，项目裁判长应按照有关要求及时予以答疑。如遇设备或软件等故障，参赛选手应持“故障”示意牌示意，项目裁判长、技术人员等应及时予以解决。确因计算机软件或硬件故障，致使操作无法继续的，经项目裁判长确认，予以启用备用计算机。如遇身体不适，参赛选手应持“医务”示意牌示意，现场医务人员按应急预案救治。

比赛期间带队老师不允许进入赛场；所有参赛队员不得使用手机与外界联系，电脑仅限于作为系统运行平台，不得使用各种手段通过 Internet 与外界联系，否则取消参赛资格。

比赛期间计时的时间以本赛区所用服务器上时间为准，赛前选手可以按照服务器时间调整自己电脑上的时间。

三、企业运营流程

企业运营流程建议按照运营流程表中列示的流程执行，比赛期间不能还原。每年经营结束后，各参赛队不需要提交纸质报表，只需要在系统里填写《综合费用表》《利润表》《资产负债表》，如果不交，则无法填写广告。

注意：数值为 0 时必须填写阿拉伯数字“0”。不填数字，系统也视同填报错误。

四、竞赛规则

1. 融资

融资规则如附表 1-1 所示。

附表 1-1 融资规则

贷款类型	贷款时间	贷款额度	年利率	还款方式
长期贷款	每年年初	所有长贷和短贷之和不能超过上年权益的 3 倍	10%	年初付息，到期还本
短期贷款	每季度初		5%	到期一次还本付息
资金贴现	任何时间	视应收款额	10%（1 季，2 季） 12.5%（3 季，4 季）	贴现各账期分开核算，分开计息
库存拍卖	原材料八折，成品按成本价			

规则说明：

（1）长期和短期贷款信用额度

长短期贷款的总额度（包括已借但未到还款期的贷款）为上年权益总计的 3 倍，长期贷款、短期贷款必须为大于等于 10W 的整数申请。例：第 1 年所有者权益为 44W，第 1 年已借 5 年期长贷 57W（且未申请短期贷款），则第 2 年可贷款总额度为 44×3－57＝75W。

（2）贷款规则

1）长期贷款每年必须支付利息，到期归还本金。长期贷款最多可贷 5 年。

2）结束年时，不要求归还没有到期的各类贷款。

3）短期贷款年限为 1 年，如果某一季度有短期贷款需要归还，且同时还拥有贷款额度时，必须先归还到期的短期贷款，才能申请新的短期贷款。

4）所有的贷款不允许提前还款。

5）企业间不允许私自融资，只允许企业向银行贷款，银行不提供高利贷。

6）贷款利息计算时四舍五入。例：短期贷款 21W，则利息为 21×5%＝1.05W，四舍五入，实际支付利息为 1W。

7）长期贷款利息是根据长期贷款的贷款总额乘以利率计算。例如：第 1 年申请 54W 长期贷款，第 2 年申请 24W 长期贷款，则第 3 年所需要支付的长期贷款利息＝(54＋24)×10%＝7.8W，四舍五入，实际支付利息为 8W。

（3）贴现规则

应收账款分季度计算贴息，如附表 1-2 所示，应收账款 1 季贴现 26W，2 季贴现 424W，贴息为：1 账期应收账款贴息＝26×10%＝2.6≈3W，2 账期应收账款贴息＝424×10%＝42.4≈43W，贴息总额＝3＋43＝46W。

附表 1-2　贴现规则

剩余账期/Q	应收账款/W	贴现额/W
1	1115	26
2	424	424

（4）出售库存规则

1）原材料打八折（向下取整）出售。例：出售 2 个原材料获得 2×0.8＝1.6W≈1W。

2）出售产成品按产品的成本价计算。例：出售 1 个 P2 产成品获得 1×3＝3W。

2. 厂房

厂房购买规则如附表 1-3 所示。

附表 1-3　厂房购买规则

厂房	买价/W	租金/（W/年）	售价/W	生产线容量/条
大厂房	40	4	40	4
中厂房	30	3	30	3
小厂房	20	2	20	2

规则说明：

1）租用或购买厂房可以在任何季度进行。如果决定租用厂房或者厂房买转租，租金在开始租用的季度交付，即从现金处取等量钱币，放在租金费用处。1 年租期到期时，如果决定续租，需重复以上步骤。

2）厂房租入后，1 年后可作租转买、退租等处理（例：第 1 年第 1 季度租厂房，则以后每 1 年的第 1 季度末“厂房处理”均可“租转买”），如果到期没有选择“租转买”，系统自动做续租处理，租金在“当季结束”时和“行政管理费”一并扣除。

3）要新建或租赁生产线，必须购买或租用厂房，没有租用或购买厂房不能新建或租赁生产线。

4）如果厂房中没有生产线，可以选择厂房退租。

5）厂房出售得到 4 个账期的应收账款，紧急情况下可进行厂房贴现（4 季贴现），直接得到现金，如厂房中有生产线，同时要扣租金。

6）厂房使用可以任意组合，但总数不能超过 4 个；如租 4 个小厂房或买 4 个大厂房或租一个大厂房买一个中厂房、两个小厂房。

3. 生产线

生产线规则如附表 1-4 所示。

附表 1-4　生产线规则

生产线	购置费/W	安装周期/Q	生产周期/Q	总转产费/W	转产周期/Q	维修费/（W/年）	残值/W
超级手工线	4	无	2	0	无	1	1
自动线	15	3	1	2	1	2	3
柔性线	20	4	1	0	无	2	4

1）在系统中新建生产线，需先选择厂房，然后选择生产线的类型及所生产产品的类型；生产产品一经确定，本生产线所生产的产品便不能更换，如需更换，须在建成后，进行转产处理；

2）每次操作可建一条生产线，同一季度可重复操作多次，直至生产线位置全部铺满。自动线和柔性线待最后一期投资到位后，必须到下一季度才算安装完成，允许投入使用。超级手工线当季购入当季即可使用。

3）新建生产线一经确认，即刻进入第 1 期在建，当季便自动扣除现金。

4）不论何时出售生产线，从生产线净值中取出相当于残值的部分计入现金，净值与残值之差计入损失。

5）只有空的并且已经建成的生产线方可转产。

6）当年建成的生产线、转产中生产线都要交维修费；凡已出售的生产线和新购正在安装的生产线不缴纳维护费。

7）生产线不允许在不同厂房移动。

4. 生产线折旧（平均年限法）

生产线折旧规则如附表 1-5 所示。

附表 1-5　生产线折旧规则

生产线	购买价格/W	残值/W	建成 第 1 年/W	建成 第 2 年/W	建成 第 3 年/W	建成 第 4 年/W	建成 第 5 年/W
超级手工线	4	1	0	1	1	1	0
自动线	15	3	0	3	3	3	3
柔性线	20	4	0	4	4	4	4

生产线建成当年不提折旧，当净值等于残值时生产线不再计提折旧，但可以继续使用。

5. 产品研发

要想生产某种产品，先要获得该产品的生产许可证。而要获得生产许可证，则必须经过产品研发。P1、P2、P3、P4 产品都需要研发后才能获得生产许可。研发需要分期投入研发费用。投资规则如附表 1-6 所示。

附表 1-6　投资规则

名称	开发费用/（W/Q）	开发总额/W	开发周期/Q	加工费/（W/个）	直接成本/(W/个）	产品组成
P1	1	2	2	1	2	R1
P2	1	4	4	1	3	R2+R3
P3	1	5	5	1	4	R1+R3+R4
P4	2	12	6	1	5	R2+R3+2×R4

1）产品研发可以中断或终止，但不允许超前或集中投入。已投资的研发费不能回收。

2）如果开发没有完成，“系统”不允许开工生产。

6. ISO 资格认证

认证规则如附表 1-7 所示。

附表 1-7　认证规则

认证	ISO9000	ISO14000
所需费用/（W/年）	1	1
持续时间/年	2	3

1）无须交维护费，中途停止使用，也可继续拥有资格并在以后年份使用。
2）ISO 认证，只有在第 4 季度末才可以操作。

7. 市场开拓

市场开拓规则如附表 1-8 所示。

附表 1-8　市场开拓规则

市场	每年开拓费/（W/年）	开拓年限/年	全部开拓费用/W
本地	1	1	1
区域	1	1	1
国内	1	2	2
亚洲	1	3	3
国际	1	4	4

1）无须交维护费，中途停止使用，也可继续拥有资格并在以后年份使用。
2）市场开拓，只有在第 4 季度才可以操作。
3）投资中断已投入的资金依然有效。

8. 原料

原料采购规则如附表 1-9 所示。

附表 1-9　原料采购规则

原材料名称	购买价格/（W/个）	提前期/Q
R1	1	1
R2	1	1
R3	1	2
R4	1	2

1）没有下订单的原材料不能采购入库。

2）所有预订的原材料到期必须全额现金购买。

3）紧急采购时，原料是直接成本的 2 倍，即 2W/个，在利润表中直接成本仍然按照标准成本记录，紧急采购多付出的成本计入综合费用表中的“损失”。

9. 选单规则

在一个回合中，每投放 1W 广告费理论上将获得一次选单机会，此后每增加 2W 理论上多一次选单机会。例如，本地 P1 投入 3W 表示最多有两次选单机会，但是能否选到第二次取决于市场需求及竞争态势。

投放广告，只有裁判宣布的最晚时间，没有最早时间。在系统里，当年经营结束后即可马上投放下一年的广告。

选单时首先以当年本市场本产品广告额投放大小顺序依次选单；如果两队本市场本产品广告额相同，则看本市场广告投放总额；如果本市场广告总额也相同，则看上年本市场销售排名；如仍无法决定，先投广告者先选单。第 1 年无订单。

选单时，各队需要关注市场的选单进展，第一个市场结束，第二个市场立即开单，选单时各队需要点击相应的市场按钮（如“本地”），某一市场选单结束，系统不会自动跳到其他市场。

注意：出现确认框要在倒计时大于 5 秒时按下确认按钮，否则可能造成选单无效。

在某细分市场（如本地 P1）有多次选单机会，只要放弃一次，则视同放弃该细分市场所有选单机会。

选单时各队一台电脑联网。

本次比赛无市场老大。

选单界面如附图 1-1 所示。

参加订货会

本地（P1，u01）区域（P1，u01）正在选单

本地　区域

u01参加第4年订货会。当前回合为本地市场、P1产品、选单用户u01、剩余选单时间为46秒。 放弃选单

ID	用户	产品广告	市场广告	销售额	次数
1	u01	1	2	101	1

编号	总价	单价	数量	交货期	账期	ISO	操作
S411_01	10	5.00	2	4	1	9 14	选中
S411_02	5	5.00	1	4	1	-	选中
S411_03	5	5.00	1	4	1	-	选中
S411_04	9	4.50	2	4	1	-	选中
S411_05	16	5.33	3	4	0	-	选中
S411_06	14	4.67	3	4	2	-	选中
S411_07	10	5.00	2	4	1	-	选中
S411_08	15	5.00	3	4	1	-	选中
S411_09	11	5.50	2	4	2	-	选中

附图 1-1　选单界面

10. 订单交货

订单必须在规定季（即订单中的交货期）或提前交货，应收账期从交货季开始算起。应收账款收回系统自动完成，不需要各队填写收回金额。

例：U01 组第 2 年选到了如附表 1-10（a）所示订单。

附表 1-10（a）　U01 订单列表

订单编号	市场	产品	数量/个	总价/W	状态	得单年份	交货期/Q	账期/Q	ISO	交货时间
MN-007	本地	P1	4	22	已违约	第 2 年	3	2	—	—
MN-006	本地	P1	5	26	已违约	第 2 年	4	1	—	第 2 年第 3 季
MN-030	区域	P1	6	32	已违约	第 2 年	4	1	—	第 2 年第 3 季
MN-028	区域	P1	3	17	已违约	第 2 年	3	1	—	—

其中 MN-007 和 MN-028 订单的交货期为 3 季，即代表这 2 张订单最迟必须在当年第 3 季度交货（也可以在第 1 季度或第 2 季度交货），如果到了第 3 季度仍然无法交货，则系统自动认为该订单违约。

11. 取整规则（均精确或舍到个位整数）

1）违约金（分别计算）扣除，四舍五入。
2）库存拍卖所得现金，向下取整。
3）贴现费用，向上取整。
4）扣税，四舍五入。
5）长短贷利息，四舍五入。

12. 关于违约问题

所有订单要求在本年度内完成（按订单上的产品数量和交货期交货）。如果订单没有完成，则视为违约订单，按下列条款加以处罚：

1）分别按违约订单销售额的 20%（四舍五入，每张订单违约金分别计算）计算违约金，并在当年第 4 季度结束后扣除，违约金记入“损失”。例：某组违约了以下两张订单，如附表 1-10（b）所示。

附表 1-10（b）　U01 订单列表

订单编号	市场	产品	数量/个	总价/W	状态	得单年份	交货期/Q	账期/Q	ISO	交货时间
MN-007	本地	P1	4	22	已违约	第 2 年	3	2	—	—
MN-006	本地	P1	5	26	已交货	第 2 年	4	1	—	第 2 年第 3 季
MN-030	区域	P1	6	32	已交货	第 2 年	4	1	—	第 2 年第 3 季
MN-028	区域	P1	3	17	已交货	第 2 年	3	1	—	—

则缴纳的违约金分别为：22×20%＝4.4W≈4W；17×20%＝3.4W≈3W，合计为 4＋3＝7W。

2）违约订单一律收回，不用再交。

13. 重要参数

重要参数说明如附表 1-11 所示。

附表 1-11 重要参数说明

初始现金（股东资本）	65W	管理费	1W/季
长期贷款利率	10%	短期贷款利率	5%
贷款额倍数	3 倍	最大长贷年限	5 年
贴现率（1，2 期）	10%	贴现率（3，4 期）	12.5%
库存折价率（原料）	80%	库存折价率（产品）	100%
紧急采购倍数（原料）	2 倍	紧急采购倍数（产品）	3 倍
所得税率	25%	违约扣款百分比	20%
最小得单广告额	1W	信息费	1W
订货会选单时间	45 秒	订单首选补时	15 秒
订单会市场同开数量	1 个	厂房数量	4 个
市场老大	无	竞拍	无

注意：

1）每个市场每个产品选单时第一队选单时间为 60 秒，自第二队起，选单时间设为 45 秒。

2）初始资金为 65 W。

3）信息费 1W/次/队，即交 1W 可以查看一队的企业信息，交费企业以 Excel 表格形式获得被间谍企业详细信息（可看到的信息框架结构如附件 Excel 表所示）。竞单会时无法使用间谍。

14. 竞赛排名

比赛结果以参加比赛各队的第 6 年结束后的最终所有者权益（包括违规扣权益后）进行评判，分数高者为优胜。

如果出现最终权益相等的情况，则比较第 6 年的年度净利润，年度净利润高者排名靠前，如果依然相等，则先完成第 6 年经营的组排名在前。

15. 罚分细则

（1）运行超时扣分

运行超时有两种情况：一是指不能在规定时间完成广告投放（可提前投广告）；二是指不能在规定时间完成当年经营（以点击系统中“当年结束”按钮并确认为准）。

处罚：按总分 1 权益/分钟（不满一分钟按一分钟计算）计算罚分，最多不能超过 10 分钟。如果到 10 分钟后还不能完成相应的运行，将取消其参赛资格。

注意：投放广告时间、完成经营时间及提交报表时间系统均会记录，作为扣分依据。

（2）报表错误扣分

必须按规定时间在系统中填制综合费用表、利润表、资产负债表，如果上交的报表与系统自动生成的报表对照有误，在总得分中扣罚 5 权益/次，并以系统提供的报表为准修订。

注意：对上交报表时间会作规定，延误上交报表即视为错误一次，即使后来在系统中填制正确也要扣分。由运营超时引发延误上交报表视同报表错误并扣分（即如果某队超时 3 分钟，将被扣除 1×3＋5＝8 权益）。

（3）摆盘错误扣分

本次比赛需要摆放物理盘面，看盘期间（每年经营结束后，由裁判宣布看盘时间。）需要如实回答看盘者提问，也不能拒绝看盘者看电脑屏幕并查看其中除销售订单外的任何信息（看盘者不能操作他队电脑，只能要求查看信息）。

看盘时各队至少留一人。摆盘情况由裁判每年结束时，随机抽取队伍进行核对，发现错误后予以扣分。如果经裁判核实后发现摆盘错误，扣 2 权益/次。但不接受各队举报。

（4）其他违规扣分

在运行过程中下列情况属违规：

1）对裁判正确的判罚不服从。

2）其他严重影响比赛正常进行的活动。

如有以上行为者，在第 6 年经营结束后扣除该队总得分的 20 权益。

所有罚分在第 6 年经营结束后计算总成绩时一起扣除。

16. 破产处理

当参赛队权益为负（指当年结束系统生成生成资产负债表时所有者权益为负）或现金断流时（权益和现金可以为零），企业破产。

参赛队破产后，直接退出比赛。

五、其他说明

1）本次比赛中，各企业之间不允许进行任何交易，包括现金及应收账款的流通、原材料、产成品、订单的买卖等。

2）企业每年的运营时间原则上为一个小时（不含选单时间，第 1 年运营时间为 45 分钟），裁判组可根据现场情况适当调整运营时间。

3）比赛过程中，学生端必须启动录屏文件，用于全程录制经营过程，把每一年经营录制为一个独立的文件。一旦发生问题，以录屏结果为证，裁决争议。如果擅自停止录屏过程，按教师端服务器系统的实际运行状态执行。录屏软件由各队在比赛前安装完成，并提前学会如何使用。

4）每一年投放广告结束后，将给各组 2 分钟的时间观看各组广告单；每一年经营结束后，裁判将下发各队综合费用表、利润表、资产负债表，各队可在公共信息处下载。

5）每一年经营结束后，将有 15 分钟看盘时间，看盘期间各队至少要留一名选手在组位，否则后果自负。看盘期间各队必须保证盘面真实有效（包括贷款、原料订单、当年所有费用、生产线标识、库存产品及原料、厂房、现金、应收账款、生产线净值、产品生产资格、市场准入、ISO 认证等）。

6）比赛中如遇沙盘教具不够用，可用便笺纸写数字代替。

7）本规则解释权归大赛裁判组。

附录二　企业经营活动记录表

每一次的经营总能带给所有参与者收获的喜悦和失败的悲伤，我们将从失败中成长，在成功中更加完善、提升自己的专业水平与职业素养。6 年的企业模拟竞争是相当的激烈，有喜有悲，希望所有的学员能更深入地扮演所担任的管理角色，体验每一次决策的成败得失，并将自己所想、所做、所感全部记录下来。

附表 2-1　第 1 年经营现金预算表　　单位：W

年初	期初现金盘点				
	支付广告费用				
	支付应交税金				
	支付长贷利息				
	更新长期贷款/长期贷款还款				
	申请长期贷款				
1	季初盘点				
2	短期贷款还本付息				
3	申请短期贷款				
4	原材料入库				
5	购买/租用厂房				
6	新建/在建/转产/变卖生产线				
7	开始下一批生产				
8	应收账款收现				
9	产品研发投资				
10	厂房出售（买转租）/退租/租转买				
11	新市场开拓/ISO 资格投资				
12	支付管理费/更新厂房租金				
13	出售库存				
14	厂房贴现				
15	应收账款贴现				
16	季末收入合计				
17	季末支出合计				
18	季末对账				
年末	缴纳违约订单罚款				
	支付设备维护费				
	结账				

附表 2-2　第 1 年经营流程记录表

操作顺序	严格按顺序执行各项操作，不允许跳跃执行，每执行完一项操作，在相应的方格内进行记录：①该项操作有执行，同时有现金收支，请填写收支金额；②该项操作有执行，但无现金收支，请填写符号“√”或填写相关的操作数据；③该项操作无执行，请填写符号“×”				
年初	新年度规划会议				
	支付广告费用				
	参加订货会选订单/登记订单				
	支付应交税金				
	支付长贷利息				
	更新长期贷款/长期贷款还款				
	申请长期贷款				
1	季初盘点（请填余额）				
2	更新短期贷款/短期贷款还本付息				
3	申请短期贷款				
4	更新原材料订单/原材料入库				
5	下原材料订单				
6	购买/租用厂房				
7	更新生产/完工入库				
8	新建/在建/转产/变卖生产线				
9	紧急采购（随时进行）				
10	开始下一批生产				
11	更新应收账款/应收账款收现				
12	按订单交货				
13	产品研发投资				
14	厂房出售（买转租）/退租/租转买				
15	新市场开拓/ISO 资格投资				
16	支付管理费/更新厂房租金				
17	出售库存				
18	厂房贴现				
19	应收账款贴现				
20	季末收入合计				
21	季末支出合计				
22	季末数额对账[（1）＋（20）－（21）]				
年末	缴纳违约订单罚款				
	支付设备维护费				
	计提折旧				（　）
	新市场换证/ISO 资格换证				
	结账				

附表 2-3　第 1 年生产总监记录表

操作顺序	生产总监使用本表记录所管理的产品上线、入库、出库等数量。其中，出库数量通常加“－”表示，入库的数量通常加“＋”表示																
	产品类别 增减环节	1 季度				2 季度				3 季度				4 季度			
		P1	P2	P3	P4	P1	P2	P3	P4	P1	P2	P3	P4	P1	P2	P3	P4
1	季初盘点（请填数量）																
2	更新短贷/短贷还本付息																
3	申请短期贷款																
4	更新原料订单/原料入库																
5	下原材料订单																
6	购买/租用厂房																
7	更新生产/完工入库																
8	投资/转产/变卖生产线																
9	紧急采购（随时进行）																
10	开始下一批生产																
11	更新应收账款/应收账款收现																
12	按订单交货																
13	产品研发投资																
14	厂房出售/退租/租转买																
15	新市场开拓/ISO 资格投资																
16	管理费/厂房租金																
17	出售库存																
18	厂房贴现																
19	应收账款贴现																
20	季末入库合计																
21	季末出库合计																
22	季末库存数量																

附表 2-4　第 1 年采购总监记录表

操作顺序	采购总监使用本表记录所管理的原材料采购订单和原材料入库、出库等数量。其中，出库数量通常加“－”表示，入库的数量通常加“＋”表示																
	原材料类别 增减环节	1 季度				2 季度				3 季度				4 季度			
		R1	R2	R3	R4	R1	R2	R3	R4	R1	R2	R3	R4	R1	R2	R3	R4
1	季初盘点（请填数量）																
2	更新短贷/短贷还本付息																
3	申请短期贷款																
4	更新原料订单/原料入库																
5	下原材料订单																
6	购买/租用厂房																
7	更新生产/完工入库																
8	投资/转产/变卖生产线																
9	紧急采购（随时进行）																

续表

操作顺序	采购总监使用本表记录所管理的原材料采购订单和原材料入库、出库等数量。其中，出库数量通常加"－"表示，入库的数量通常加"＋"表示																
	原材料类别 / 增减环节	1季度				2季度				3季度				4季度			
		R1	R2	R3	R4	R1	R2	R3	R4	R1	R2	R3	R4	R1	R2	R3	R4
10	开始下一批生产																
11	更新应收账款/应收账款收现																
12	按订单交货																
13	产品研发投资																
14	厂房出售/退租/租转买																
15	新市场开拓/ISO资格投资																
16	管理费/厂房租金																
17	出售库存																
18	厂房贴现																
19	应收账款贴现																
20	季末入库合计																
21	季末出库合计																
22	季末库存数量																

附表 2-5　订单登记表

订单号							合计
市场							
产品							
数量/个							
账期/Q							
销售额/W							
成本/W							
毛利/W							
交货日期/Q							

附表 2-6　产品核算统计表

名称 / 项目	P1	P2	P3	P4	合计
销售额/W					
数量/个					
成本/W					
毛利/W					

附表 2-7　综合费用表

项目	金额/W
管理费	
广告费	
设备维护费	
其他损失	

续表

项目	金额/W
转产费	
厂房租金	
新市场开拓	
ISO 资格认证	
产品研发	
信息费	
其他	
合计	

附表 2-8　利润表

项目	增、减项	金额/W
销售收入	＋	
直接成本	－	
毛利润	＝	
综合费用	－	
折旧前利润	＝	
折旧	－	
支付利息前利润	＝	
利息（长贷＋短贷）	－	
贴息	－	
税前利润	＝	
所得税	－	
年度净利润	＝	

附表 2-9　资产负债表

项目	上年/W	期末/W	项目	上年/W	期末/W
现金			长期负债		
应收账款			短期负债		
在制品			应交所得税		
产成品			—		
原材料			—		
流动资产合计			负债合计		
厂房			股东资本		
生产线			利润留存		
在建工程			年度净利		
固定资产合计			所有者权益合计		
总资产			负债＋所有者权益		

附表 2-10 年末/季末沙盘运营数据记录表

________公司____年____季度

应付账款	4 期	3 期	2 期	1 期	现金
应收账款	4 期	2 期	2 期	1 期	

短期贷款	Q1	Q2	Q3	Q4

长期贷款	FY1	FY2	FY3	FY4	FY5

高利贷	Q1	Q2	Q3	Q4

其他	广告	管理	折旧
维修	转产	租金	
利息	贴息	税金	

本地	区域	国内	亚洲	国际

厂房	大厂房															
类型	全自动	全自动	全自动	全自动												
阶段																
产品																
净值																

P1	P2	P3	P4

ISO9000	ISO14000

原料	R1	R2	R3	R4
订单				
在途				
库存				

成品	P1	P2	P3	P4
库存				
成本				

第 1 年经营总结

俗话说：“万事开头难。”作为创业第 1 年，你们团队战略定位是否得当？是按预期展开经营还是出师不利？请简单地记录下来。

请记录本年度经营的收获
本年经营遇到什么样的意外状况？如何解决
展望下一年，计划如何改进经营

附表 2-11　第 2 年经营现金预算表

单位：W

年初	期初现金盘点				
	支付广告费用				
	支付应交税金				
	支付长贷利息				
	更新长期贷款/长期贷款还款				
	申请长期贷款				
1	季初盘点				
2	短期贷款还本付息				
3	申请短期贷款				
4	原材料入库				
5	购买/租用厂房				
6	新建/在建/转产/变卖生产线				
7	开始下一批生产				
8	应收账款收现				
9	产品研发投资				

续表

10	厂房出售（买转租）/退租/租转买				
11	新市场开拓/ISO 资格投资				
12	支付管理费/更新厂房租金				
13	出售库存				
14	厂房贴现				
15	应收账款贴现				
16	季末收入合计				
17	季末支出合计				
18	季末对账				
年末	缴纳违约订单罚款				
	支付设备维护费				
	结账				

附表 2-12　第 2 年经营流程记录表

操作顺序	严格按顺序执行各项操作，不允许跳跃执行，每执行完一项操作，在相应的方格内进行记录：①该项操作有执行，同时有现金收支，请填写收支金额；②该项操作有执行，但无现金收支，请填写符号“√”或填写相关的操作数据；③该项操作无执行，请填写符号“×”				
年初	新年度规划会议				
	支付广告费用				
	参加订货会选订单/登记订单				
	支付应交税金				
	支付长贷利息				
	更新长期贷款/长期贷款还款				
	申请长期贷款				
1	季初盘点（请填余额）				
2	更新短期贷款/短期贷款还本付息				
3	申请短期贷款				
4	更新原材料订单/原材料入库				
5	下原材料订单				
6	购买/租用厂房				
7	更新生产/完工入库				
8	新建/在建/转产/变卖生产线				
9	紧急采购（随时进行）				
10	开始下一批生产				
11	更新应收账款/应收账款收现				
12	按订单交货				
13	产品研发投资				
14	厂房出售（买转租）/退租/租转买				
15	新市场开拓/ISO 资格投资				
16	支付管理费/更新厂房租金				
17	出售库存				
18	厂房贴现				
19	应收账款贴现				

续表

20	季末收入合计				
21	季末支出合计				
22	季末数额对账（1+20−21）				
年末	缴纳违约订单罚款				
	支付设备维护费				
	计提折旧				（　）
	新市场换证/ISO 资格换证				
	结账				

附表 2-13　第 2 年生产总监记录表

操作顺序	生产总监使用本表记录所管理的产品上线、入库、出库等数量。其中，出库数量通常加“−”表示，入库的数量通常加“+”表示																
	产品类别 增减环节	1 季度				2 季度				3 季度				4 季度			
		P1	P2	P3	P4	P1	P2	P3	P4	P1	P2	P3	P4	P1	P2	P3	P4
1	季初盘点（请填数量）																
2	更新短贷/短贷还本付息																
3	申请短期贷款																
4	更新原料订单/原料入库																
5	下原材料订单																
6	购买/租用厂房																
7	更新生产/完工入库																
8	投资/转产/变卖生产线																
9	紧急采购（随时进行）																
10	开始下一批生产																
11	更新应收账款/应收账款收现																
12	按订单交货																
13	产品研发投资																
14	厂房出售/退租/租转买																
15	新市场开拓/ISO 资格投资																
16	管理费/厂房租金																
17	出售库存																
18	厂房贴现																
19	应收账款贴现																
20	季末入库合计																
21	季末出库合计																
22	季末库存数量																

附表 2-14　第 2 年采购总监记录表

操作顺序	采购总监使用本表记录所管理的原材料采购订单和原材料入库、出库等数量。其中，出库数量通常加“−”表示，入库的数量通常加“+”表示																
	原材料类别 增减环节	1 季度				2 季度				3 季度				4 季度			
		R1	R2	R3	R4	R1	R2	R3	R4	R1	R2	R3	R4	R1	R2	R3	R4
1	季初盘点（请填数量）																
2	更新短贷/短贷还本付息																
3	申请短期贷款																
4	更新原料订单/原料入库																

续表

操作顺序	采购总监使用本表记录所管理的原材料采购订单和原材料入库、出库等数量。其中，出库数量通常加“－”表示，入库的数量通常加“＋”表示																
	原材料类别 / 增减环节	1季度				2季度				3季度				4季度			
		R1	R2	R3	R4	R1	R2	R3	R4	R1	R2	R3	R4	R1	R2	R3	R4
5	下原材料订单																
6	购买/租用厂房																
7	更新生产/完工入库																
8	投资/转产/变卖生产线																
9	紧急采购（随时进行）																
10	开始下一批生产																
11	更新应收账款/应收账款收现																
12	按订单交货																
13	产品研发投资																
14	厂房出售/退租/租转买																
15	新市场开拓/ISO资格投资																
16	管理费/厂房租金																
17	出售库存																
18	厂房贴现																
19	应收账款贴现																
20	季末入库合计																
21	季末出库合计																
22	季末库存数量																

附表 2-15　订单登记表

订单号							合计
市场							
产品							
数量/个							
账期/Q							
销售额/W							
成本/W							
毛利/W							
交货日期/Q							

附表 2-16　产品核算统计表

名称 / 项目	P1	P2	P3	P4	合计
销售额/W					
数量/个					
成本/W					
毛利/W					

附表 2-17　综合费用表

项目	金额/W
管理费	

续表

项目	金额/W
广告费	
设备维护费	
其他损失	
转产费	
厂房租金	
新市场开拓	
ISO 资格认证	
产品研发	
信息费	
其他	
合计	

附表 2-18 利润表

项目	增、减项	金额/W
销售收入	+	
直接成本	−	
毛利润	=	
综合费用	−	
折旧前利润	=	
折旧	−	
支付利息前利润	=	
利息（长贷+短贷）	−	
贴息	−	
税前利润	=	
所得税	−	
年度净利润	=	

附表 2-19 资产负债表

项目	上年/W	期末/W	项目	上年/W	期末/W
现金			长期负债		
应收账款			短期负债		
在制品			应交所得税		
产成品			—		
原材料			—		
流动资产合计			负债合计		
厂房			股东资本		
生产线			利润留存		
在建工程			年度净利		
固定资产合计			所有者权益合计		
总资产			负债+所有者权益		

附表 2-20　年末/季末沙盘运营数据记录表

________公司____年____季度

应付账款	4 期	3 期	2 期	1 期
应收账款	**4 期**	**2 期**	**2 期**	**1 期**

现金

Q1	Q2	Q3	Q4	短期贷款

FY1	FY2	FY3	FY4	FY5	长期贷款

Q1	Q2	Q3	Q4	高利贷

其他	广告	管理	折旧
维修	转产	租金	
利息	贴息	税金	

本地	区域	国内	亚洲	国际

ISO9000	ISO14000

P1	P2	P3	P4

厂房	大厂房															
类型	全自动	全自动	全自动	全自动												
阶段																
产品																
净值																

原料	R1	R2	R3	R4
订单				
在途				
库存				

成品	P1	P2	P3	P4
库存				
成本				

第 2 年经营总结

第 2 年的经营，是否已经开始品尝到盈利的滋味，第 1 年的开局其可行性是否得到验证？请简单地记录下来。

请记录本年度经营的收获
本年经营遇到什么样的意外状况？如何解决
展望下一年，计划如何改进经营

附表 2-21　第 3 年经营现金预算表

单位：W

年初	期初现金盘点				
	支付广告费用				
	支付应交税金				
	支付长贷利息				
	更新长期贷款/长期贷款还款				
	申请长期贷款				
1	季初盘点				
2	短期贷款还本付息				
3	申请短期贷款				
4	原材料入库				
5	购买/租用厂房				
6	新建/在建/转产/变卖生产线				
7	开始下一批生产				
8	应收账款收现				
9	产品研发投资				
10	厂房出售（买转租）/退租/租转买				

续表

11	新市场开拓/ISO 资格投资				
12	支付管理费/更新厂房租金				
13	出售库存				
14	厂房贴现				
15	应收账款贴现				
16	季末收入合计				
17	季末支出合计				
18	季末对账				
年末	缴纳违约订单罚款				
	支付设备维护费				
	结账				

附表 2-22 第 3 年经营流程记录表

操作顺序	严格按顺序执行各项操作，不允许跳跃执行，每执行完一项操作，在相应的方格内进行记录：①该项操作有执行，同时有现金收支，请填写收支金额；②该项操作有执行，但无现金收支，请填写符号“√”或填写相关的操作数据；③该项操作无执行，请填写符号“×”				
年初	新年度规划会议				
	支付广告费用				
	参加订货会选订单/登记订单				
	支付应交税金				
	支付长贷利息				
	更新长期贷款/长期贷款还款				
	申请长期贷款				
1	季初盘点（请填余额）				
2	更新短期贷款/短期贷款还本付息				
3	申请短期贷款				
4	更新原材料订单/原材料入库				
5	下原材料订单				
6	购买/租用厂房				
7	更新生产/完工入库				
8	新建/在建/转产/变卖生产线				
9	紧急采购（随时进行）				
10	开始下一批生产				
11	更新应收账款/应收账款收现				
12	按订单交货				
13	产品研发投资				
14	厂房出售（买转租）/退租/租转买				
15	新市场开拓/ISO 资格投资				
16	支付管理费/更新厂房租金				
17	出售库存				
18	厂房贴现				
19	应收账款贴现				
20	季末收入合计				
21	季末支出合计				

续表

22	季末数额对账（1+20−21）				
年末	缴纳违约订单罚款				
	支付设备维护费				
	计提折旧				（ ）
	新市场换证/ISO 资格换证				
	结账				

附表 2-23 第 3 年生产总监记录表

操作顺序	生产总监使用本表记录所管理的产品上线、入库、出库等数量。其中，出库数量通常加“−”表示，入库的数量通常加“+”表示																
	产品类别 / 增减环节	1 季度				2 季度				3 季度				4 季度			
		P1	P2	P3	P4	P1	P2	P3	P4	P1	P2	P3	P4	P1	P2	P3	P4
1	季初盘点（请填数量）																
2	更新短贷/短贷还本付息																
3	申请短期贷款																
4	更新原料订单/原料入库																
5	下原材料订单																
6	购买/租用厂房																
7	更新生产/完工入库																
8	投资/转产/变卖生产线																
9	紧急采购（随时进行）																
10	开始下一批生产																
11	更新应收账款/应收账款收现																
12	按订单交货																
13	产品研发投资																
14	厂房出售/退租/租转买																
15	新市场开拓/ISO 资格投资																
16	管理费/厂房租金																
17	出售库存																
18	厂房贴现																
19	应收账款贴现																
20	季末入库合计																
21	季末出库合计																
22	季末库存数量																

附表 2-24 第 3 年采购总监记录表

操作顺序	采购总监使用本表记录所管理的原材料采购订单和原材料入库、出库等数量。其中，出库数量通常加“−”表示，入库的数量通常加“+”表示																
	原材料类别 / 增减环节	1 季度				2 季度				3 季度				4 季度			
		R1	R2	R3	R4	R1	R2	R3	R4	R1	R2	R3	R4	R1	R2	R3	R4
1	季初盘点（请填数量）																
2	更新短贷/短贷还本付息																
3	申请短期贷款																
4	更新原料订单/原料入库																
5	下原材料订单																

续表

操作顺序	采购总监使用本表记录所管理的原材料采购订单和原材料入库、出库等数量。其中，出库数量通常加“－”表示，入库的数量通常加“＋”表示																
	原材料类别 / 增减环节	1 季度				2 季度				3 季度				4 季度			
		R1	R2	R3	R4	R1	R2	R3	R4	R1	R2	R3	R4	R1	R2	R3	R4
6	购买/租用厂房																
7	更新生产/完工入库																
8	投资/转产/变卖生产线																
9	紧急采购（随时进行）																
10	开始下一批生产																
11	更新应收账款/应收账款收现																
12	按订单交货																
13	产品研发投资																
14	厂房出售/退租/租转买																
15	新市场开拓/ISO 资格投资																
16	管理费/厂房租金																
17	出售库存																
18	厂房贴现																
19	应收账款贴现																
20	季末入库合计																
21	季末出库合计																
22	季末库存数量																

附表 2-25　订单登记表

订单号							合计
市场							
产品							
数量/个							
账期/Q							
销售额/W							
成本/W							
毛利/W							
交货日期/Q							

附表 2-26　产品核算统计表

名称 / 项目	P1	P2	P3	P4	合计
销售额/W					
数量/个					
成本/W					
毛利/W					

附表 2-27　综合费用表

项目	金额/W
管理费	
广告费	

续表

项目	金额/W
设备维护费	
其他损失	
转产费	
厂房租金	
新市场开拓	
ISO 资格认证	
产品研发	
信息费	
其他	
合计	

附表 2-28　利润表

项目	增、减项	金额/W
销售收入	＋	
直接成本	－	
毛利润	＝	
综合费用	－	
折旧前利润	＝	
折旧	－	
支付利息前利润	＝	
利息（长贷＋短贷）	－	
贴息	－	
税前利润	＝	
所得税	－	
年度净利润	＝	

附表 2-29　资产负债表

项目	上年/W	期末/W	项目	上年/W	期末/W
现金			长期负债		
应收账款			短期负债		
在制品			应交所得税		
产成品			—		
原材料			—		
流动资产合计			负债合计		
厂房			股东资本		
生产线			利润留存		
在建工程			年度净利		
固定资产合计			所有者权益合计		
总资产			负债＋所有者权益		

附表 2-30 年末/季末沙盘运营数据记录表

________公司____年____季度

应付账款	4 期	3 期	2 期	1 期	现金	Q1	Q2	Q3	Q4		短期贷款
应收账款	4 期	2 期	2 期	1 期		FY1	FY2	FY3	FY4	FY5	长期贷款
						Q1	Q2	Q3	Q4		高利贷

其他	广告	管理	折旧
维修	转产	租金	
利息	贴息	税金	

本地
区域
国内
亚洲
国际

厂房	大厂房															
类型	全自动	全自动	全自动	全自动												
阶段																
产品																
净值																

P1
P2
P3
P4

ISO9000
ISO14000

原料	R1	R2	R3	R4
订单				
在途				
库存				

成品	P1	P2	P3	P4
库存				
成本				

第 3 年经营总结

一般来说，我们习惯将前 3 年的经营作为 6 年经营中的第一阶段，这是一个全面布局，为企业中后期高速发展打下坚实基础的阶段。你们的企业在第 3 年结果之后，是否已经充分完成既定的目标。简单地记录下来。

请记录本年度经营的收获
本年经营遇到什么样的意外状况？如何解决
展望下一年，计划如何改进经营

附表 2-31　第 4 年经营现金预算表　　单位：W

年初	期初现金盘点				
	支付广告费用				
	支付应交税金				
	支付长贷利息				
	更新长期贷款/长期贷款还款				
	申请长期贷款				
1	季初盘点				
2	短期贷款还本付息				
3	申请短期贷款				
4	原材料入库				
5	购买/租用厂房				
6	新建/在建/转产/变卖生产线				
7	开始下一批生产				
8	应收账款收现				

续表

9	产品研发投资				
10	厂房出售（买转租）/退租/租转买				
11	新市场开拓/ISO 资格投资				
12	支付管理费/更新厂房租金				
13	出售库存				
14	厂房贴现				
15	应收账款贴现				
16	季末收入合计				
17	季末支出合计				
18	季末对账				
年末	缴纳违约订单罚款				
	支付设备维护费				
	结账				

附表 1-32 第 4 年经营流程记录表

操作顺序	严格按顺序执行各项操作，不允许跳跃执行，每执行完一项操作，在相应的方格内进行记录：①该项操作有执行，同时有现金收支，请填写收支金额；②该项操作有执行，但无现金收支，请填写符号“√”或填写相关的操作数据；③该项操作无执行，请填写符号“×”				
年初	新年度规划会议				
	支付广告费用				
	参加订货会选订单/登记订单				
	支付应交税金				
	支付长贷利息				
	更新长期贷款/长期贷款还款				
	申请长期贷款				
1	季初盘点（请填余额）				
2	更新短期贷款/短期贷款还本付息				
3	申请短期贷款				
4	更新原材料订单/原材料入库				
5	下原材料订单				
6	购买/租用厂房				
7	更新生产/完工入库				
8	新建/在建/转产/变卖生产线				
9	紧急采购（随时进行）				
10	开始下一批生产				
11	更新应收账款/应收账款收现				
12	按订单交货				
13	产品研发投资				
14	厂房出售（买转租）/退租/租转买				
15	新市场开拓/ISO 资格投资				
16	支付管理费/更新厂房租金				
17	出售库存				
18	厂房贴现				
19	应收账款贴现				

续表

20	季末收入合计				
21	季末支出合计				
22	季末数额对账（1+20−21）				
年末	缴纳违约订单罚款				
	支付设备维护费				
	计提折旧				（　）
	新市场换证/ISO 资格换证				
	结账				

附表 2-33　第 4 年生产总监记录表

操作顺序	生产总监使用本表记录所管理的产品上线、入库、出库等数量。其中，出库数量通常加“−”表示，入库的数量通常加“+”表示																
	产品类别 / 增减环节	1 季度				2 季度				3 季度				4 季度			
		P1	P2	P3	P4	P1	P2	P3	P4	P1	P2	P3	P4	P1	P2	P3	P4
1	季初盘点（请填数量）																
2	更新短贷/短贷还本付息																
3	申请短期贷款																
4	更新原料订单/原料入库																
5	下原材料订单																
6	购买/租用厂房																
7	更新生产/完工入库																
8	投资/转产/变卖生产线																
9	紧急采购（随时进行）																
10	开始下一批生产																
11	更新应收账款/应收账款收现																
12	按订单交货																
13	产品研发投资																
14	厂房出售/退租/租转买																
15	新市场开拓/ISO 资格投资																
16	管理费/厂房租金																
17	出售库存																
18	厂房贴现																
19	应收账款贴现																
20	季末入库合计																
21	季末出库合计																
22	季末库存数量																

附表 2-34　第 4 年采购总监记录表

操作顺序	采购总监使用本表记录所管理的原材料采购订单和原材料入库、出库等数量。其中，出库数量通常加“−”表示，入库的数量通常加“+”表示																
	原材料类别 / 增减环节	1 季度				2 季度				3 季度				4 季度			
		R1	R2	R3	R4	R1	R2	R3	R4	R1	R2	R3	R4	R1	R2	R3	R4
1	季初盘点（请填数量）																
2	更新短贷/短贷还本付息																
3	申请短期贷款																
4	更新原料订单/原料入库																

续表

操作顺序	采购总监使用本表记录所管理的原材料采购订单和原材料入库、出库等数量。其中，出库数量通常加“－”表示，入库的数量通常加“＋”表示																
	原材料类别 / 增减环节	1 季度				2 季度				3 季度				4 季度			
		R1	R2	R3	R4	R1	R2	R3	R4	R1	R2	R3	R4	R1	R2	R3	R4
5	下原材料订单																
6	购买/租用厂房																
7	更新生产/完工入库																
8	投资/转产/变卖生产线																
9	紧急采购（随时进行）																
10	开始下一批生产																
11	更新应收账款/应收账款收现																
12	按订单交货																
13	产品研发投资																
14	厂房出售/退租/租转买																
15	新市场开拓/ISO 资格投资																
16	管理费/厂房租金																
17	出售库存																
18	厂房贴现																
19	应收账款贴现																
20	季末入库合计																
21	季末出库合计																
22	季末库存数量																

附表 2-35　订单登记表

订单号							合计
市场							
产品							
数量/个							
账期/Q							
销售额/W							
成本/W							
毛利/W							
交货日期/Q							

附表 2-36　产品核算统计表

名称 / 项目	P1	P2	P3	P4	合计
销售额/W					
数量/个					
成本/W					
毛利/W					

附表 2-37　综合费用表

项目	金额/W
管理费	

续表

项目	金额/W
广告费	
设备维护费	
其他损失	
转产费	
厂房租金	
新市场开拓	
ISO 资格认证	
产品研发	
信息费	
其他	
合计	

附表 2-38 利润表

项目	增、减项	金额/W
销售收入	+	
直接成本	−	
毛利润	=	
综合费用	−	
折旧前利润	=	
折旧	−	
支付利息前利润	=	
利息（长贷+短贷）	−	
贴息	−	
税前利润	=	
所得税	−	
年度净利润	=	

附表 2-39 资产负债表

项目	上年/W	期末/W	项目	上年/W	期末/W
现金			长期负债		
应收账款			短期负债		
在制品			应交所得税		
产成品			—		
原材料			—		
流动资产合计			负债合计		
厂房			股东资本		
生产线			利润留存		
在建工程			年度净利		
固定资产合计			所有者权益合计		
总资产			负债+所有者权益		

附表 2-40　年末/季末沙盘运营数据记录表

________公司____年____季度

应付账款	4 期	3 期	2 期	1 期	现金	Q1	Q2	Q3	Q4		短期贷款
应收账款	4 期	2 期	2 期	1 期		FY1	FY2	FY3	FY4	FY5	长期贷款
						Q1	Q2	Q3	Q4		高利贷

其他	广告	管理	折旧
维修	转产	租金	
利息	贴息	税金	

本地
区域
国内
亚洲
国际

厂房	大厂房															
类型	全自动	全自动	全自动	全自动												
阶段																
产品																
净值																

P1
P2
P3
P4

ISO9000
ISO14000

原料	R1	R2	R3	R4
订单				
在途				
库存				

成品	P1	P2	P3	P4
库存				
成本				

第 4 年经营总结

第 4 年是企业进入高速发展的一年，前期企业基础良好，整体布局充分，那么在第 4 年企业的盈利水平将会达到一个空前的高度。大家好好总结，怎样才能为企业带来高速发展，反之，如果你们的企业没有达到预期目标，那么请马上找出症节所在？请简单地记录下来。

请记录本年度经营的收获
本年经营遇到什么样的意外状况？如何解决
展望下一年，计划如何改进经营

附表 2-41　第 5 年经营现金预算表　　单位：W

年初	期初现金盘点				
	支付广告费用				
	支付应交税金				
	支付长贷利息				
	更新长期贷款/长期贷款还款				
	申请长期贷款				
1	季初盘点				
2	短期贷款还本付息				
3	申请短期贷款				
4	原材料入库				
5	购买/租用厂房				
6	新建/在建/转产/变卖生产线				
7	开始下一批生产				

续表

8	应收账款收现				
9	产品研发投资				
10	厂房出售（买转租）/退租/租转买				
11	新市场开拓/ISO 资格投资				
12	支付管理费/更新厂房租金				
13	出售库存				
14	厂房贴现				
15	应收账款贴现				
16	季末收入合计				
17	季末支出合计				
18	季末对账				
年末	缴纳违约订单罚款				
	支付设备维护费				
	结账				

附表 2-42　第 5 年经营流程记录表

操作顺序	严格按顺序执行各项操作，不允许跳跃执行，每执行完一项操作，在相应的方格内进行记录：①该项操作有执行，同时有现金收支，请填写收支金额；②该项操作有执行，但无现金收支，请填写符号“√”或填写相关的操作数据；③该项操作无执行，请填写符号“×”				
年初	新年度规划会议				
	支付广告费用				
	参加订货会选订单/登记订单				
	支付应交税金				
	支付长贷利息				
	更新长期贷款/长期贷款还款				
	申请长期贷款				
1	季初盘点（请填余额）				
2	更新短期贷款/短期贷款还本付息				
3	申请短期贷款				
4	更新原材料订单/原材料入库				
5	下原材料订单				
6	购买/租用厂房				
7	更新生产/完工入库				
8	新建/在建/转产/变卖生产线				
9	紧急采购（随时进行）				
10	开始下一批生产				
11	更新应收账款/应收账款收现				
12	按订单交货				
13	产品研发投资				
14	厂房出售（买转租）/退租/租转买				
15	新市场开拓/ISO 资格投资				
16	支付管理费/更新厂房租金				
17	出售库存				
18	厂房贴现				
19	应收账款贴现				

续表

20	季末收入合计				
21	季末支出合计				
22	季末数额对账（1+20−21）				
年末	缴纳违约订单罚款				
	支付设备维护费				
	计提折旧				（　）
	新市场换证/ISO资格换证				
	结账				

附表 2-43　第 5 年生产总监记录表

操作顺序	生产总监使用本表记录所管理的产品上线、入库、出库等数量。其中，出库数量通常加“－”表示，入库的数量通常加“＋”表示																
	产品类别 / 增减环节	1季度				2季度				3季度				4季度			
		P1	P2	P3	P4	P1	P2	P3	P4	P1	P2	P3	P4	P1	P2	P3	P4
1	季初盘点（请填数量）																
2	更新短贷/短贷还本付息																
3	申请短期贷款																
4	更新原料订单/原料入库																
5	下原材料订单																
6	购买/租用厂房																
7	更新生产/完工入库																
8	投资/转产/变卖生产线																
9	紧急采购（随时进行）																
10	开始下一批生产																
11	更新应收账款/应收账款收现																
12	按订单交货																
13	产品研发投资																
14	厂房出售/退租/租转买																
15	新市场开拓/ISO资格投资																
16	管理费/厂房租金																
17	出售库存																
18	厂房贴现																
19	应收账款贴现																
20	季末入库合计																
21	季末出库合计																
22	季末库存数量																

附表 2-44　第 5 年采购总监记录表

操作顺序	采购总监使用本表记录所管理的原材料采购订单和原材料入库、出库等数量。其中，出库数量通常加“－”表示，入库的数量通常加“＋”表示																
	原材料类别 / 增减环节	1季度				2季度				3季度				4季度			
		R1	R2	R3	R4	R1	R2	R3	R4	R1	R2	R3	R4	R1	R2	R3	R4
1	季初盘点（请填数量）																
2	更新短贷/短贷还本付息																

续表

<table>
<tr><td rowspan="3">操作顺序</td><td colspan="17">采购总监使用本表记录所管理的原材料采购订单和原材料入库、出库等数量。其中，出库数量通常加“－”表示，入库的数量通常加“＋”表示</td></tr>
<tr><td rowspan="2">原材料类别
增减环节</td><td colspan="4">1 季度</td><td colspan="4">2 季度</td><td colspan="4">3 季度</td><td colspan="4">4 季度</td></tr>
<tr><td>R1</td><td>R2</td><td>R3</td><td>R4</td><td>R1</td><td>R2</td><td>R3</td><td>R4</td><td>R1</td><td>R2</td><td>R3</td><td>R4</td><td>R1</td><td>R2</td><td>R3</td><td>R4</td></tr>
<tr><td>3</td><td>申请短期贷款</td><td colspan="4"></td><td colspan="4"></td><td colspan="4"></td><td colspan="4"></td></tr>
<tr><td>4</td><td>更新原料订单/原料入库</td><td></td><td></td><td></td><td></td><td></td><td></td><td></td><td></td><td></td><td></td><td></td><td></td><td></td><td></td><td></td><td></td></tr>
<tr><td>5</td><td>下原材料订单</td><td></td><td></td><td></td><td></td><td></td><td></td><td></td><td></td><td></td><td></td><td></td><td></td><td></td><td></td><td></td><td></td></tr>
<tr><td>6</td><td>购买/租用厂房</td><td colspan="4"></td><td colspan="4"></td><td colspan="4"></td><td colspan="4"></td></tr>
<tr><td>7</td><td>更新生产/完工入库</td><td colspan="4"></td><td colspan="4"></td><td colspan="4"></td><td colspan="4"></td></tr>
<tr><td>8</td><td>投资/转产/变卖生产线</td><td colspan="4"></td><td colspan="4"></td><td colspan="4"></td><td colspan="4"></td></tr>
<tr><td>9</td><td>紧急采购（随时进行）</td><td></td><td></td><td></td><td></td><td></td><td></td><td></td><td></td><td></td><td></td><td></td><td></td><td></td><td></td><td></td><td></td></tr>
<tr><td>10</td><td>开始下一批生产</td><td></td><td></td><td></td><td></td><td></td><td></td><td></td><td></td><td></td><td></td><td></td><td></td><td></td><td></td><td></td><td></td></tr>
<tr><td>11</td><td>更新应收账款/应收账款收现</td><td colspan="4"></td><td colspan="4"></td><td colspan="4"></td><td colspan="4"></td></tr>
<tr><td>12</td><td>按订单交货</td><td colspan="4"></td><td colspan="4"></td><td colspan="4"></td><td colspan="4"></td></tr>
<tr><td>13</td><td>产品研发投资</td><td colspan="4"></td><td colspan="4"></td><td colspan="4"></td><td colspan="4"></td></tr>
<tr><td>14</td><td>厂房出售/退租/租转买</td><td colspan="4"></td><td colspan="4"></td><td colspan="4"></td><td colspan="4"></td></tr>
<tr><td>15</td><td>新市场开拓/ISO 资格投资</td><td colspan="4"></td><td colspan="4"></td><td colspan="4"></td><td colspan="4"></td></tr>
<tr><td>16</td><td>管理费/厂房租金</td><td colspan="4"></td><td colspan="4"></td><td colspan="4"></td><td colspan="4"></td></tr>
<tr><td>17</td><td>出售库存</td><td></td><td></td><td></td><td></td><td></td><td></td><td></td><td></td><td></td><td></td><td></td><td></td><td></td><td></td><td></td><td></td></tr>
<tr><td>18</td><td>厂房贴现</td><td colspan="4"></td><td colspan="4"></td><td colspan="4"></td><td colspan="4"></td></tr>
<tr><td>19</td><td>应收账款贴现</td><td colspan="4"></td><td colspan="4"></td><td colspan="4"></td><td colspan="4"></td></tr>
<tr><td>20</td><td>季末入库合计</td><td></td><td></td><td></td><td></td><td></td><td></td><td></td><td></td><td></td><td></td><td></td><td></td><td></td><td></td><td></td><td></td></tr>
<tr><td>21</td><td>季末出库合计</td><td></td><td></td><td></td><td></td><td></td><td></td><td></td><td></td><td></td><td></td><td></td><td></td><td></td><td></td><td></td><td></td></tr>
<tr><td>22</td><td>季末库存数量</td><td></td><td></td><td></td><td></td><td></td><td></td><td></td><td></td><td></td><td></td><td></td><td></td><td></td><td></td><td></td><td></td></tr>
</table>

附表 2-45 订单登记表

订单号							合计
市场							
产品							
数量/个							
账期/Q							
销售额/W							
成本/W							
毛利/W							
交货日期/Q							

附表 2-46 产品核算统计表

名称 项目	P1	P2	P3	P4	合计
销售额/W					
数量/个					
成本/W					
毛利/W					

附表 2-47 综合费用表

项目	金额/W
管理费	
广告费	
设备维护费	
其他损失	
转产费	
厂房租金	
新市场开拓	
ISO 资格认证	
产品研发	
信息费	
其他	
合计	

附表 2-48 利润表

项目	增、减项	金额/W
销售收入	+	
直接成本	—	
毛利润	=	
综合费用	—	
折旧前利润	=	
折旧	—	
支付利息前利润	=	
利息（长贷+短贷）	—	
贴息	—	
税前利润	=	
所得税	—	
年度净利润	=	

附表 2-49 资产负债表

项目	上年/W	期末/W	项目	上年/W	期末/W
现金			长期负债		
应收账款			短期负债		
在制品			应交所得税		
产成品			—		
原材料			—		
流动资产合计			负债合计		
厂房			股东资本		
生产线			利润留存		
在建工程			年度净利		
固定资产合计			所有者权益合计		
总资产			负债+所有者权益		

附表 2-50 年末/季末沙盘运营数据记录表

________公司____年____季度

应付账款	4 期	3 期	2 期	1 期	现金	Q1	Q2	Q3	Q4	短期贷款
应收账款	4 期	2 期	2 期	1 期		FY1	FY2	FY3	FY4	FY5	长期贷款
						Q1	Q2	Q3	Q4	高利贷

其他	广告	管理	折旧
维修	转产	租金	
利息	贴息	税金	

本地
区域
国内
亚洲
国际

ISO9000
ISO14000

P1
P2
P3
P4

厂房	大厂房															
类型	全自动	全自动	全自动	全自动												
阶段																
产品																
净值																

原料	R1	R2	R3	R4
订单				
在途				
库存				

成品	P1	P2	P3	P4
库存				
成本				

第 5 年经营总结

企业第 5 年延续第 4 年的发展势头，如果希望企业的盈利水平维持在一个较高水平，那么必须坚持科学的管理，让企业持续进入良性的开源，你们企业是否做到了？请简单地记录下来。

请记录本年度经营的收获
本年经营遇到什么样的意外状况？如何解决
展望下一年，计划如何改进经营

附表 2-51　第 6 年经营现金预算表　　单位：W

年初	期初现金盘点				
	支付广告费用				
	支付应交税金				
	支付长贷利息				
	更新长期贷款/长期贷款还款				
	申请长期贷款				
1	季初盘点				
2	短期贷款还本付息				
3	申请短期贷款				
4	原材料入库				
5	购买/租用厂房				
6	新建/在建/转产/变卖生产线				
7	开始下一批生产				
8	应收账款收现				

续表

9	产品研发投资				
10	厂房出售（买转租）/退租/租转买				
11	新市场开拓/ISO资格投资				
12	支付管理费/更新厂房租金				
13	出售库存				
14	厂房贴现				
15	应收账款贴现				
16	季末收入合计				
17	季末支出合计				
18	季末对账				
年末	缴纳违约订单罚款				
	支付设备维护费				
	结账				

附表 2-52　第 6 年经营流程记录表

操作顺序	严格按顺序执行各项操作，不允许跳跃执行，每执行完一项操作，在相应的方格内进行记录：①该项操作有执行，同时有现金收支，请填写收支金额；②该项操作有执行，但无现金收支，请填写符号“√”或填写相关的操作数据；③该项操作无执行，请填写符号“×”				
年初	新年度规划会议				
	支付广告费用				
	参加订货会选订单/登记订单				
	支付应交税金				
	支付长贷利息				
	更新长期贷款/长期贷款还款				
	申请长期贷款				
1	季初盘点（请填余额）				
2	更新短期贷款/短期贷款还本付息				
3	申请短期贷款				
4	更新原材料订单/原材料入库				
5	下原材料订单				
6	购买/租用厂房				
7	更新生产/完工入库				
8	新建/在建/转产/变卖生产线				
9	紧急采购（随时进行）				
10	开始下一批生产				
11	更新应收账款/应收账款收现				
12	按订单交货				
13	产品研发投资				
14	厂房出售（买转租）/退租/租转买				
15	新市场开拓/ISO资格投资				
16	支付管理费/更新厂房租金				
17	出售库存				
18	厂房贴现				

续表

19	应收账款贴现				
20	季末收入合计				
21	季末支出合计				
22	季末数额对账（1＋20－21）				
年末	缴纳违约订单罚款				
	支付设备维护费				
	计提折旧				（ ）
	新市场换证/ISO 资格换证				
	结账				

附表 2-53 第 6 年生产总监记录表

操作顺序	生产总监使用本表记录所管理的产品上线、入库、出库等数量。其中，出库数量通常加“－”表示，入库的数量通常加“＋”表示																
	产品类别 增减环节	1 季度				2 季度				3 季度				4 季度			
		P1	P2	P3	P4	P1	P2	P3	P4	P1	P2	P3	P4	P1	P2	P3	P4
1	季初盘点（请填数量）																
2	更新短贷/短贷还本付息																
3	申请短期贷款																
4	更新原料订单/原料入库																
5	下原材料订单																
6	购买/租用厂房																
7	更新生产/完工入库																
8	投资/转产/变卖生产线																
9	紧急采购（随时进行）																
10	开始下一批生产																
11	更新应收账款/应收账款收现																
12	按订单交货																
13	产品研发投资																
14	厂房出售/退租/租转买																
15	新市场开拓/ISO 资格投资																
16	管理费/厂房租金																
17	出售库存																
18	厂房贴现																
19	应收账款贴现																
20	季末入库合计																
21	季末出库合计																
22	季末库存数量																

附表 2-54 第 6 年采购总监记录表

操作顺序	采购总监使用本表记录所管理的原材料采购订单和原材料入库、出库等数量。其中，出库数量通常加“－”表示，入库的数量通常加“＋”表示																
	原材料类别 增减环节	1 季度				2 季度				3 季度				4 季度			
		R1	R2	R3	R4	R1	R2	R3	R4	R1	R2	R3	R4	R1	R2	R3	R4
1	季初盘点（请填数量）																
2	更新短贷/短贷还本付息																
3	申请短期贷款																
4	更新原料订单/原料入库																

续表

操作顺序	采购总监使用本表记录所管理的原材料采购订单和原材料入库、出库等数量。其中，出库数量通常加“－”表示，入库的数量通常加“＋”表示																
	原材料类别 增减环节	1 季度				2 季度				3 季度				4 季度			
		R1	R2	R3	R4	R1	R2	R3	R4	R1	R2	R3	R4	R1	R2	R3	R4
5	下原材料订单																
6	购买/租用厂房																
7	更新生产/完工入库																
8	投资/转产/变卖生产线																
9	紧急采购（随时进行）																
10	开始下一批生产																
11	更新应收账款/应收账款收现																
12	按订单交货																
13	产品研发投资																
14	厂房出售/退租/租转买																
15	新市场开拓/ISO 资格投资																
16	管理费/厂房租金																
17	出售库存																
18	厂房贴现																
19	应收账款贴现																
20	季末入库合计																
21	季末出库合计																
22	季末库存数量																

附表 2-55　订单登记表

订单号							合计
市场							
产品							
数量/个							
账期/Q							
销售额/W							
成本/W							
毛利/W							
交货日期/Q							

附表 2-56　产品核算统计表

名称 项目	P1	P2	P3	P4	合计
销售额/W					
数量/个					
成本/W					
毛利/W					

附表 2-57　综合费用表

项目	金额/W
管理费	

续表

项目	金额/W
广告费	
设备维护费	
其他损失	
转产费	
厂房租金	
新市场开拓	
ISO 资格认证	
产品研发	
信息费	
其他	
合计	

附表 2-58　利润表

项目	增、减项	金额/W
销售收入	+	
直接成本	−	
毛利润	=	
综合费用	−	
折旧前利润	=	
折旧	−	
支付利息前利润	=	
利息（长贷+短贷）	−	
贴息	−	
税前利润	=	
所得税	−	
年度净利润	=	

附表 2-59　资产负债表

项目	上年/W	期末/W	项目	上年/W	期末/W
现金			长期负债		
应收账款			短期负债		
在制品			应交所得税		
产成品			—		
原材料			—		
流动资产合计			负债合计		
厂　房			股东资本		
生产线			利润留存		
在建工程			年度净利		
固定资产合计			所有者权益合计		
总资产			负债+所有者权益		

附表 2-60 年末/季末沙盘运营数据记录表

________公司____年____季度

应付账款	4 期	3 期	2 期	1 期	现金	Q1	Q2	Q3	Q4		短期贷款
应收账款	4 期	2 期	2 期	1 期		FY1	FY2	FY3	FY4	FY5	长期贷款
						Q1	Q2	Q3	Q4		高利贷

其他	广告	管理	折旧
维修	转产	租金	
利息	贴息	税金	

本地
区域
国内
亚洲
国际

厂房	大厂房															
类型	全自动	全自动	全自动	全自动												
阶段																
产品																
净值																

P1
P2
P3
P4

ISO9000
ISO14000

原料	R1	R2	R3	R4
订单				
在途				
库存				

成品	P1	P2	P3	P4
库存				
成本				

第 6 年经营总结

假如第 6 年的经营是企业的最后一年，那么如何使企业这一年的利润最大化，将第 5 年的良性“开源”延续到第 6 年，还必须严格控制经营成本，实现企业高效地“节流”。请简单地记录下来。

6 年经营结束，你们的企业最终的盈利水平是否达到股东的预期
对于本次 6 年的经营，需要怎样的总结，团队的策略是否富有成效，还是不够竞争性
你是否真正体会到影响企业经营成败最关键的因素？为什么
企业经营沙盘模拟课程是否给你带来了专业知识与职业素养的提升？其与真实企业经营还是有差别，你希望或建议在哪些地方进行改进

参考文献

陈龙海，韩庭卫．2012．企业管理培训故事全书．北京：地震出版社．

蒂尔，马斯特斯．2015．从0到1：开启商业与未来的秘密．高玉芳译．北京：中信出版社．

高市．2012．ERP沙盘实战教程．大连：东北财经大学出版社．

花峰．2009．企业模拟经营（ERP沙盘模拟）实训．北京：清华大学出版社．

康至军．2016．事业合伙人：知识时代的企业经营之道．北京：机械工业出版社．

拉姆•查兰．2012．CEO说：像企业家一样思考．徐中译．北京：机械工业出版社．

李燕翔．2015．500强企业财务分析实务．北京：机械工业出版社．

刘志超，周兆晴．2016．大众创业与转型机遇．广州：广东人民出版社．

唐政．2016．企业年度经营计划与全面预算管理．北京：人民邮电出版社．

王晓霜，李昕．2008．ERP沙盘会计模拟实训教程．北京：经济科学出版社．

王新玲，郑文昭，马雪文．2009．ERP沙盘模拟高级指导教程．2版．北京：清华大学出版社．